本书为陕西师范大学研究生教育教学改革研究项目“远程教育专题研究”（GERP-15-35）的研究成果

The Theory and Practice of Online Education

在线教育的理论与实践

张立国　王国华 / 著

科学出版社
北京

内 容 简 介

随着信息技术的快速发展，传统远程教育的理论体系对当前网络环境中的学习及教学问题的解释力已然降低，因此我们有必要重新审视现有的理论体系的适切性问题。

本书关注远程教育新时期的实践形式——在线教育。根据在线教育体系的基本结构，本书将在线教育划分为在线教学、在线学习、在线课程理论及实践、在线教育评价、在线教育的发展趋势五个部分，通过理论建构及数据验证等多种方法对各个模块进行梳理与研究，明晰每个部分的核心概念、影响因素、方法策略等内容。

本书适合教育技术学研究领域的高校教师、科研工作者以及博士、硕士研究生阅读，也可供在线教育公司及相关企业人员参考。

图书在版编目（CIP）数据

在线教育的理论与实践 / 张立国，王国华著．—北京：科学出版社，2018.9

ISBN 978-7-03-058884-5

Ⅰ.①在… Ⅱ.①张… ②王… Ⅲ.①网络教育－研究 Ⅳ.①G434

中国版本图书馆CIP数据核字（2018）第215319号

责任编辑：付 艳 苏利德 柴江霞 / 责任校对：何艳萍

责任印制：张欣秀 / 封面设计：润一文化

编辑部电话：010-64033934

E-mail：edu_psy@mail.sciencep.com

科 学 出 版 社 出版

北京东黄城根北街 16 号

邮政编码：100717

http://www.sciencep.com

北京凌奇印刷有限责任公司 印刷

科学出版社发行 各地新华书店经销

*

2018年9月第 一 版 开本：720×1000 B5

2018年9月第一次印刷 印张：14 3/4

字数：241 000

POD定价： 88.00元

（如有印装质量问题，我社负责调换）

前　言

远程教育的发展历来受到世界教育学界的重视，尤其是20世纪70年代至今，得益于信息传播技术的飞速发展，远程教育受到前所未有的关注。在现代信息传播技术的强力支撑下，远程教育展现了前所未有的灵活性与适应性，尤其在促进教育公平与实现终身教育的过程中显示出巨大潜力。基于计算机和互联网的在线教育逐渐成为当今时代远程教育的主要实现形式，特别是从互联网到移动互联网，创造了跨时空的生活、工作和学习方式，使知识获取的方式发生了根本变化，其时空分离、即时学习的特性使其能够为终身学习体系建设添砖加瓦，在学习型社会建设过程中发挥重要作用。在线教育本身的资源丰富、交互多元、及时反馈等特性使得其在促进人们学习的过程中具有无限可能，使人们能够更加关注学习过程及学习内容，最终聚焦于人的发展。

当前与在线教育相关的书籍多如繁星，但是绝大部分书籍是基于在线教育体系的研究，从宏观上概略在线教育的体系、架构，而微观性的内容诸如教师教学、学生学习、反馈评价等略显不足，而且相关书籍以教材为主，学术性略显不足。因此，本书以在线教育理论与实践的发展为主要内容，博采众家之长，对在线教育的理论与实践进行梳理与分析，重点关注在线教育中对教师教学、学生学习、课程设计与开发、评价与反馈等方面的学术研究，依据在线教育的发展现状及趋势，新增加了较为前沿的小规模限制性在线课程（small private online course，SPOC）、大规模开放在线课程（massive open online course，MOOC）、翻转课堂（flipping classroom）、视频公开课等内容的理论与实践研究。

同时，本书探索了未来在线教育的发展趋势及方向，认为移动学习、泛在学习、智慧教育等将成为未来在线教育发展的主要实践形态，并对相关内容进行了研究与分析，希望能够为相关教学及研究人员提供参考。

本书从在线教育的基本结构入手，探讨了在线教育中的五个核心内容：在线教学的理论、在线学习的理论、在线课程理论及实践、在线教育评价、在线教育的发展趋势。根据各个部分内容的不同，本书分为五章分别对其进行论述。

第一章主要论述了在线教育中在线教学的理论，包括五部分内容：介绍在线教学的内涵和特征；分别对在线教学和混合式教学的现状及典型模式进行分析；阐述在线教学设计的理论与方法；探讨影响在线教学的因素；提出提升在线教学效果的策略。

第二章主要论述了在线教育中在线学习的理论，包括三部分内容：在线学习的内涵和特征；基于个体的在线学习的影响因素及提升在线学习效果的基本策略；基于团队的在线学习。

第三章主要论述了在线教育中在线课程理论及实践，包括三部分内容：在线课程的内涵、特征及核心要素；在线课程设计与开发的原则及流程；以视频公开课及 MOOC 的设计与开发作为典型案例对在线课程的设计与开发进行实践性分析。

第四章主要论述了在线教育评价的理论，包括四部分内容：在线教育评价的内涵；在线教育评价的作用与工具；以在线同伴互评为典型案例，深入剖析在线同伴互评法的意义、程序与模型；针对在线教育中的教师、学生、课程三个核心要素构建综合评价体系。

第五章主要论述了在线教育的发展趋势。在线教育中的移动学习、泛在学习、智慧教育等学习形式将在促进终身学习的发展与学习型社会的构建中发挥重要作用。

本书总结了国内外在线教育理论与实践的最新进展，吸纳了颇有价值的研究成果，力图使读者在理论与实践方面有所收获。由于笔者能力有限，本书难免存在疏漏之处，恳请读者批评指正！

张立国

2018 年 1 月 30 日

目　录

第一章 在线教学的理论

自20世纪80年代中期以来，随着互联网技术的快速发展和广泛应用，越来越多的学校和教师开始采用在线教学的方式进行扩大教学覆盖面、提升教学效率的尝试，基于互联网的在线教学成为学校教育信息化研究的热点。尤其是近几年，随着物联网、云计算、大数据等新一代信息技术的应用及其与课堂教学的深度融合，从早期的网络教学到现在的MOOC，在线教学呈现迅猛发展之势。[①]本章对在线教学理论的探析对在线教学实践的开展具有重要的指导意义。

第一节 在线教学的内涵和特征

一、在线教学的内涵

在线教学的内涵可以追溯到网络教学内涵的界定，在线教学和网络教学并没有严格的区分，仅仅是不同时期及技术环境下的不同表述。要理解在线教学，我们可以先理解什么是网络教学，皮斯库里齐提出："网络教学是使用网络进行传递、互动或者导学的形式。"[②]戴维森－希弗斯等认为："网络教学是教师和学生通过因特网和万维网进行远程的教和学。"[③]阿利指出："网络教学是学习者通过因特网获取学习资源，通过网络与学习内容、教师，以及其他学生进行互动，学习者在学习过程中得到学习支持服务，从而获得知识、建构个人的知识网络，

① 孙曙辉.2016.在线教学4.0："互联网＋"课堂教学.中国教育信息化，14：17-20.

② Piskurich G M. 2004. Getting the Most from Online Learning: A Learner's Guide. New York: John Wiley & Sons: 21.

③ Davidson-Shivers G V, Rasmussen K L. 2006. Web-based Learning: Design, Implementation, and Evaluation. Upper Saddle River: Prentice Hall: 66.

以及增长学习经验。"[①] 张志刚等提出："网络教学是指在网络环境下，以现代教育思想和学习理论为指导，利用计算机充分发挥网络的教育功能和教育资源优势，向教育者和学习者提供教与学的环境，传递数字化教育信息，开展同步或异步的交互式教学方式。"[②] 柳栋关于网络教学定义的阐述得到广泛的认可："广义上讲，网络教学是指在教学过程中运用了网络技术的教学活动。狭义上讲，网络教学是指将网络技术作为构成新型学习生态环境的有机因素，充分体现学生的主体地位，以探究学习作为主要学习方式的教学活动。"[③]

以上关于网络教学的定义基本上都强调的是师生借助网络开展的教学活动，而现代教育思想、网络技术、教师和学生是网络教学中必不可少的四个关键因素，以上对网络教学的分析在一定程度上可以帮助我们理解什么是在线教学。我们认为，在线教学是基于网络信息技术，以丰富的数字化信息资源为依托，在一定的教学理论和学习理论指导下开展的教与学活动的总和。

二、在线教学的特征

（一）依附于在线教学平台

在线教学活动通常在教学平台上展开，依附于特定的在线教学平台，在线教学平台为教师、学生提供了强大的教学和学习的环境。教师可以在平台上开设网络课程，学生可以自主选择要学习的课程并自主进行课程内容的学习。不同学生之间以及教师和学生之间可以根据教与学的需要进行讨论、交流。学生可以及时提问，教师可以在网上答疑。学生利用教学平台进行有效学习，从过去的被动学习变为主动学习。当学生登录学习平台后，学习的过程是一个自主的学习过程，而教师在平台中主要起引导作用。教师在平台中布置作业或分配任务给学生，学生在平台中完成作业和任务，学生也可以在论坛中发表自己的见解，学生与学生之间相互讨论，充分发挥学生学习的自主能动性。

（二）不受时间和空间的限制

传统面授教学一般在特定时间和地点进行集中授课，缺乏灵活性，时间、

---

① Ally M. 2004. Foundations of educational theory for online learning. Theory & Practice of Online Learning, 29(4): 502-503.

② 张志刚，常芳 . 2008. 传统教学与网络教学的优势互补 . 前沿，(2)：55-57.

③ 转引自：孙月亚，李爽，杨丽娜 . 2007. 网络教学在教育教学中的地位与作用的调查与研究课题研究报告 . 北京广播电视大学学报，(1)：55-59.

地域上的限制使学生只能在特定的时间和地点接受正规教育，这就制约了许多在职人员学习的机会，将大批希望接受教育的人拒之门外。而在线教学中的教师和学生在时空上相对分离，突破了学习时间和学习空间的限制，在线教学的教学活动范围得到了极大的延伸和扩展。学生上课不再受到空间的限制，不再受到教室、学校、地域甚至国家的限制。每个人都可以在任何时候，通过网络选择适合自己的教育资源，获得自己所需要的教育内容，满足自己的学习需求，这有助于全社会的公民实现终身学习，进而促进终生教育的实现。

（三）在线教学资源丰富且可共享

长期以来，我们实行封闭或半封闭办学，高等学校和社会上的教育资源处于非流动的凝固状态，不少教育资源不能得到充分利用，造成了教育资源的浪费。而在线环境为学生提供了丰富的教学资源，这是以往教学所不能及的。在线教学资源丰富多彩、图文并茂、形声兼备，信息检索简单、快捷、方便，可通过网络终端随时随地获取，通过互联网，人们可以突破国家或地区的界限，在一定的教学领域中，最大限度地共享教学资源。很多高校将自己的资源共享出来，提高了教学资源的利用率，也为教育资源匮乏的地方提供了帮助，使得优质资源得到共享，从而促进了教育公平。

（四）注重多种方式的交互

在线教学能提供多种交互活动，师生之间可以采用异步交互或同步交互的方式交流互动，可以通过电子邮件、QQ、论坛等交互工具进行交流。学生可以向教师或同学提出问题，请求指导，并且发表自己的看法，同时在在线教学的交互中，学生不仅可以与自己的任课教师和同学进行相互交流，而且可以向提供网络服务的专家请求指导，提出问题及自己的见解，学生在网络中不仅接受知识，而且在表达。学生可以通过网络与其他学生进行交流，从而提高自己的知识水平。教师可以根据学生反馈的情况调整教学，从而有效提高教学质量和学习效果。交互包括学生和教师之间的交互、学生之间的交互以及通过课件进行的人机交互。学生通过网络中的人机交互，可以有效地获得图、文、声、像并茂的教育信息；学生可以在师生交互过程中获得教师的指导；学生之间的交互可以促使协作学习的发生。这种双向交互活动不仅使学生通过视听手段获取教学信息，还代表着一种学生所能感受到的、前所未有的兴趣，并且通过教师与学生的及时交流，保证了学生的学习质量和效率。

（五）满足学生的个性化学习需求

在线教学借助在线教学平台开展，学生在平台上学习可以自定内容、自定步调，在一定程度上满足学生的个性化学习需求。同时，在线教学平台能够对学生的学习情况进行跟踪记录，收集学生的学习数据，从而使教师在第一时间掌握学生的学习状况，及时给予学生指导和建议。在线教学为个性化教学提供了现实有效的实现途径和条件，同时在线教学满足了不同学习需求、不同学习风格学生的学习，使教师进行个性化教学成为可能。

第二节　在线教学模式

一、教学模式与在线教学模式的内涵

（一）教学模式的内涵

教学模式的概念是由美国学者乔伊斯、韦尔和卡康尔等提出的，他们在所著的《教学模式》一书中翔实而系统地介绍了20余种教学模式。乔依斯认为，教学模式是构成课程和作业、选择教材、提示教师活动的一种范式或计划。悉尼大学邓金教授认为，“教学模式是考虑课堂教学的工具，它是一系列精心安排的概念，用以解释师生在课堂上做些什么，他们如何相互作用，如何运用教学材料，以及这些活动如何影响学生所学的内容”[①]。苏联著名教育家巴班斯基则从教学组织形式方面将教学模式界定为“教学实践中基于形式和方法的系统结合而产生的综合形式”[②]。美国学者保罗·D. 埃金等从教学过程的实施策略层面将教学模式界定为“为了完成特定的教学目标而设计的、具有规定性的教学策略，说它具有规定性，因其明确规定了教师在计划、实施和评价等阶段的职责”[③]。

① 转引自：马颖峰 . 2005. 网络环境下的教与学 . 北京：科学出版社：31.

② （苏）巴班斯基 . 1988. 教学过程最优化：一般教学论方面 . 张定璋译 . 北京：人民教育出版社：34.

③ （美）保罗·D. 埃金，唐纳德·P. 考切克，罗伯特·J. 哈德 . 1990. 课堂教学策略 . 王维城，刘延宇，徐仲林，等译 . 北京：教育科学出版社：11.

由于研究教学问题的出发点不同，专家和学者从不同方面解释教学模式，从而形成了国内外教育和教学界对教学模式概念的不同界定。国内李如密对教学模式的本质特征进行了分析和论证，将教学模式界定为“在一定教育思想指导下和丰富的教学经验基础上，为完成特定的教学目标和内容而围绕某一主题形成的、稳定且简明的教学结构理论框架及其具体可操作的实践活动方式”①。吴立刚从组织教学的角度，分析了形成教学过程的流程：在教学目标、教学思想、教学模式、教学实践的基础上，将教学模式界定为依据教学思想和教学规律而形成的，在教学过程中必须遵循的比较稳固的教学程序及方法的策略体系，包括教学过程中诸要素的组合方式，教学程序及其相应的策略。②赵彦灵和李有梅则认为，教学模式是指按照一定的教育思想、教学理论和学习理论来组织教学活动的进程，即在教学思想或教学理论的指导下，为达到一定的教学目标而建立起来的较为稳定的教学活动结构框架和活动程序，是教育思想、教学原理、教学方法、教学形式等诸要素的高度概括。③

教学模式通常是由理论依据、教学目标、操作程序、实现条件和教学评价这五个因素构成的。教学模式是一定教学理论或教学思想的反映，是一定理论指导下的教学行为规范；教学模式都指向一定的教学目标，并致力于教学目标的完成；教学模式都有特定的教学步骤和程序，规定了教学过程中教师教学活动开展的步骤和顺序；教学模式都有一定的实现条件，也就是使这一教学模式发挥作用的各种现实条件，如教师、学生、教学媒体等制约因素；教学模式都有专门的评价方式和评价标准，确定教学目标和教学任务的完成，不同教学模式所要达到的教学目标不同，其评价标准和方式也不同。理论依据、教学目标、操作程序、实现条件和教学评价这五个因素之间有规律的联系形成了教学模式的结构。

（二）在线教学模式的内涵

在线教学模式是在互联网时代将多媒体技术、计算机技术与网络技术与教学相结合，在一定的教育思想、教学理论和学习理论的指导下，在网络环境下开展在线教学活动的稳定结构形式，是基于在线教学理论建立起的在线教学活动框架和程序。在线教学中的学生不是传统意义上的某个特定年龄段的学生，

---

① 李如密 . 1996. 关于教学模式若干理论问题的探讨 . 课程 • 教材 • 教法，(4)：25-29.
② 吴立刚 . 1998. 教学的原理、模式和活动 . 南宁：广西教育出版社：179.
③ 赵彦灵，李有梅 . 2003. 网络教育基础与应用技术 . 西安：西安交通大学出版社：70.

而是包括所有有学习需求的人。网络将教师和学生联结在一起，师生之间可以传递信息，也可以实时反馈教学信息。师生之间的互动范围已不局限在教室内，可以延伸至家庭、社区。活动的内容也不仅仅是教科书上的内容，而是拓展到学习、生活的各个方面。学生通过网络可以按知识结构去系统地学习学科知识，也可以按照自己的认知结构去进行非线性的学习活动。在线教学模式是以学生为中心的教学模式，突破了传统的以教师为中心的教学模式，丰富和发展了教学模式体系，使教学活动过程和组织形式呈现出崭新的面貌。

在线教学模式对学生学习的主动性、自觉性要求较高。该模式以学生为中心，主张在教学思想、教学设计、教学方法以及教学管理等方面都要以学生为中心进行。[①]这种教学模式的主要观点是：学生是信息加工的主体，是知识意义的主动建构者。学生的地位从传统教学中的被动接受者转变为主动参与者，学生成为知识的探索者和学习过程中真正的认识主体。教师的角色发生了变化，教师在整个教学过程中起组织者、指导者、帮助者和促进者的作用，最终达到使学生有效地建构当前所学知识的意义的目的。教学媒体由原来的演示工具转变为促进学生自主学习的认知工具、沟通交流工具、协作工具和知识加工工具。教材已不是学生的主要学习内容，而是学生主动建构意义的对象，学生通过网络获取大量知识和学习资源，进行自主学习。

二、在线教学模式的类型

在线教学的发展离不开科学技术的支持，特别是信息技术、通信技术和物理技术等。依托各种现代教育技术发展起来的在线教学具有多种多样的实践样式，我们可称其为在线教学模式。依据线上教学与线下教学所占的比重，我们可将其划分为完全在线教学模式和混合式教学模式[②]，本书将介绍几种具有代表性的在线教学模式。

（一）完全在线教学模式

1. 讲授型教学模式

传统教学中普遍采用的教学模式之一就是讲授型教学模式，它主要是通过

① 朱玉梅 . 2003. 网络环境下教学模式的研究 . 山东师范大学硕士学位论文：22.

② 余胜泉，何克抗 . 1998. 基于 INTERNET 的教学模式 . 中国电化教育，（4）：58-61.

教师言语性的表述向学生传授知识，学生在此过程中主要以接受为主，这种模式的优势在于能够更加系统、科学地传授知识，通俗的语言有利于帮助学生全面、深刻地理解所学内容，它在教学中具有不可替代的作用。因此，该模式成为在线教学中较为常见的一种模式。具体的做法主要是由教师将经过精心设计、录制、编辑好的授课视频及相关教学材料等传送到网上，学生可以通过网络下载这些教学资源并进行实时或非实时的学习。讲授型教学模式按教学的时间特性可分为同步式讲授与异步式讲授两种形式。

（1）同步式讲授

同步式讲授是指通过网络、通信等先进技术将教师在课堂中的教学实况实时同步地传送到异地教室或学生的电脑上，学生可以在线听课，师生间可以通过网络使用语音、图像、文字等进行实时交流。在同步式讲授中，实施教学活动常见的方式主要有两种：视频会议系统和远程教学。在基于视频会议系统的同步式讲授教学过程中，教师的授课主要在多媒体网络教室中进行，并配备了许多专业设备，包括电子白板、摄像机、麦克风、投影仪等（图 1-1），学生可在有网络功能及摄像设备的远程多媒体教室中听课，教师的授课方式不做改变，教师可以通过视频控制系统接收学生的反馈信息。

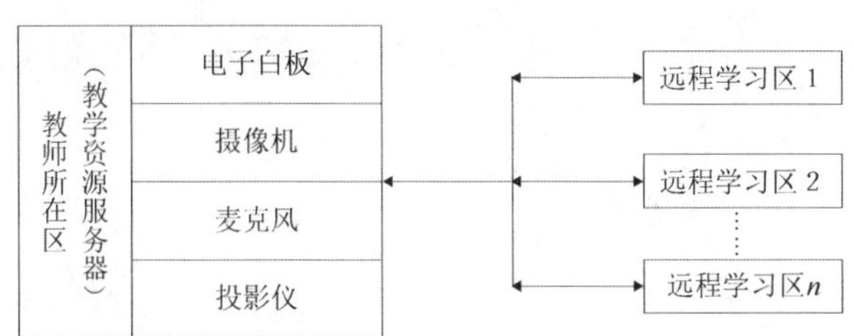

图 1-1　基于视频会议系统的实时讲授式教学模型图

资料来源：李宝敏 . 2002. 基于多种通讯机制下网络教学模式的研究 . 华东师范大学硕士学位论文：25

随着计算机网络和多媒体技术的快速发展和普及，目前远程教学的方式以网络直播为主。网络直播课堂又称为网络实时课堂，它具有强大的实时交互能力和资源共享功能。[①] 阔地教育科技有限公司开发的“同步课堂”就为远程教学的开展提供了支持。该产品利用了音视频、智能导播、直录播一体化等新技

① 权京超 . 2010. 网络直播课堂系统在远程教学中的应用——基于教育管理视角的研究 . 天津电大学报，(1)：17-19.

术，再现真实课堂，实现教学的实况直播与互动过程，让学生有直观的情境体验。而且，丰富的媒体技术调动了学生的积极性，进一步提高了学习效率。

同步式讲授在继承传统讲授型教学模式优势的基础上为学生提供了更为便捷的学习方式，为许多不能到校学习的学生提供了学习机会。但是，师生的交互都是通过网络进行的，缺乏面对面的真实感，解决问题不够深入，交互水平较低，而且仅在授课时间里解决的问题也有限。一个教师同时面对众多的学生时，教师只能选择典型问题进行回答，不能满足所有学生的要求，并且教师的精力有限，无法兼顾到所有学生，部分学生与教师的交互仍旧无法完成。此外，同步式讲授要求学生实时地进行学习，而参与远程学习的学生群体结构复杂，很难集中在一个时间段进行学习。

（2）异步式讲授

在异步式教学模式下，学生可以根据自己的时间安排学习，不需要在同一时间来听课。在这种教学模式中，教学过程的各个环节都通过网络进行，教师将教学目标、教学计划、教学内容、讲课视频、测试题放到网上，学生根据自己的需要，通过观看视频并做测试题来学习。视频形式可以是教师将课堂授课的情况拍摄下来，也可以是制作完成的微课视频。在学习过程中遇到困难时，学生可以向教师发送电子邮件或在讨论区发帖提问，教师可以用电子邮件或公告板来布置作业、进行答疑等，也可以在教学视频中内嵌测试问题和讨论问题，供学生探讨并提供反馈。这种教学模式中常采用异步、自主、一对一或一对多通信机制。

2. 个别辅导型教学模式

个别辅导型教学模式作为讲授型教学模式的补充，也是教学中不可缺少的模式之一。在教学中为更好地体现学生的个性化学习，教师需要在充分了解学生的个性特点和内心世界的基础上，根据学生的个体特征，对不同的学生进行差异性教学，贯彻因材施教的教学原则。在传统的课堂教学中，由于是班级授课制，教师一个人很难同时兼顾到每个学生的学习状态，因此比较难以确保全体学生的个性化学习，网络就为此提供了很好的机会，让教师可以进一步了解学生，提供个别指导。网络环境下的个别辅导模式主要有两种：一种是为学生提供与学习内容相关的互联网资源来让学生自主学习；另一种是教师与学生之间借助网络通信工具来实现个别指导。

个别辅导型教学模式可以在中小学的课外辅导系统中使用。学校的教学力量比较集中，因此，学校可以有目的、有计划地安排专业教师在线答疑，例如，可以设定统一的时间集中性地解决学生提出的问题。同时，学校可以让经验丰富的教师进行校本课程的开发，让专业技术人员开发相应的学习资源。这样对学生的个别辅导将会更加省时省力、效果显著。网络时代丰富的信息资源为在线教学提供了更多参考，但存在信息杂乱、教学资源匮乏的现象，因此需要编写、开发出符合教学内容的高质量的教学资源，为在线教学的成功实施奠定基础。这种模式的优势在于较好地满足了学生的个性化要求，有利于调动学生学习的积极性。但该模式对教师数量要求较多，且要求教师有较高的信息技术素养，可能会导致教育成本上升，使得在线教育的性价比下降。

3. 协作型教学模式

随着社会的不断发展，社会对创新型人才的需求逐步提高。协作学习对培养学生的创造能力、求异思维、批判思维、探索发现精神、与学习伙伴的合作共处能力非常重要，而这些能力是创新型人才必须具备的素质。此外，协作学习对学生高级认知能力的发展有一定的促进作用，有利于学生的身心健康，因而该模式受到教育工作者、研究者的普遍关注。

协作型教学模式是教师利用计算机网络等相关技术，指导多个在线学习者通过交互与合作，共同完成某项教学任务与教学活动。学习者根据要合作完成的任务主题，通过网络和即时通信工具，如QQ、微信等结伴学习，进一步协商设计合作方案，讨论交流，彼此合作，最终完成学习任务，以加深对所学知识的理解，完成一定的教学目标。在线环境下的协作学习主要有两种类型：一种是借助即时通信工具的支持，将网络作为学生获取、传递信息的渠道，学生的协作学习不完全在在线环境中进行；另一种是完全在在线教学平台上进行的协作学习，所有的协作学习活动都在在线环境中进行。在线环境中的协作学习具有学习资源环境、协作学习小组、学习者个体之间的多重协同，协作学习模式有组内协作与组间协作，学习者先根据自己的需要及兴趣结合成不同的协作学习小组，进而展开下列学习进程：①确定合作主题及任务；②协商并制订合作方案；③共同讨论并开展合作；④获取认同感并取得成果；⑤总结学习效果并反思调整（图 1-2）。

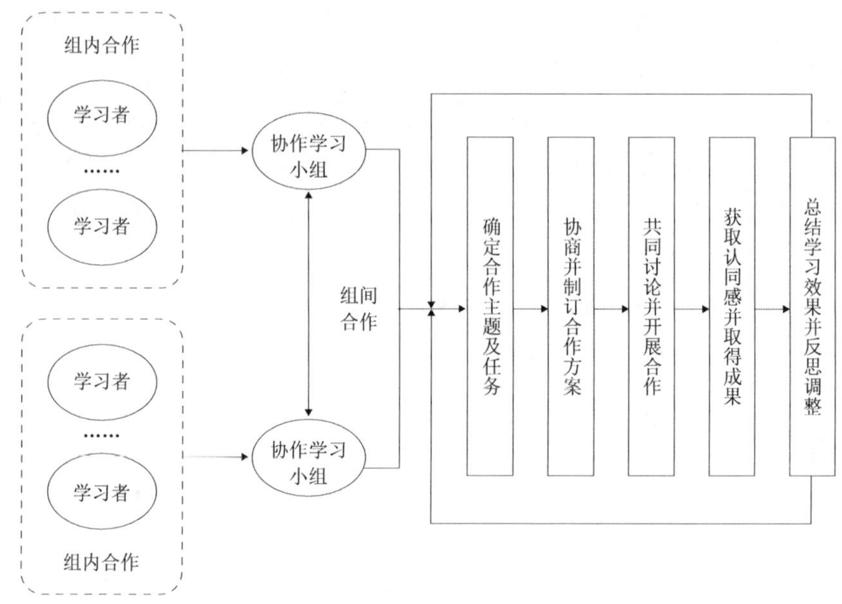

图 1-2　基于在线环境的协作学习模型图

4. 探究型教学模式

探究型教学模式能够引导学生思考，提高学生的逻辑思维能力，培养学生综合运用知识解决问题的能力，这与直接从教师教授中获取知识相比，学生的学习会更深刻、更有效，学生能够更加系统、科学地掌握所学知识，提升相应的技能。在线的探究型教学模式通常是指教师通过网络为学生提供某个研究课题，要求学生在分析问题的基础上，根据先前学习的知识，积极收集相关资料，围绕要解决的问题与学习任务进行综合分析，最终提出自己的解决方案，完成任务。学生应在教师的指导下进行整个研究过程，教师可以通过网络为学生提供线索与学习资源，学生对信息进行甄别、分析、处理、综合与评价，从而形成自己的观点。待学生提出解决方案后，教师需要引导学生对初步方案进行总结、探讨和评价，制订解决同类问题的方案，形成最终方案。在解决问题的过程中，学生可以通过论坛或者网络即时通信工具向教师提问，教师可以给予适当的指导。

从简单的电子邮件到一些复杂的学习系统都会涉及探究型教学模式。实际教学通常由部分学校或者研究机构针对不同阶段的学生分别设立一些在他们的

能力范围内能解决的问题，通过网络向学生发布，要求学生解答。当然，在解决问题过程中，教师可以为学生提供与主题任务相关的资源，供学生参考查阅，还可以专门设置专家解答模块为学生学习过程中遇到的问题提供帮助，引导学生思考，发挥学生的主动性而不是直接告诉学生答案。WebQuest（网络探究）课程计划就是一个探究型教学模式的典型案例，1995 年兴起于美国。WebQuest 模式为学生提供了丰富的网络资源，引导学生对问题进行深度思考和探究，鼓励学生完成任务，激发学生的学习动机，进一步培养学生综合运用知识解决问题的能力。WebQuest 设计的组成部分包括课题引入、任务介绍、任务指导、资源选择、过程评价和任务总结。

问题、资料、提示和反馈是探究型教学模式的四个基本要素。只有科学、合理地组织和连接这四个要素，才能达到良好的教学效果。在线环境下的探究型教学模式中，学生可以通过充分利用网上资源，在论坛上发帖求助或者通过电子邮件求助专家来解决问题，从而培养学生的创造精神与实践能力，发挥学生的主体性。但是，如今网络信息繁杂多样，很容易造成信息迷航，引导学生通过正确的方式寻找正确的答案变得非常困难。实现这种教学模式需注意探究任务要目的明确、难度适中，避免由于探究任务过难而影响学生学习的积极性，为此要有较为系统、灵敏的反馈系统，以便及时给予学生帮助。

5. 虚拟型教学模式

虚拟型教学模式是借助多媒体、通信、仿真、人工智能和虚拟现实等技术，进行交互式教与学的一种教学模式，它可以分为虚拟课堂和虚拟校园两种模式。虚拟课堂为学生创造了一个实时同步的在线互动课堂，主要是利用通信卫星和双向视频会议系统来实现实时、同步的模拟课堂教学；虚拟校园则与真实校园的组成部分类似，包括虚拟的教室、图书馆、实验室等功能型场所，以及网络教育资源数据库、虚拟学术论坛、虚拟学生社团等活动资源型场所，这些是对传统校园的整体模拟。针对物理、化学、生物等对实验需求较大的学科，目前已开发出了较多虚拟实验教学软件，一些受时间、地点及危险性限制的实验都可以通过软件来模拟完成。

目前，很多学科实验由于受条件限制而不能进行，因此就需要在虚拟的环境中进行全真模拟，以便学生观察学习。学生可以通过虚拟现实设备模拟飞行训练的实际场景，而不需要冒任何风险；可以通过物理虚拟实验平台模拟在真空环境下的物理实验等。这样不仅可以完成常规的实验过程，而且可以进行现实中难以完成的实验过程，构建一些特殊的、逼真的模拟环境，使得教学过程逼真灵活、生动形象，激发学生的学习兴趣，拓宽学生的视野，有利于学生的创新精神和实践能力的培养及学生学习主动性的发挥，并且能有效地节约教学成本。

6. 案例研习型教学模式

案例研习型教学模式主要通过计算机网络为学生构造一定的教学情境，来完成教师提出的学习任务和目标，然后再与现实情境相联系，提供从不同角度解决此类问题的案例，学生通过分析案例中解决问题的方法与策略，提出自己的设计方案，并通过知识技能迁移，培养学生的逻辑思维能力及运用知识解决问题的能力。案例教学将理论和实践相结合，使学生在分析与综合中获得技能。案例教学的核心是确定学习目标、选择与组织案例、引导学生的学习行为。

在线教学环境拓宽了案例学习研究的范围，扩充了历史、民族文化等案例知识资源，还为事件的评述、模拟活动等提供了更加便利的实施环境，进一步激发了学生的学习兴趣。基于网络的案例研习教学利用计算机网络来模拟真实的案例情景，给学生提供不同层次的案例，包括判断型案例、讨论型案例和分析型案例等。然后，根据学习目标与学习任务，学生选取不同的案例进入案例学习活动，并对案例进行分析，在此过程中，学生之间可以通过网络通信工具进行讨论，为学生提供解决问题的思路，形成多角度的思维方式。在案例分析过程中，教师要引导学生积极思考，调控学生的学习行为，对学习结果进行分析评价，让学生更加注重对解决问题方法的掌握，而不只关注案例的细节内容。案例研习型教学模式的步骤通常如图 1-3 所示。

第一步：确定问题。学生要有明确的学习目标与学习任务，知晓自己要解决哪些问题，才能在为其提供的大量案例情境中抓住关键点，有针对性地进行分析研究。

第二步：案例分析。利用网络资源的丰富性，为学生提供与任务主题及课题相关的一系列案例，形成案例资源库。学生通过查找案例库中的资源，检索出对分析与解决问题有用的案例，然后进行多角度的案例鉴别分析。

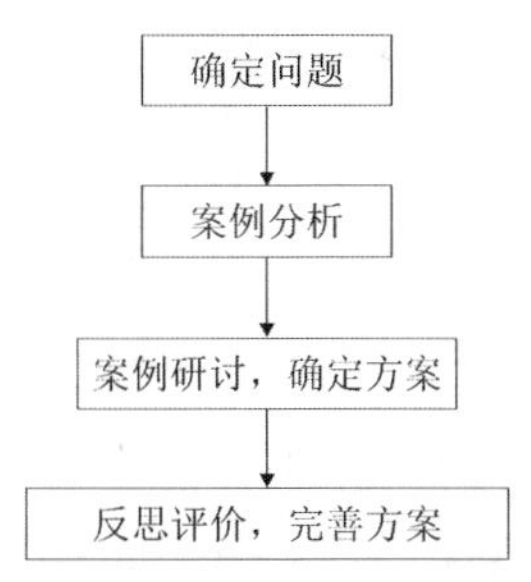

图 1-3 案例研习型教学模式图

第三步：案例研讨，确定方案。通过案例分析后，学生初步形成自己的解决方案。学生可以通过网络环境下设置的讨论区进行交流，并发布帖子与其他学生共同探讨在案例分析中遇到的问题。在协作区内，学生相互协作，共同完成某一项任务。网上讨论区还与文献资料库、学科资源库、音频资料库等链接，便于学生查询资料以解决讨论中遇到的问题。因此，学生在进一步的查询、讨论、协作、反思后便可确定自己解决问题的方案。

第四步：反思评价，完善方案。在网络环境中，讨论区与教师答疑区和评价区是有联系的，教师能够及时了解到学生的学习情况，并进行疑难问题的解答，保证了学生学习的效果。学生经过独立思考、交流探讨最终形成自己的解决方案并进行发布。教师及其他学生可以对发布的方案进行评价，促使学生根据评价反馈，进行反思，不断完善自己的解决方案。

7. 问题解决型教学模式

问题解决型教学模式以问题为整个教学过程的主要线索，让学生沉浸于问题情境中，在与其他学生合作与交流的过程中来解决真实性问题。该模式的主要目的是通过解决问题的过程，进一步提升学生运用知识分析问题和解决问题的能力，培养学生自主学习和终身学习的能力。问题解决型教学模式的一般过程是：计算机模拟真实学习情境、提出问题；学生理解问题、确定要解决的问题；搜集资料深入探索、确定解决问题的方案；反思问题解决的过程、深入思考评价结果。在线教学中，根据探讨问题的不同，可以建立多个问题讨论社区，学生根据解决问题的差异进入不同问题讨论区，经过分析、思考后展开探索行动，努力寻求解决问题的方案。

8. 专题型教学模式

专题型教学模式是将教学内容划分为专题形式，由教师把要研究的专题内容发布到网上。学生可以选择自己感兴趣的专题内容进行学习，并且利用网络工具搜集相关资源，也可以通过实践活动进行探索研究。学生间可以借助网络即时通信工具对专题内容进行交流和探讨，多角度地思考问题，加深对知识的理解。在遇到无法解决的问题时，学生还能够向专家或教师请教。这种教学模式有利于培养学生的科研能力与创新精神，借助一定的教学平台往往能取得较好的教学效果。

（二）混合式教学模式

在信息化社会，网络对教育领域产生了巨大影响。随着科学技术水平的提高及人们思维方式的改变，教育领域也开始悄然发生变化，开放和共享开始成为这个时代所倡导的教育主旋律，从开放教育资源到开放教育项目，国内外教育界一直在持续关注并付诸实践。信息技术的持续发展以及与教育的深度融合，大大推动了教育信息化的进程，传统课堂教学已无法满足信息化社会人们对教育的需求，时代发展迫切需要教学上的创新。课堂教学改革迎合了教育发展的需求，许多新的教学模式纷纷出现并被广泛应用。

2012 年，MOOC 在全球兴起，MOOC 作为一种新型在线教学模式为人们逐步熟知，给互联网产业及在线学习、高等教育等带来巨大影响。为了弥补 MOOC 教学效果、教学模式等方面的不足，阿曼多・福克斯教授率先提出 SPOC 概念，众多研究者希冀将优质 MOOC 资源与课堂面对面教学有机结合起来，借以翻转课堂教学、变革教学结构、提高教学质量。[①]翻转课堂是现代远程教育发展的又一次实践，是一种全新的教学模式。翻转课堂作为一种在线教学和课堂教学相结合的混合式在线教学模式，是一种信息技术与教学融合的典范，是对传统教学模式的改变，为深化课堂教学改革提供了一种新的选择。

因此，以下我们重点介绍 SPOC 与翻转课堂两种新型的混合式教学模式。

① 贺斌，曹阳 . 2015. SPOC：基于 MOOC 的教学流程创新 . 中国电化教育，（3）：22-29.

1. SPOC

（1）SPOC 的含义

一般认为，SPOC 是由加州大学伯克利分校的福克斯教授最早提出和使用的。其中，SPOC 中的 S（small）和 P（private）是相对于 MOOC 中的 M（massive）和 O（open）而言的。small 是指学生规模一般在几十人到几百人；private 是指对学生设置限制性准入条件，达到要求的申请者才能被纳入 SPOC。[①] 另外，还有许多观点，国际《金融时报》认为 SPOC 是 MOOC 的一种竞争模式，麻省理工学院的阿加瓦尔教授将 SPOC 视为 MOOC 的一个分支，即“SPOC = classroom + MOOC”，哈佛大学的罗伯特教授则指出 SPOC 已经取代了在线教育的 1.0 版本—— MOOC，正在迈入后 MOOC 时代。[①]

SPOC 的基本理念是：校内的大学授课是一种翻转课堂式的教学，利用了 MOOC 视频材料以及它的在线评价等功能。该模式将传统课堂教学与在线教学进行了整合。[②] SPOC 开展的流程是：首先，教师要求学生在上课前观看与课程内容相关的 MOOC 视频材料，让学生进行预习和自学；然后，学生将观看视频过程中产生的疑问记录下来，在实际的课堂教学中教师集中进行解答，这样有利于教师掌握学生当前的学习情况，而且在课堂上和学生一起解决问题能够加深学生对知识的理解，提高课堂效率。总体来讲，SPOC 既可以发挥教师的主导性，即教师可以自由设置、调控进度、进行评分，又可以发挥学生的主体性，调动学生积极学习，深入思考。[③] SPOC 的实质是将优质 MOOC 资源与课堂教学有机结合，采用翻转课堂的形式，变革教学结构，提升教学质量，既能充分发挥 MOOC 的优势，又能有效地弥补 MOOC 的短板与传统教学的不足。[④]

SPOC 的受众主要包括两类学习者：第一类是在校大学生。因此，维基百科将 SPOC 解释为：在校大学生在本地使用的 MOOC 版本。比如，福克斯就创建了一门独立的在线课程——“软件工程”，专门对加州大学伯克利分校的学生开放。第二类是根据入学条件在全球范围内筛选在线学生。因此，有学者将 SPOC

---

① 康叶钦 . 2014. 在线教育的“后 MOOC 时代”—— SPOC 解析 . 清华大学教育研究，（1）：85-93.

② 徐葳，贾永政，（美）阿曼多 • 福克斯，等 . 2014. 从 MOOC 到 SPOC——基于加州大学伯克利分校和清华大学 MOOC 实践的学术对话 . 现代远程教育研究，130（4）：13-22.

③ 沈景凤，石云霞，吕方梅 . 2015. SPOC 背景下设计方法学教学改革与对策 . 教育教学论坛，（1）：260-261.

④ 曾明星，李桂平，周清平，等 . 2015. 从 MOOC 到 SPOC：一种深度学习模式建构 . 中国电化教育，（11）：28-34.

注解为“SPOC 就是注册人数固定的 MOOC”[①]。

（2）SPOC 教学模式

目前，SPOC 的教学模式主要有两种：翻转课堂式及限制性 MOOC 式。这两种方式结合了相关网络技术及资源，同时均对学习的群体范围有所限制。

翻转课堂式教学模式：在上课之前，教师将符合课程内容的视频资料、课件资源及其他网络资源上传至网络平台，学生通过观看视频和查阅资料进行课前预习。之后，教师在实际课堂教学中回答学生预习时遇到的问题，了解学生对知识的掌握情况，组织学生讨论、做练习或者作业。在这种教学模式下，教师能够把握学生对知识的理解掌握程度，再根据学生的需求来调整课程内容和进度，以提升教学质量和教学效果。由此，教师的精力能更集中在解决教学问题上，而不只是在课堂上讲授知识，既有利于教师进行个性化教学，又有利于学生自主学习。

限制性 MOOC 式教学模式：根据课程要求对申请条件进行限制，只将部分符合条件的 MOOC 申请者（最好不超过 500 人）纳入 SPOC。入选者要进行分组，按时完成在线课程预习、校内课程学习，并且参与在线讨论，完成规定的作业，最后要进行统一的校内正规考试，通过者将获得课程完成证书。当然，未申请成功的学习者也可以注册在线课程、完成作业、参加在线讨论、旁听校内课程，但最终无法取得课程学分。

（3）SPOC 的优势

顶尖大学的教师一直在探索 SPOC 这一新兴教育模式，因为它可以提高教师的教学质量，促进一系列的教学改革，提升学校的办学质量；可以让教师回归课堂，不用再花费大量精力去备课，而是帮助学生或者和学生一起讨论来解决难题，设计更适合学生学习和掌握知识的学习模式，成为真正的课堂掌控者；SPOC 以小班化为基础，使得主讲教师能够统计分析每个学生的学习成绩和学习行为，根据统计结果，辅导到每个学生并与每个学生互动，极大地提高学生的学习热情。[②]其具体优势如下。

1）模块化的视频与精确的测试题。有逻辑地串联起的模块化视频资源让学

① ICEF Monitor. 2013. Are we really enter into post-Mooc era? http: //monitor. icef. com/2013/11/are-we-already-entering-a-post-mooc-era/[2016-09-10].

② 马铭研，程少云，张佳佳 . 2015. SPOC 教学模式对高职教育的影响 . 轻工科技，(5)：178-179.

生能够保持专注，专心学习，精确的测试题可以用于同侪学习。在课堂教学中，在观看完几分钟的视频后，再利用测试题进行同侪训练：全体学生同时利用投票系统对答案进行投票，并就他们的答案与邻近学生讨论 30 ～ 60 秒后再次投票。在授课现场，每隔 6 ～ 10 分钟将停止讲授，腾出时间让学生参与学习活动，这让学生感到更加体贴周到。①

2）筛选的要求与合理的控制。设定课程预选的门槛，有利于筛选出动机较强的学生进行学习，并避免高淘汰率与辍学率。对学生数量进行合理的控制，使得教学与管理能够维持在一定规模而不至于造成混乱，也便于教师对学生和课程进行管理。

3）丰富鲜活的资源与多元的形式。众多丰富、充沛的在线资源改变了传统课堂的教学形式，使学生能够获得更为多元的学习内容、教学活动、测试形式及评估方法。这些特征都更好地满足了学生的学习需求，充实了学生的知识内涵，更加方便学生进行学习，提升了学生的学习兴趣。

4）便捷的互动交流与课程可信度的提升。课堂与在线的结合，课程讲授与讨论互动的结合，使得教师与学生的交流更为容易，相比起纯粹的在线学习，这种混合的学习形式在互动交流上更为贴近学生，也更符合实际。教学组织、学习过程和测评方式的强化使得课程的含金量与认可度都得到了提升，保证了课程的品质、教学和学习的质量。

5）项目化或问题化的设计。SPOC 的校园课程包括开放式项目设计或问题化设计。例如，加州大学伯克利分校福克斯教授的 SPOC“软件工程”教学中，要求 4 ～ 6 名学生组成项目小组，为非营利组织和学校部门开发软件。设计项目源于部门机构的直接需求，而学生则掌握着项目的决策权，这是该课程最具价值的地方。该项目在家庭作业方面利用 MOOC 技术，让学生更加自信地以更强的基本技能来实施项目。

6）时间的灵活性。单一主题的短小教学视频便于学生去选择对应视频进行回顾，以解决不清楚的问题。因此，学生偏爱观看在线微视频，通过回放视频可以增进对知识的理解，同时，学生学习的时间、地点是可以灵活选择的，以满足其个性化学习需求。

7）更专注于高价值活动。SPOC 充分利用了 MOOC 的技术支持，使教师

---

① 贺斌，曹阳 . 2015. SPOC：基于 MOOC 的教学流程创新 . 中国电化教育，（3）：22-29.

能够将时间和精力用于更高价值的活动之中，如小组讨论、任务协作等。这些技术并非用来取代传统的课程要素，而是进一步提高课程效率。譬如，与其在自动评分器是否应该取代人工评估这一问题上无休止地争辩，还不如静心考察自动评分器如何提升助教的力量，让助教专注于审查互动密集的设计项目或者处理在工作中和论坛中碰到的具有挑战性的问题。可以这么说，教师宝贵的时间已经从完成一些低价值的评分操作转变为去指导高价值的学生交互活动。

（4）SPOC 应用案例

当前大部分的 SPOC 主要是针对在校大学生与在线学生所安排的。对于在校大学生来讲，SPOC 结合了实际课堂教学与在线教学，是一种混合式学习模式，它主要是指在学校内使用 MOOC 来实施翻转课堂教学。入选 SPOC 的在校大学生需要保证一定的学习时间及学习强度，参与在线讨论，按时完成相应的作业、考试等，通过者将会获得结课证书与课程学分。下面我们列举几个案例。

第一，哈佛大学的 SPOC 实践。

哈佛大学在 2013 年对三门课程进行了 SPOC 实践。[①]

第一门是“版权法”（Copyright）课程，由法学院在 edX 平台上开设，课程周期为 12 周。允许加入课程进行学习的要求是：首先要提交个人基本信息；其次要写一篇小论文，说明申请原因和能够尽多大努力。另外，在学习课时上，申请者必须能够保证每周的学习时间不少于 8 小时，每周在线研讨的时间不低于 80 分钟。[②]最终，在全球 4100 名申请者中，威廉·费舍尔教授等进行了精心的筛选，挑选出 500 名学生参加哈佛大学在线课堂（Harvard online classroom）。这门课程与传统的哈佛大学法学课程基本相同，将学生分组，每组少于 25 人，并且助教进行协助。这些助教主要由费舍尔教授之前的毕业生或现任学生担任，主要任务是组织各个项目组成员之间的讨论。课程结束后，在线学习者要参加哈佛大学法学院举办的统一线下考试，通过者获得课程完成证书和一份书面评价。[③]这门课程的反响十分不错，并开设多次。

第二门是“美国国家安全、战略和媒体面临的主要挑战：导论”（Central

① 康叶钦 . 2014. 在线教育的“后 MOOC 时代”—— SPOC 解析 . 清华大学教育研究，(1)：85-93.

② Gesmer L. 2013. Professor William Fisher’s edX “CopyrightX”MOOC. https: //masslawblog. com/copyright/observations-on-professor-william-fishers-edx-copyrightx-mooc/[2016-05-09].

③ Caron P. 2012. Harvard law school offers first free online course. http: //taxprof. typepad. com/taxprof_blog/2012/12/harvard-law-school. html[2016-12-28].

Challenges of American National Security，Strategy and the Press：An Introduction），由肯尼迪政治学院开设。这一入门课程以 SPOC 形式同时提供给哈佛大学校园内的学生和 500 名在线学生。在线学生的申请要求有：首先提交一份有关美国政府应对叙利亚冲突话题的书面作业；其次提供他们的学业证明。最后获得同意的学生既有不能够到校学习的哈佛大学学生，也有在家学习者或在职人员。这些学生观看视频，每周阅读约 75 页的文献，完成所有的作业，并参加由助教组织的主题讨论、在线学生的讨论以及哈佛大学校园内学生的讨论。课程结束时，达到课程要求的学生被授予哈佛在线课程证书。

第三门是设计学院为其新入学的研究生开设的“建筑学假想”（The Architectural Imaginary）课程，将来有望对更多人开放。

第二，加州大学伯克利分校的 SPOC 实践。

福克斯教授在 edX 平台开设的“软件工程”是加州大学伯克利分校软件工程专业的品牌课程，这门课程同时以 SPOC 模式提供给加州大学伯克利分校外的学生。学校内外学生都要完成为其布置的线上任务，有所不同的是，校内学生需要为现实中的客户制作软件。这门课程拥有自动评分功能，这是其特色所在。学生在提交相关的程序作业或完成一定任务时，能够得到及时而详细的反馈信息。在传统的教学中，学生一般是从助教那里获得反馈评价，而这门课程给学生的反馈信息要详细得多，譬如，学生在每份作业上停留的时间会被记录下来。此外，自动评分功能允许学生多次提交作业，在获得更高分的同时，也加强了学生对知识和技能的掌握。此门课程的实施取得了很大的成效，因此，在 2013 年春季，此课程团队将该 SPOC 模式迁移到了其他四所大学：宾汉姆顿大学、夏威夷太平洋大学、科罗拉多大学及北卡罗来纳大学。对四位授课教师的进一步调查显示，这些教师在上课之前都观看了加州大学伯克利分校的 MOOC 视频，其中三位教师使用了 MOOC 测试题，两位教师使用了 MOOC 自动作业评分系统，一位教师利用该课程采用了翻转课堂的教学模式，让学生课下观看 MOOC 视频，课上进行讨论。

一个学期之后，四所大学的 SPOC 都取得了显著的效果：自动评分功能减轻了教师的负担，同时强化了软件工程课程的测试驱动开发（test-driven development）理念；课程讲座视频包含的信息量较为丰富和密集，学生可以自定步调，暂停、回顾任何一个未懂的知识点，因此是一种非常高效的信息传递方式；对软件工程新技术和前沿开发方法的接触，使学生非常兴奋；该课程给优秀学生带来了挑战，也是其他课程所不具有的特性；学生能够通过讲座视频感受世界一流的教学，接受更加丰富的知识，完成与伯克利顶级计算机科学计划相同的课程挑战。

虽然课程的起步很艰难，但是众多学生表示了对这门课程的喜爱。同时选择这门课程的人在增多，课程注册率几乎翻了四番。当然，课程在进行过程中也出现了一些问题。例如，由于好几千人（包括旁听生）都在做作业，学生很容易在网上找到作业的答案，这是自动评分系统检测不到的，因此这对学生学习这门课的积极性有所影响。福克斯团队已经意识到这些问题，计划在下一轮 SPOC 中进行改善。改善措施之一为，让 SPOC 学生参加 MOOC 论坛，从与其他学校学生的交流中获益。在这次版本中，教师觉察到，许多学生在学习和做作业时会遇到很多共同的问题，尤其是第一次接触新的计算机语言和新工具时，MOOC 论坛使他们能够获得更多关于软件工程的知识和学习技巧，得到更多关于解决问题的灵感和方案，这是传统教学所不具有的优势。此外，当 SPOC 学生遇到一些无法解决的新问题时，MOOC 论坛上有世界各地的助教帮助解答，这在校园里很难遇到。

第三，清华大学的 SPOC 实践。

清华大学经济管理学院融合新的信息技术和中国优秀的教育资源，于 2014 年 5 月推出国际领先的基于新信息技术的 SPOC。SPOC 在传统 MOOC 的基础上增加了学生群组学习、教师全勤主导和以案例讨论为主的课堂对话，是目前世界领先、国内独有的全新工商管理硕士（MBA）教学模式。[①] 通过 SPOC 实践，清华 MBA 项目已经走在世界商学院教育前列，并促进了国内 MBA 项目的变革。

该课程的教学模式结合了线上和线下的教学优势，学习者可以通过在线进行自主学习，掌握课程知识要点，然后进行现场授课，主要是实际案例讨论、现场互动学习，进一步加深学习者对知识的理解及实践应用能力，实现有效教学。同时，学习者还可以进行群组式的学习，以学习者已经熟悉的班集体为基础建立封闭学习社区，然后可以成立学习小组，利用团队学习方式，相互交流合作，相互学习。SPOC 的教学模式也更加适应 MBA 的特点，例如，线上课程

① 清华大学经济管理学院 . 2014. 清华 SPOC 在线课程 . http: //mba. sem. tsinghua. edu. cn/cource/spoc. html[2016-05-10].

内容按知识点组织，学生可自己决定学习速度，可反复看某个章节或者完成测验直接跳过，适应 MBA 背景多样的特点；时间、地点个性化，学生可以在规定时间内自由安排自己的学习时间和地点，减少到学校的次数，减少对工作的影响，适应 MBA 的工作和生活特点。[①]

第四，浙江大学“C 语言程序设计”SPOC 实践。

浙江大学计算机科学与技术学院的翁恺在 2014 年 9 月开始采用 SPOC 的方式来辅助教学。翁恺最初有一个自己的课程网站，但由于技术、平台功能、课程资源等问题的限制，一直找不到合适的开展有关计算机专业 SPOC 的方式。随着技术的不断发展，2014 年 5 月，翁恺在中国大学 MOOC 平台上开设了“C 语言程序设计”课程，使 SPOC 教学有了可用资源。同年 9 月，平台实现对 SPOC 的支持，使教师有机会尝试 SPOC 辅助教学。[②]

翁恺的“C 语言程序设计”SPOC 开展的主要对象是基础较为薄弱的计算机班大一新生和来自加拿大的大二留学生。在翁恺的课上，SPOC 的主要作用是：预习、复习、发布小测验、编程题、讨论题及讨论区。在上课前，部分视频会上传至平台，学生需要提前观看，完成预习。预习部分的内容也会在课堂上讲解，但不会详细讲解，只做简单提醒。下课后，教师上传全部相关视频，供学生复习使用。根据教学内容，教师及时发布一些测验、编程题、讨论题，加深学生对知识的理解。讨论区的开设也进一步增加了学生间的互动交流。

第五，天津大学“工程图学”SPOC 实践。

天津大学第一门 SPOC——“工程图学”是继 2014 年第一期教育部“信息技术支持下的高等教育教学模式研究”的二期课程。经过遴选，天津大学作为主讲高校之一与浙江大学、上海交通大学等八所高校参与这期课程的授课[③]。该课程全国“同时异地”授课，是天津大学第一门 SPOC，已在哈佛大学等名校小试牛刀。[④]

此次课程还融入了课程互动环节，授教教师姜杉在回顾前面课程内容时，

---

① 清华大学经济管理学院 . 2014. 清华 SPOC 在线课程 . http: //mba. sem. tsinghua. edu. cn/cource/spoc. html [2016-05-10].

② 果壳网 . 2015. 后 MOOC 时代已经来临 | 你必须知道的 SPOC. http: //mooc. guokr. com/post/612167/ [2015-02-28].

③ 天津大学新闻网 . 2015. 天津大学《工程图学》课程实施“同时异地”授课 . http: //www.tju.edu.cn/news/zx/ky/201507/t20150713_262470. htm[2015-06-15].

④ 北方网 . 2015. 天津大学第一门 SPOC 课程开讲实现“同时异地”授课 . http: //news. enorth. com. cn/system/2015/01/08/012390139. shtml[2015-01-08].

将知识以点的形式进行概括，调动学生回忆前面课程内容，较好地与此次课程内容进行衔接。在新技术、新工艺讨论环节，学生更是踊跃参与互动，表现出学习的积极性与主动性。该课程将传统授课方式与信息化技术相结合，将面授课程与在线课程相结合，进一步加深了学生对知识的理解，拓展了学生的工程实践经验。

以上论述充分说明，SPOC 相对于 MOOC 有着更多的优势。首先，SPOC 改变了传统的教学模式，为教师开展教学提供了新的参考。在信息技术发展迅速的当今，教育教学不再只局限于教室这样实体的物理空间，线上的学习空间为教育提供了无限可能。教师为了教好学生也在不断寻求突破与创新，SPOC 就是在不断的实践和发展中形成的新的教学模式。其次，SPOC 增强了学习者的真实学习体验，满足了学习者的学习需求。SPOC 在 MOOC 优势的基础上，结合线下课程，弥补了学习者无法在实际生活中接触教师的情感缺失，完善了互动机制，有利于学习者完整地体验课程。最后，SPOC 对推动大学校内的教学改革有一定的作用。从以上案例不难看出，许多 SPOC 均在高校开展，这对高校课程教学效果及课程质量的提升具有一定的帮助，也为高校的教学改革提供了参照。

2. 翻转课堂

（1）翻转课堂的含义

翻转课堂（flipping classroom，或译作“颠倒课堂”）是在 2007 年前后开始出现的，关于翻转课堂的定义，不同的研究者从不同角度提出了自己的观点，综合起来有以下几种。

翻转课堂的定义最早是由美国经济学家莫林·拉赫等提出的，他们认为，翻转课堂即在传统教室里发生的事情现在发生在课堂之外，反之亦然。学习技术的使用，尤其是多媒体的使用，为学生的学习提供了新的学习机会。当然，此定义只是简单地描述了翻转课堂中发生的转变，并未从教学模式的角度对翻转课堂做出定义。①

英特尔全球教育总监朱文利认为，翻转课堂是指教育者赋予学生更多的自由，把知识传授的过程放在教室外，让大家选择最适合自己的方式接受新知识；

① Lage M J, Plait G J, Treglia M. 2000. Inverting the classroom: A gateway to creating an inclusive learning environment. Journal of Economic Education, 31(1): 30-43.

而把知识内化的过程放在教室内，以便学生之间、学生和教师之间有更多的沟通和交流。①

在美国科罗拉多州举办的翻转课堂大会上，参会的专家、学者认为：翻转课堂是一种手段，它增加了学生和教师之间的互动时间及个性化活动的开展时间；它是一种个性化的教学环境，在此环境中，学生可以得到个性化的教育，学生必须对自己的学习负责，学生的课堂积极性很高；教师不再是讲台上的“专制者”，而是学生学习的真正的指导者；它使教学内容得到保存，学生可随时根据自己的情况进行复习，使课堂缺席的学生不被留在后面；它是一种混合了直接讲解与建构主义学习的教学模式。②

北京师范大学马秀麟教授认为，翻转课堂教学模式是指把“教师白天在教室上课，学生晚上回家做作业”的传统的教学结构颠倒安排，让学生在课外时间完成针对知识点和概念的自主学习，课堂变成教师和学生的互动场所，通过解答疑惑、合作讨论等策略促进知识内化的模式。③

综合以上学者对翻转课堂的定义，可以更加深入地理解翻转课堂的内涵。翻转课堂其实就是把课堂中教师讲授为主的教学活动和课后学生完成作业的学习活动进行交换，所以又称为颠倒课堂。翻转课堂的教学模式主要是学生在上课前通过观看教师为其准备的相关视频资料和课件资源等进行自主学习，课堂上，教师来解决学生在自主学习过程中遇到的困难和疑惑，学生在教师的指导下进行问题讨论、研究和完成作业。单从形式看，翻转课堂是将传统课堂教学的环节进行了颠倒，但是实质上，翻转课堂教学模式有利于发挥学生的主体性，实现以学生为中心的课堂教学。一方面，学生可以根据自身知识掌握情况，自由选择还未理解的知识点视频进行播放，也可以对重点、难点内容进行重播学习；另一方面，在课堂上，教师能更加集中于解决问题，也有充足的时间加深学生对知识的理解及培养学生运用知识解决问题的能力。

翻转课堂将传统教学中的先在课堂上学习再在课后完成作业的流程进行了颠倒，该教学方式让学生先通过自主学习材料完成知识的初步学习，再在课堂

---

① 中国教育新闻网 . 2011. 未来的课堂：颠倒的教室 . http: //www. jyb. cn/ad/news/201110/t2011101 0_456993. html[2017-10-10].

② Bergmann J, Overmyer J, Wilie B. 2013. The flipped class: Myths vs. reality. http: //www. thedailyriff. com/articles/the-flipped-class-conversation-689. php[2016-10-12].

③ 马秀麟，赵国庆，邬彤 . 2013. 大学信息技术公共课翻转课堂教学的实证研究 . 远程教育，(1)：79-85.

上和教师一起完成问题研讨。翻转课堂解决了传统教学中学生遇到重难点时教师不在现场的问题，即分解了知识内化的难度，增加了知识内化的次数，促进了学生的知识获得。[①]

（2）翻转课堂教学模式

翻转课堂将传统课堂中教师的知识讲授过程转移至课前完成，知识的内化则由原先课后做作业的活动转移至课中进行。翻转课堂的研究目前是国内外教育领域关注的热点话题之一，它作为一种基于信息技术的新型教学模式，能够将技术与课程有效整合，更新了传统的教学模式，是一种新时代的创新之举。翻转课堂在实践过程中形成了几种较为典型的教学模式，我们将对以下几种模式进行深入分析。

A. 探索－翻转－应用模式

穆塞莱姆对翻转课堂的模式做了大量的研究，思考如何能在以学生为中心的教学中应用翻转课堂。经过对之前研究的总结和改进，他提出了探索－翻转－应用（explore-flip-apply）的模式，如图 1-4 所示。[②] 此模式结合了同侪互助教学（peer instruction）、即时教学（just-in-time teaching）和引导式探究（guided inquiry）理论。

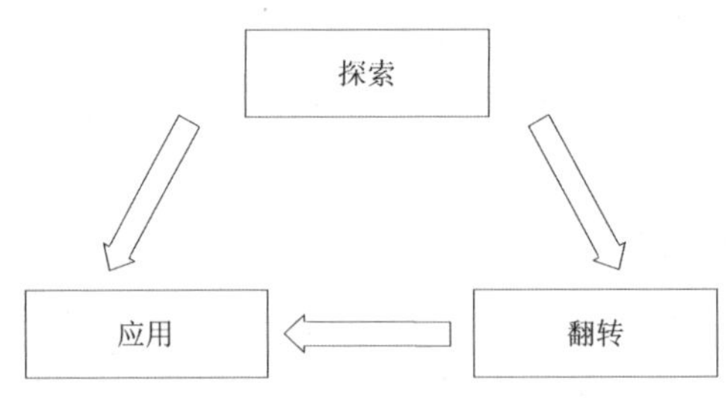

图 1-4　探索－翻转－应用模式图

探索：这一阶段主要采用引导式探究的教学方法。在课堂中，教师依据教学内容、教学目标提出问题，并为学生提供相关的材料和资源，希望学生在自主学习探究过程中形成自己的解决方案。该阶段主要分为任务、活动和结论三部分。首先，教师明确主题、提出任务，唤起学生的原有知识经验；其次，教师

① 祝智庭，管珏琪，邱慧娴. 2015. 翻转课堂国内应用实践与反思. 电化教育研究，(6)：66-72.

② 宋艳玲，孟昭鹏，闫雅娟. 2014. 从认知负荷视角探究翻转课堂——兼及翻转课堂的典型模式分析. 远程教育杂志，(1)：105-112.

组织活动，让学生采用小组合作的形式，完成对问题的讨论和研究；最后，教师将讨论结果也就是研究结论展示给全班学生，另外，教师不给出唯一的正确答案，目的只是纯粹地让学生进行探索。

翻转：使用教学视频进行及时教学。学生主要在课下完成该阶段。即时教学是一种教和学的策略，建立在“基于网络的学习任务”（web-based study assignments）和“主动学习者的课堂”（active learner classroom）二者交互作用的基础上。课前，教师通过网络发布视频观看任务，学生尽力去完成任务，同时教师需要及时查看学生的反馈以便调整课堂去适应学生的需求。因此，进行即时教学的关键在于学生在进行课外学习后对相关内容掌握程度的反馈，它从根本上影响着后续的课堂。该阶段包括：学生观看教学视频与提交视频反馈。

应用：这一部分主要分为三个阶段，即概念测试、材料延伸、评估。这个过程是在教师的引导下完成的。该阶段的活动丰富多样，例如学科实验应用活动、基于小组合作的问题讨论活动、有难度的问题探讨活动和班级竞赛活动等。对学生进行测试后，教师还要给学生提供用于知识延伸和应用的资料，最终对学生进行评估。

B. 塔尔伯特的翻转课堂结构

塔尔伯特是美国富兰克林学院数学与计算科学专业的教授，他在诸多课程中都采用了翻转课堂的教学模式并取得了良好的教学效果。经过多年教学的积累，塔尔伯特总结出翻转课堂的实施结构模型，如图 1-5 所示。该模型简要地描述了翻转课堂实施过程中的主要环节，但是，该模型主要适用于理科类的操作性课程，其对文科类课程的适用性还需要进一步完善。

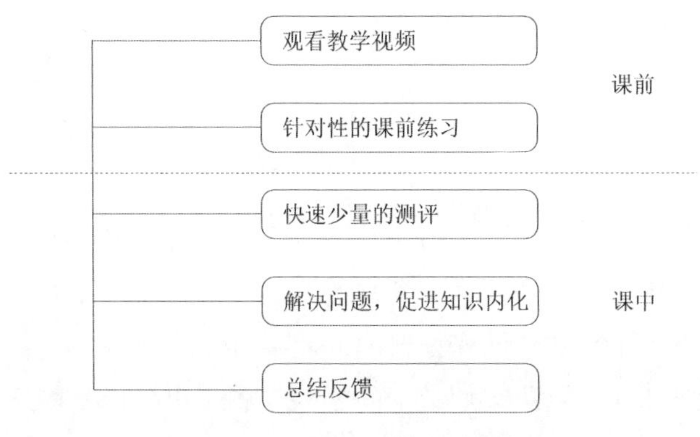

图 1-5　塔尔伯特的翻转课堂结构图

该模型简要描述了课程的流程，包括课前与课中两大部分。课前主要是观看教学视频及完成针对性的课前练习。课堂上，教师不需要占用大量时间进行授课，而是先进行快速少量的测评，然后解决学生存在的疑难问题，促进知识内化，最后教师对知识内容进行总结反馈。

C. 塔尔伯特翻转课堂结构的优化模型

根据翻转课堂的内涵，在相关科学理论的支持下，张金磊等在塔尔伯特的翻转课堂模型基础上，构建出了更加完善的翻转课堂教学模型，如图 1-6 所示。① 此模型的优势在于提出了更为明确的实践方式，也明确指出了信息技术与学习活动在翻转课堂中的工具作用。但是，由于该模型是在塔尔伯特的模型基础上改进的，因此其学科适用范围是有局限性的。该模型也主要分为课前学习和课中学习两部分。在翻转课堂学习环境创设过程中，信息技术和活动学习可以对课前、课中的活动进行调节，保证翻转课堂流程的进行。信息技术的支持和活动学习的顺利开展保证了个性化协作式学习环境的构建与生成。

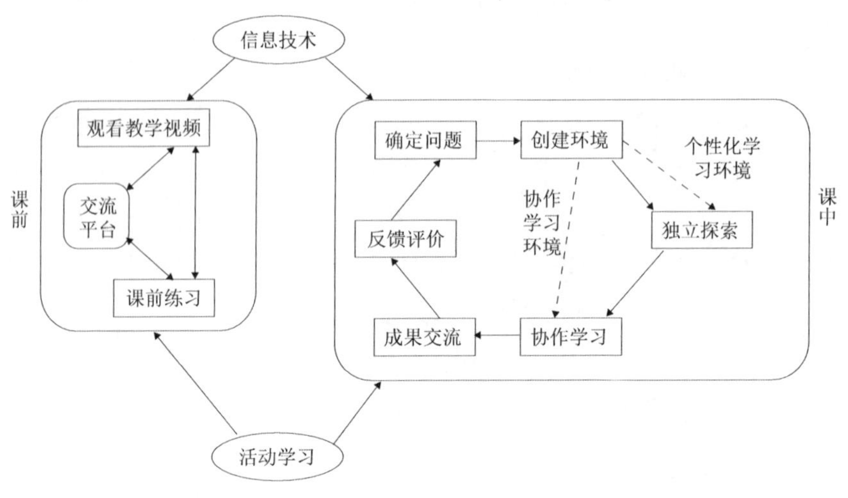

图 1-6　翻转课堂教学模型

第一，课前设计模块。

与传统课堂相比，翻转课堂中知识的传授不在课堂上进行，而是将其搬离课堂，放置在课下，学生通过观看教师的教学视频来完成知识的初步学习。这里的教学视频既可以是上课教师录制的授课视频，也可以是网络上的优质教学

① 张金磊，王颖，张宝辉 . 2012. 翻转课堂教学模式研究 . 远程教育杂志，(4)：46-51.

资源。

学生看完相关教学视频之后应该有所思考，并将收获和疑问记录下来，以备之后在课堂上进行讨论。同时，学生要完成教师布置的针对性课前练习，以加强学习内容的巩固，并发现学习的疑难之处。教师要合理设计安排课前练习的数量，要保证测试题难度适中，以激发学生原有知识经验的运用，提高学生的知识迁移能力。

在学生进行课前学习时，教师应该通过网络交流平台与学生进行沟通交流。学生在家可以通过留言板、聊天室等网络交流工具与同学进行互动，了解彼此的观点与疑问，同学之间能够进行互动解答。

第二，课堂活动设计模块。

翻转课堂的特点之一就是通过课前预习，使得课上的时间能最大化地用来解决有价值的问题，提高学生的学习效率。因此，课堂活动设计就是最关键的环节，好的课堂活动设计有助于学生内化更多的知识。建构主义学习理论认为，知识的获得是学习者在一定情境下通过人际协作活动实现意义建构的过程。因此，教师在设计课堂活动时，应充分利用情境、协作和会话等要素充分发挥学生的主体性，使学生完成对当前所学知识的内化。

（3）翻转课堂的优势

如今，翻转课堂的实践越来越多，翻转课堂的含义逐步趋于完善，它的特点也已凸显，一个全新的教学模式呈现在人们面前。与传统课堂相比，翻转课堂在时间的分配上更侧重于花费大量时间发展学生的高阶能力，加强知识的内化，培养学生综合运用知识解决实际问题的能力，重点培养学生自主协作的学习能力。在时代环境急剧变化的今天，这一点更有特殊的意义。所以，翻转课堂的运用有其独特的优势。

1）有利于学生灵活主动地分配学习时间。在翻转课堂之初，美国科罗拉多州林地公园高中（Wood land Park High School）的化学老师伯尔曼和萨姆斯发现，许多学生因为各种原因无法按时到校上课，有的甚至因为上课跟不上教师的进度而放弃学习，翻转课堂得以开展，以便于这些不能到校的学生跟上教学进度。翻转课堂中教师提供的视频很受学生欢迎，很多未缺勤的学生也利用教师共享的学习资源来复习和巩固知识。在翻转课堂模式下，学生不用再担心错过学校的学习而放弃学习，它为学生提供了更为便捷、灵活的学习选择。而且，学生可以根据需要自主安排学习时间。这种上课前在家里看教学视频，并做一些针对性的练习，带着疑问进课堂与教师互动的学习方式，使学生的学习更加主动灵活。

2）提高了学生的自主学习能力。翻转课堂是基于教学资源的自主探究学习方式，其核心是充分发挥学生的主观能动性。在传统教学中，教师讲，学生听并在课后完成作业，这种模式使学生的学习时间、空间受到限制。而翻转教学给予了学生充分的自主权，激发了学生学习的积极性和主动性。教师的引导和组织使得学生开始主动思考，进一步地发现问题、寻求解决方案并表达自己的观点，这样就削弱了学生对教师的依赖心理，有利于创新精神和能力的提升。此外，对于先进学习工具的使用，学生也在翻转课堂中慢慢接受并在教师的指导下探究掌握，这切实锻炼了学生的自主学习能力。

3）增强了师生间的互动性与反馈的实时性。在传统课堂中，只有学生遇到的普遍问题，教师才会在课堂上统一解决，这就忽视了个别学生的个别问题，使得教师不能够全面了解学生掌握知识的情况。而在翻转课堂模式下，教师在备课时将练习上传至教学平台，学生在观看完教学资料后在线完成相关练习，教学平台会立即反馈正误并给予解答，学生可以通过论坛或网络即时通信工具实时地与教师交流，加深对重难点的理解，不必把一些浅显的问题带进课堂。教师通过教学管理平台既可以了解每个学生的学习状态及知识的掌握情况，也可以对全班学生的整体学习情况有所把握，进而及时调整教学进度和难度，制订有针对性的辅导计划。翻转课堂的优势之一是增加了教师与学生相处的时间，使师生间的互动可以多次发生，教师对学生的反馈能得到及时的传递，切实有效地提高了学生的学习效果与教师的教学效果。

4）便于教师因材施教和学生个性化学习。每个学生都有不同的个性特征和内心世界，他们的兴趣点、需求点、智力等情况都是不同的，传统教学经常强调教师在教学中要贯彻因材施教的原则，但一对多的教学模式使得教师力不从心。对于接受与理解能力弱的学生来说，课堂上的时间难以使其快速理解或领会知识，借助翻转课堂，这部分学生可以随时调整学习进度来吸收消化新知识，可以通过内容重播反复学习。有较强学习能力的学生可以通过快进有选择地跳跃观看学习内容。学生可以根据自己的情况进行个性化的学习，不受传统课堂的时空约束。

5）活跃教学氛围，提升学生兴趣。在传统课堂上，有些学生注重笔记的记录，有时候反而会忽略对知识的理解；部分捣蛋的学生总是在课堂上开小差，干着与课堂无关的事情，甚至干扰教师与其他学生，影响教学效果。美国的高地村小学的翻转课堂模式被称为“星巴克课堂”，它在具体的实施中重新设计了教学环境，在教室中摆放了圆形咖啡桌、舒适的沙发和椅子，并配备了联网设备，教师还鼓励学生将包括电子书、平板电脑和智能手机等在内的先进学习工具带进课堂，组织学生在这样的环境中讨论问题和交流互动。其目的是希望营造一个咖啡馆的氛围，让学生的学习氛围更加轻松，可以自由讨论，在这样宽松的环境中，学生的学习变得积极踊跃，学习表现越来越好。

（4）翻转课堂应用案例

翻转课堂作为一种新的教学方式，在近些年来广受欢迎，吸引了大批教育研究者、一线教师和媒体的关注。2007 年，美国科罗拉多州林地公园高中的两名化学老师伯尔曼和萨姆斯在化学课上尝试了翻转课堂的教学方式。2011 年，可汗（Khan）和他创立的可汗学院则将翻转课堂推向了世界。下面我们列举几个国内外的案例。

A. 可汗学院的翻转课堂实践

2004 年，孟加拉裔美国人可汗创立了可汗学院。最初，他为了远程辅导亲戚家的小孩学习数学而录制了数学方面的教学视频，并把它放到 YouTube 网站上，除了供其亲戚家的孩子远程学习，也供其他有需要的人士免费观看和学习。2007 年，可汗把教学视频和互动练习软件加以整合，用教学视频讲解各学科的教学内容和解决网上学习者提出的各种问题，并提供了在线练习、自我评估、学习进度自动跟踪等学习工具。2009 年，可汗学院作为开展在线教育的一个非营利教学网站正式成立。可汗学院为广大渴望学习的学习者提供了免费的优质教学视频，打破了实施翻转课堂资源及空间的限制，更便于一些教师开展翻转课堂教学，从而推动了翻转课堂的普及，使翻转课堂不局限在科罗拉多州，而是迈入了全球视野。

B. 加拿大大不列颠哥伦比亚内部高中数学课的翻转课堂实践

2011 ～ 2012 学年，这所学校的约翰逊老师在三个班级实施了数学课的翻转课堂教学。在前期，约翰逊老师做了许多准备，包括预先制作了 15 个教学视频，并准备了每次课学生使用的资源包、随堂测验以及阶段性测验，同时提前设计了翻转课堂实施时的每一次课堂活动，便于之后翻转课堂的顺利开展。在课堂教学开始前，他只需结合学生的自学情况进行调整即可。在上课之前，学生在家中先看教师录制的 10 ～ 20 分钟的相关教学视频，之后学生完成相应测验，学生做完测验之后可通过教师发布的资源包进行拓展性学习，在此期间可通过 Moodle（modular object-oriented dynamic learning environment，模块化面向对象的动态学习环境）平台与教师或者同学讨论学习和测试的结果；回到课堂上，教师则在拥有液晶投影仪、交互式电子白板和平板电脑的教室进行问题解决，解决完问题之后教师再提出适当的拓展性问题并给予解决和评价。

约翰逊为翻转课堂做的充分的准备为翻转课堂的成功实施提供了保障，丰富的技术环境则为翻转课堂教学的实施提供了支撑。该课程的学习过程大致分为两部分：在家里，学生通过教师布置的教学视频独立自主地学习新知识，之后完成对应的试题来检验自己对知识内容的掌握程度，测验结果的及时反馈有利于学生明确学习的不足之处，可以进一步学习。学生可通过教师提供的拓展资源包进行拓展性学习，而此时教师则通过 Moodle 平台记录学生的学习情况，并与学生进行沟通交流。在学校的课堂上，教师根据学生反馈的问题设置不同的情境进行问题解决，之后，教师会再布置适当的拓展性学习或测试，从而提高学生的知识迁移能力。

C. 重庆聚奎中学的翻转课堂教学实践

在我国，重庆聚奎中学翻转课堂是成功的典范，其利用了网络学习平台的视频上传和学习管理功能，并为每位学生提供平板电脑作为自己的学习终端。学生观看的视频都是众多教师精心设计、讲解和录制之后才上传到“校园云”服务平台的。在上课前，学生根据教师发布的导学案，通过观看相应的教学视频进行自主学习，并完成对应的章节测试题，在网络学习平台的辅助下，教师可以及时了解到学生的学习情况，进一步促进教师改进课堂教学。在课堂中，教师会布置与课前学习内容相关的作业，要求学生独立完成，并通过小组协作、师生讨论的方式解决在完成作业过程中遇到的问题。然后，学生完成网络平台上或其他资料上的相关练习，并通过观看教师录制的习题讲解视频进行自主探究、反思提高。

D. 广州天河区“天云项目”中的翻转课堂教学实践

该项目主要采用了家校翻转的教学方式，项目实施过程中会对参与教师进行定期培训，之后教师根据课程的内容选择一节课程进行翻转式教学，并将对应

的任务提交给项目组。例如，初三政治教师方老师的课堂将翻转课堂与学科特点以及家校情况进行了很好的结合。她在实施过程中主要有两种课程类型：A 型课和 B 型课。A 型课是以学生的自主学习为主，教师只作为指导者和学习资源的提供者。在此类课程中，学生可以根据引导自主学习知识，并完成相应的任务，当有所疑问时，可以通过平台向教师提问。B 型课则是基于教师的情境创设，主要是教师利用自主探究和小组合作等方式解决学生在平台上所提出的疑问。

以上翻转课堂实践的成功案例反映出了目前翻转课堂在国内外的实施情况，从中可以得出，翻转课堂实施的基本规则是“课前学习，课上解答”。翻转课堂实施具体的流程是：在上课之前，教师将已录制好的视频提供给学生观看学习，并要求学生完成相应的测试题，教师根据测验反馈结果了解学生的学习情况，设计课堂上的问题解决方案；在课堂上，教师对学生存在的问题进行集中解决，并进一步进行课堂测验，验证学习效果。以上这些翻转课堂的成功案例让我们了解了翻转课堂的基本实施步骤，也反映了翻转课堂教学方式具有较大的可行性。从上述翻转课堂教学中可以看出，大部分课程的实施都需要平台及技术的支持，随着现代社会技术的不断发展，相信之后翻转课堂会有更大的提升与完善空间。

三、国内外高校在线教学模式分析

上面我们已经介绍了在线教学模式的内涵以及在线教学模式的类型，对在线教学模式有了一定的认识。为了清晰掌握目前国内外在线教学模式的发展现状以及存在的问题，我们以陕西省普通高校和纽约州立大学为例进行在线教学模式的分析，着重关注现行在线教学模式是如何运行的，以及现行在线教学模式运行过程中存在什么样的问题，以期能够为我国在线教育发展的设计提供借鉴。

（一）陕西省普通高校在线教学模式分析

为准确把握陕西省普通高校在线教学模式的现状，深入分析其中存在的问题，笔者从学习者特征、教学平台和教学因素三个方面对其展开调查，调研框架如表 1-1 所示。学习者对在线教学的认识、学习者参与在线学习的技能水平以及学习者的学习偏好特征等学习者特征因素在一定程度上影响了在线教学模式实施的有效性，是在线教学模式设计和选择时必须考虑的关键因素；教学平台的稳定性是在线教学模式实施的基本保障，其交互性又间接限制了在线教学活动的类型；教学过程中所包含的教学活动和教学流程、交互类型、交互结构等若干教学因素则是在线教学模式现状最直接的体现，也是决定在线教学效果的最直接因素。

表 1-1 陕西省普通高校在线教学模式现状的调研框架

调研维度	因素	影响因素所包含的子因素及其具体说明
微观维度	学习者特征	包括学习者对在线教学的认识、学习者参与在线学习的技能水平、学习者的学习偏好特征等三方面因素的调查
	教学平台	教学平台的稳定性和交互性
	教学因素	教学活动和教学流程
		交互类型
		交互结构
		教学内容的表征方式、在线学习工具和补充材料在教学上和技术上的有效性
		教师进行在线教学的积极性、责任心等教学伦理因素
		考核评价方式和评价数据的采集方式

笔者以调研框架为依据，设计了针对在线学生的调查问卷——陕西省普通高校在线教学模式现状及其存在问题调查问卷，在陕西师范大学远程教育学院、西北工业大学网络教育学院、西安电子科技大学网络与继续教育学院和西安交通大学网络教育学院发放问卷，对问卷进行分析，得到的结果如下。

1. 问卷调查结果分析

（1）学习者特征

学习者特征因素是关系在线教学模式的设计和实施的重要信息。因此，笔者对学习者特征进行了调查。

A. 学习者对在线教学的认识

在问卷中，笔者将学习者对在线教学的认识因素的调查设置为多项选择题，其结果如图 1-7 所示。约 31.2% 的人认为在线教学适合所有人，12.1% 的人认为在线教学物美价廉，56.7% 的人认为在线教学容易毕业，同时有 55.0% 的人认为自己不适合在线教学。

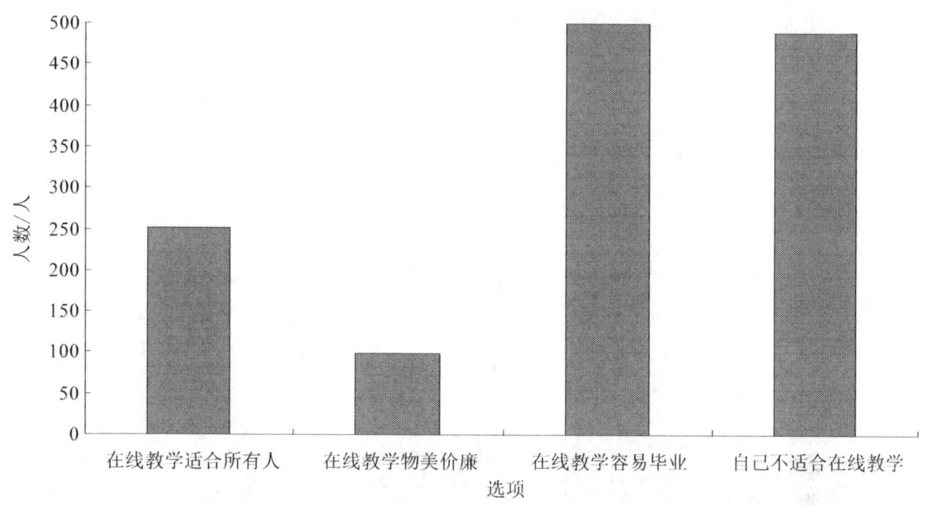

图 1-7 学习者对在线教学的认识因素统计

B. 学习者参与在线学习的技能水平

笔者从阅读技能、写作技能、交流技能等 10 个方面对学习者参与在线学习的必备技能水平进行了调查。总体来看，学习者所具备的参与在线学习的技能水平普遍不高，且在个别方面存在显著差异，如表 1-2 所示。这些显著差异表现在学习者的在线学习经验、独立学习能力、交流技能和对教学传输系统的熟悉程度四个方面。

表 1-2 学习者参与在线学习的技能水平调查问卷统计表

学习者参与在线学习的技能因素	人数/人				标准差
	优秀	良好	一般	较差	
阅读技能	214	298	178	172	58.04
写作技能	153	245	206	258	47.16
交流技能	276	259	200	127	67.39
键盘输入技能	437	256	169	0	181.94
文字处理技能	401	326	86	49	174.27
网络浏览技能	529	231	102	0	229.38
在线学习经验	45	143	325	349	146.22
独立学习能力	158	216	254	234	41.36
与不同文化背景学生的协作能力	217	269	198	178	39.06
对教学传输系统的熟悉程度	105	276	263	218	77.75

为了更加直观地了解学习者参与在线学习所必备的技能水平的差异，笔者制作了如图 1-8 所示的直方图。

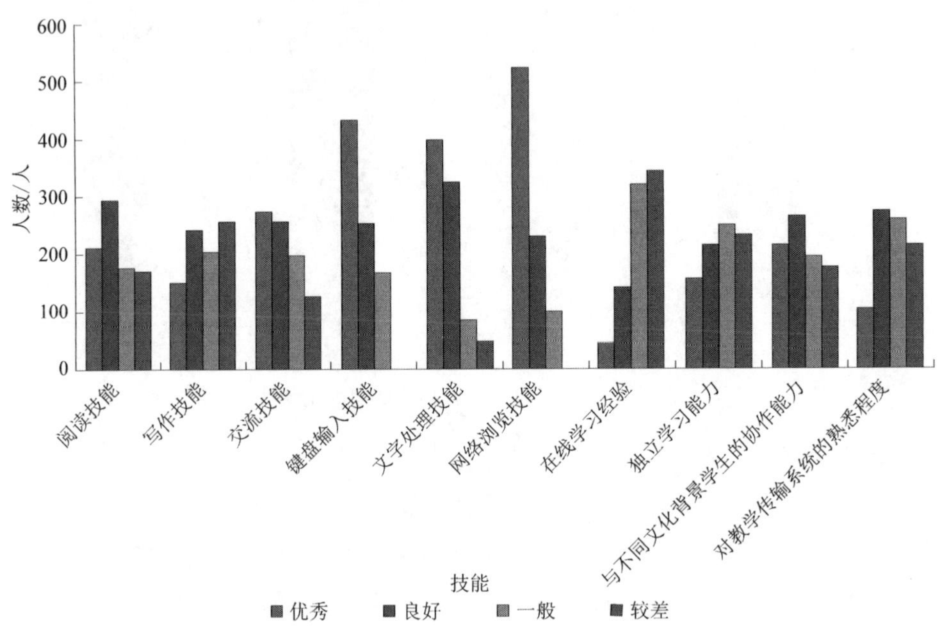

图 1-8　学习者参与在线学习所必备的技能水平统计直方图

C. 学习者的学习偏好特征

在所调查的陕西省四所普通高校网络教育学院学习者偏好特征的所有选项中，学习者可以根据自己的实际情况任意选择多项，如表 1-3 和图 1-9 所示，在所有选项中，超过 50% 的学习者偏好“演示”“指导”“游戏”“角色扮演”“讨论”“互动”“助进”“协作”“实地参观”“师徒式学习”“案例研究”等 11 种学习方式。其中，“演示”“游戏”“角色扮演”“互动”“助进”“师徒式学习”“案例研究”等 7 种学习方式得到超过 70% 学习者的喜欢。另外，通过调查发现，在所有学习偏好中，91% 的学习者选择了“互动”，而选择“操作和练习”“讲故事”“辩论”的人数较少，分别占总数的 30%、27%、30%。

表 1-3　在线学习者学习偏好信息统计

学习偏好	是/人	否/人	不适用/人	标准差
讲授	312	284	266	23.18
呈现	325	486	51	219.93
演示	752	107	3	405.76
操作和练习	257	605	0	303.64
指导	573	289	0	286.50
游戏	664	42	156	6331.15
讲故事	236	350	276	657.84
角色扮演	683	159	20	349.63
讨论	576	267	19	279.06
互动	781	65	16	428.23
助进	756	106	0	409.32
协作	521	146	195	203.84
辩论	256	124	482	181.05
实地参观	579	46	237	270.04
师徒式学习	698	138	26	360.03
案例研究	721	120	21	378.81

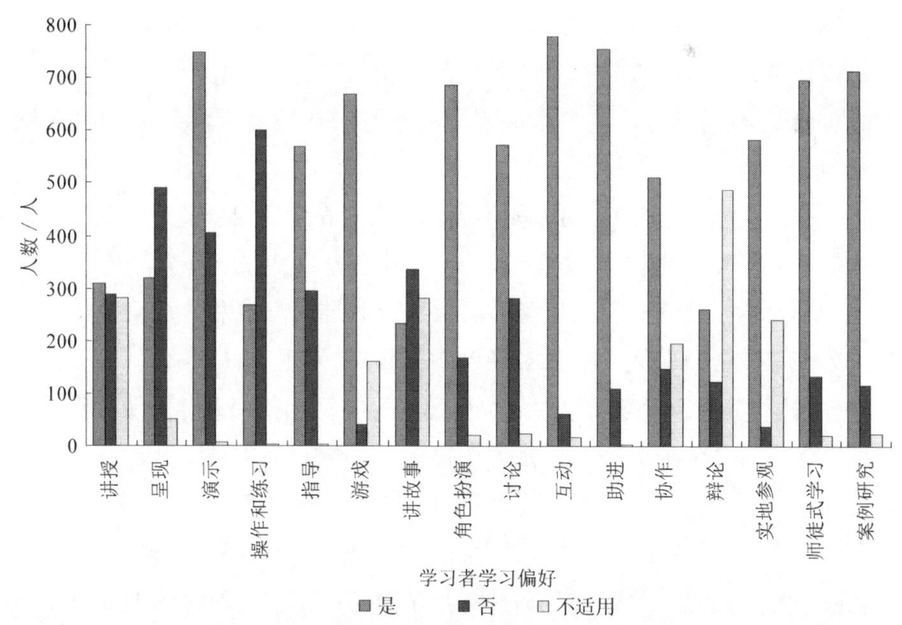

图 1-9　网络学习者学习偏好信息直方图

（2）教学平台

经调查，尽管四所高校各自应用不同的教学平台，但是教学平台所包含的功能模块大致相同，都包括在线学习系统、学习管理系统、测评系统、学习工具、资源管理系统、网络课件制作系统和远程监控系统等基本功能模块。大部分学生认为，其所在学校的在线教学平台性能稳定，极少出现用户无法登录、作业无法提交或资源无法下载等异常情况，教学平台中的公告板、聊天室和论坛基本能够满足学生的交互需求，并且教学平台能够满足教学资源的多媒体表征形式。

（3）教学因素

1）教学活动和教学流程。关于教学活动的调查，笔者采用选择和开放式问答相结合的方式，每个学生在问卷中所列出的教学活动中选择出五项实际教学中最常用的教学活动，若选项中没有列出，学生可以在“其他”一项中补充。笔者统计选项次数，并按照由多到少排序，发现在线教学中最常见的教学活动为学生观看视音频材料、完成并提交作业、在答疑库检索答案、在讨论区提问、考前面授辅导等。

在对学生进行问卷调查的基础上，笔者又分别选取上述高校各 5 位学生，通过在线访谈了解其所在学校在线教学的流程。尽管四所高校网络教育学院中所开设的课程不同，但是其教学流程大同小异，在线教学活动流程可归纳如图 1-10 所示。

2）交互类型。按照交互对象的不同，学习者在线学习中的交互类型可以归纳为“师 - 生交互”“生 - 生交互”“学生 - 教学内容交互”三类。其中，“师 - 生交互”和“生 - 生交互”两个类目各自又分为同步交互和异步交互；“学生 - 教学内容交互”类目分为“学生点播课程视频”“学生观看教学课件”“学生阅读课程教案”“学生搜索答疑题库解决问题”等类目。在调查时发现，目前在线教学中“学生 - 教学内容交互”是使用最多的一类交互类型，其次是“生 - 生交互”，而“师 - 生交互”是使用最少的交互类型。

3）交互结构。为了解陕西省四所高校网络教育教学中师生的交互结构，笔者在调查问卷中设计了“在你参加在线教学的实际中，一般情况下你所经历的‘教’与‘学’的关系如何？”的问题。61% 的学生选择了“以教师讲授和考试为主”，26% 的学生选择了“完全自学”，还有 13% 的学生选择了“教师指导和

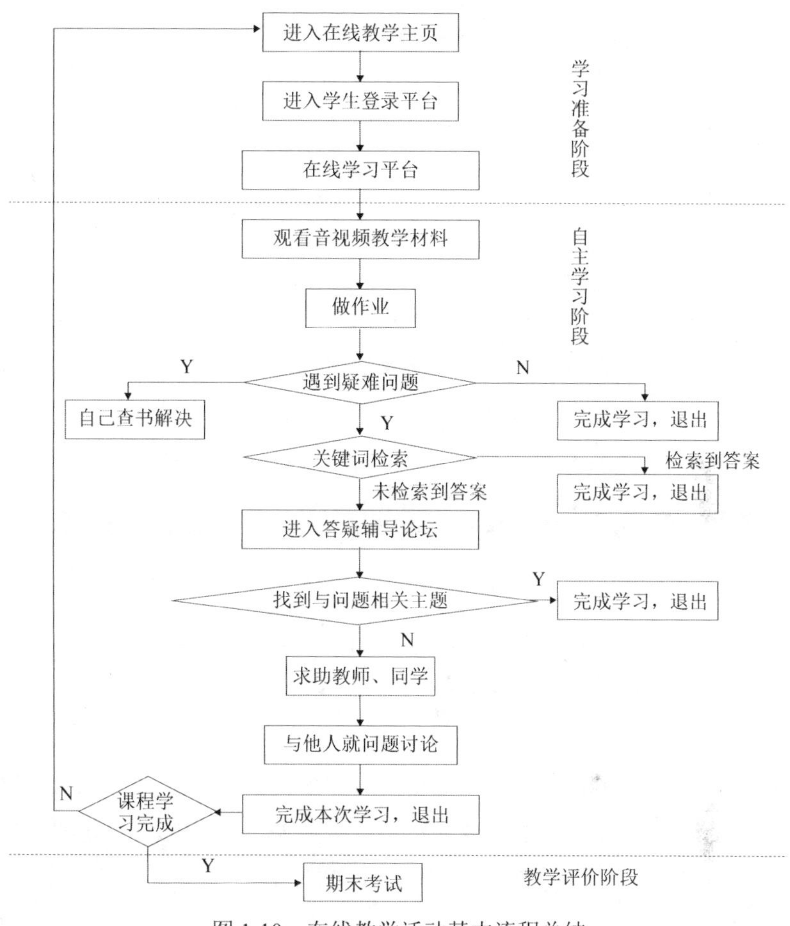

图 1-10 在线教学活动基本流程总结

学生自主学习相结合”。实际上，“以教师讲授和考试为主”的教学关系所折射出的是以教师为中心的交互结构，“完全自学”反映的是以学生为中心的交互结构，而“教师指导和学生自主学习相结合”则体现了教、学并重的交互结构。

4）教学内容的表征方式、在线学习工具和补充材料在教学上和技术上的有效性。教学上的有效性是指教学内容的表征方式、在线学习工具和补充材料在多大程度上符合学习者和教学内容的需求；技术上的有效性是指教学内容的表征方式、在线学习工具和补充材料对网络带宽、文件大小和网络状况的要求是否超过学习者所能达到的条件。经调查，陕西省普通高校在线教学中教学内容的媒体表征方式大致有文本、图像、照片、音频、动画、视频等六类；教学中用到的在线学习工具有电子邮件、新闻组、留言板、聊天工具等；教师发给学生的补充材料有视频、电子课件、电子图书、拓展资源等。

5）教师进行在线教学的积极性、责任心等教学伦理因素。笔者在问卷中采用开放式问答的形式对该项目进行调查。经统计，大多数学生反映：在线辅导教师都能够尊重学生，能够及时批改作业、给出反馈意见，并且能够及时回答学生在讨论区中提出的问题。除此之外，教师一般不主动联系学生，也极少主动发现学生学习中的问题并及时指导。

6）考核评价方式和评价数据的采集方式。陕西省四所普通高校在线教学中对学生的考核都是以考试和平时作业为根本评价方式，期末考试占总成绩的70%～80%，平时作业占总成绩的20%～30%。评价数据的采集则通过学生提交作业和考试的成绩记录来实现。

2. 陕西省普通高校在线教学模式中存在的问题分析与建议

（1）陕西省普通高校在线教学模式中存在的问题分析

1）对在线教学的不合理的认识影响教学质量的提高。在调查中，我们发现，四所普通高校网络教育学院被调查的学生中持有在线教学适合于任何人在任何时间和地点学习、在线教学物美价廉、在线教学性价比高等观点的人不在少数。实际上，在线教学并非适合每一个学生。且不论学生是否具备外在的在线教学的条件（例如，方便地接入网络、网速条件、计算机设备要求等），单是从学生自身来讲，不具备基本的信息素养和计算机操作能力的学生或者不习惯同他人通过网络交互的学生以及自主学习能力不强的学生都不适合在线教学。而我国大部分网络教育学院在招生时很少涉及对学生是否适合在线教学这种方式的测试，招收了很多不适合在线教学的学生。对于本身不适合在线教学的学生来讲，即使花费再多努力，可能也很难保证高质量的教学效果。

2）缺乏有效的交互，导致在线教学有效性的降低。陕西省四所普通高校在线教学普遍形成了以学生自我识别、自我指导、自我强化、自我调整和自我监控为特征的在线教学模式。其基本做法是：主讲教师向学生提供学习资源（如课程学习网站、纸质教材、参考资料等），学生“制定各自的学习计划和学习进度安排，选择适合自身实际的学习方法和学习资源”①，在线教学的辅导教师则根

① 黄勇，牟艳娜. 2009. 以师生个别交互式学习活动为中心的网络教学模式. 中国电化教育，(11)：54-57.

据学生的实际需要提供必要的学习支持服务。课程考核以总结性评价为主，教学质量评价标准较为模糊，并区别于校内教学标准。这种教学模式中存在的问题是：师生比过高；教师给学生的学习自由度过大，与学生自主性较差的现实产生矛盾，缺少师生、生生互动，是一种既忽视教又忽视学的教与学活动相互分离的传递－接受式教学模式。

（2）对陕西省普通高校在线教学模式重构的建议

1）客观认识在线教学的优势。从有效教学的视角来看，在线教学并非适合于任何人在任何时间和地点学习，也不是很多在线教学的师生所想的那样“物美价廉”“性价比高”。因此，在线教学的办学机构应该冷静客观地认识在线教学的优势，在招生时应该适当对学生是否适合在线教学这种方式进行了解，对于不适合在线教学的学生建议其采用其他方式进行学习或者对学生的在线学习技能进行前期培训。

2）重视师生主体性，师生在教学体验中共同发展。教学模式的改革必须以教学观念的转变为先导，要变革实践中我国长期以来形成的“传递－接受式”在线教学模式，首先要将传统的以知识灌输为核心的教学思想转变为以知识建构为核心的教学思想，将教学作为师生社会性互动的体验过程，在线教学模式中始终贯穿教学的双层过程和“体验”的教育价值。因此，在普通高校在线教学中，主讲教师在通过具体的教的行为与学的行为（交互活动）让学生掌握知识的同时，还应设计一些让学生参与讨论、亲自主持讨论、撰写学习反思等培养学生高阶思维的学习任务，并且在成绩评价标准中明确要求学生在给出答案时提供证据予以论证。

3）强化教学交互。教师与学生、学生与学生之间的互动是保证在线教学质量的重要途径。而在我国普通高校在线教学开展过程中，课程辅助教师往往负责与学习者进行学习内容及进度的沟通，而主讲教师往往不参与其中，这就为在线教学的质量埋下隐患。[①]针对这些具体问题，陕西省普通高校在线教学模式在重构中可适当做以下调整：第一，强化课程教师进行在线教学的技能培训，同时改革在线教师的聘用和考核机制；第二，通过相应的制度和措施来加强课程主讲教师对在线教学的全程跟踪和参与；第三，将在线教学的进程更明确细致地

① 张立国，刘晓琳．2010. 我国高校网络教学模式研究的现状及反思．现代远距离教育，（3）：46-49.

呈现给学生，给学生相对适中的学习自由度，硬性要求学生在规定的时间内完成规定的学习任务，从而达到管理与自由、约束与个性张扬的合理平衡；第四，将活动作为学习任务的核心内容，通过有效的活动及对活动的引导和监督实现教学行为的整合，帮助学生实现从表面学习到深层学习的转化。

（二）纽约州立大学在线教学模式分析

美国一流大学开展网络远程教学的时间较早，其模式较为成熟，对我国具有重要的借鉴意义。笔者访谈了主讲教师格列柯教授和他的学生法耶，获得了相应的学习材料；参加了"特殊教育"在线课程的学习，体验了其学习环境和学习流程，了解了"特殊教育"课程的在线教学过程。笔者从宏观和微观两个层面探究了其运行模式，深入分析了纽约州立大学的在线教学模式，以期对我国高校有效在线教学模式的设计和开发有所启示。

1. 纽约州立大学在线教学的宏观运行模式

（1）办学定位

纽约州立大学创建了美国最大的远程教育项目，其下设的64个校区分布于纽约州的各地，且每个校区都开设远程教育，目前共有70 000名学生正在接受学校的高等在线教育。这使得纽约州立大学成为美国最大的综合性公立高等教育系统。[①] 由于其办学经费主要来源于纽约州政府和联邦政府，因此纽约州立大学网络教育的办学定位更注重以高质量的教学服务于纽约当地居民，旨在通过在线教育增加高等教育机会。

（2）组织机构

纽约州立大学在线教学的组织机构主要有学院（教学研究型学院及社区学院）和阳光学习网络公司。教学研究型学院以教学和科研为主要任务，社区学院以为当地居民提供急需的各种技术和职业培训为主要任务。各学院独立行使在线教学的办学权。学院教务长的职责之一是总管学院的在线教学工作，副教务长主管在线教学的实施及学生的组织、管理工作，并且负责协调学校的图书馆，为学生争取丰富的在线学习资源。学生服务中心为参加在线学习的学生提供各种支持性服务，例如在线教学的咨询服务、奖助学金申请、医疗服务等。

① 张立国，刘晓琳 . 2010. 重构我国普通高校网络教学模式的关键：办学模式、教育观念和教学结构的再调整——纽约州立大学网络教学模式的启示 . 电化教育研究，(12)：36-41.

阳光学习网络公司是与纽约州立大学合作的企业，主要为纽约州立大学提供在线教学技术平台，解决师生在在线教学中遇到的技术问题，并负责纽约州立大学在线教学的市场拓展。

（3）教学质量标准

纽约州立大学各学院在线教学质量标准与在校传统教学质量标准相同，并受大学教学质量评估委员会的监督。

（4）运作模式

纽约州立大学在线教学的运作模式属于混合式双重院校模式。混合式双重院校模式是指在一所高校内部既开设在校教学又开设校外在线教学，并且校外在线教学与学校各学院的在校教学相融合的一种运作模式。纽约州立大学校外在线教学与在校教学有相同的质量标准、相同的教学计划、相同的教材、相同的授课教师、相同的考试及相同的学分和学位证书，并且接受校外在线教学的学生与在校学生可以同样享受学校的医疗保障和使用学校的图书馆等设施。学生可以根据自己的实际情况选择在校教学或校外在线教学，甚至可以上学期选择在校教学服务，下学期则选择校外在线教学服务。

2. 纽约州立大学在线教学的微观运行模式

（1）在线教学的学习者

依据格列柯教授提供的课程档案材料，我们发现参与 2009 ～ 2010 年度春季课程“特殊教育”在线教学的学生共有 26 名，其中 16 名为在校学生（其中 9 名有兼职工作），其他 10 名则是校外在线学生，有全职工作，来自纽约州的各个地区。

（2）在线教学活动和流程

纽约州立大学在线教学统一使用交互平台黑板学习系统（blackboard learning system，BLS）。学生在该平台上参与“特殊教育”在线教学的活动大致分为两类：参与学习共同体和完成作业。参与学习共同体的活动包括参与他人的讨论、自己主持一个讨论、提问、同伴互评；完成作业的活动包括完成阅读反思、视频观看反思以及单元测验。这些活动按照一定的课程逻辑和时间顺序连接起来就是在线教学的流程，“特殊教育”在线教学的流程包括学习特征前测、课前准备活动、在线教学循环及教师总结评价等四部分。

1）学习特征前测阶段。学生在报名注册之前被建议完成一份学习特征自测表。该自测表共由15道是非判断题组成，“涉及对学生的综合阅读能力、自我激励、时间管理、意志力、自我效能感、团队协作能力以及是否愿意通过书面形式来表达自己的观点等学习特征的测试”[①]。学生回答完这15道题之后，系统根据答题结果自动评价学生是否适合在线教学。学习特征不适合在线教学的学生被建议进入传统教学流程，适合在线教学的学生可注册进入“特殊教育”课程的在线教学流程。

2）课前准备活动阶段。在课前准备活动中，格列柯教授通过视频配合文本的形式向学生介绍自己从事在线教学的经验和“特殊教育”课程的教学目标、教学要求、课程计划、成绩的评价细则后，又向学生强调了以下五点内容：第一，以师生讨论为主的交互活动是本门课程的核心；第二，每一个学习主题中的作业和讨论都有期限限制，学生必须在规定的期限之内完成；第三，学生必须保证一星期至少在不同的三天时间内登录课程三次；第四，在课程讨论中，请使用正确的语法、标点符号以及拼写；第五，为保证讨论的有效性，学生在讨论中应该注意讨论技巧的使用。最后，格列柯教授根据学生的学习背景和学习特点将26名学生分为7个小组，每个小组选定1名组长。这一阶段的活动在课程开始后一星期时间内完成。

3）在线教学循环阶段。格列柯教授将“特殊教育”在线课程的学习内容分7次教学循环进行。教学循环由学生完成作业和参与学习共同体两部分组成。学生以作业形式完成的学习任务有单元测验和反思论文。首先，学生按照教师的教学计划阅读相应模块的学习内容，在此基础上完成单元测验，并且在规定的时间内提交给教师审阅，教师在一星期之内将测验批改的意见反馈给学生。接下来，每一名学生将结合教师所提供的扩展资料或从学校数字图书馆查找的资料深入本模块的学习，并于规定的时间内在BLS讨论区中提交一份阅读反思的论文。教师和其他学生以跟帖的方式针对反思内容互相讨论。在阅读反思讨论结束后，学生进入观看视频学习反思阶段。视频由阳光学习网络公司协助格列柯教授录制，

① 张立国，刘晓琳．2010. 重构我国普通高校网络教学模式的关键：办学模式、教育观念和教学结构的再调整——纽约州立大学网络教学模式的启示．电化教育研究，(12)：36-41.

旨在强调学习模块中的重点、难点，并且结合与模块内容有关的案例和实事引发学生深入思考。学生在看完视频后需要针对视频内容撰写反思论文，并发布到BLS讨论区中供他人讨论。完成作业的活动结束后，学生进入参与学习共同体阶段。各学习小组成员从前期的学习中挖掘值得讨论的学习内容，拟定讨论主题，并将讨论主题的必要性和意义作简短论证。组长收集本组成员拟定的讨论主题并提交教师审阅，教师对学生拟定的讨论主题进行评价，提出建议，最后各小组成员将各自的讨论主题发布到BLS讨论区供集体讨论。一般来讲，讨论在主题发布一星期后开始进行，持续两星期左右。其间主题的拟定者主持讨论，其他学生参与讨论。教师随时了解讨论的情况，当讨论偏离主题、无法深入或出现较大分歧时，教师给予适当的引导和纠正。另外，学生可针对讨论中出现的问题在问题区（question area）中向教师提问，教师则给予及时的解答。学生在网上提问的效果与在课堂上提问的效果是一样的——学生使用提问链接，系统会记录学生与教师之间的反馈内容，并创建一个讨论的主线索，其他学生也可以看到并回答问题。最后，在主题讨论结束后，讨论的主持者对各自主持的讨论进行总结、评价，本模块教学结束，进入下一模块的在线教学循环。

4）教师总结评价阶段。在“特殊教育”在线教学开始的第一课时，教师便将成绩评价细则明确告知学生，如表1-4所示，该课程的总成绩为550分。评价

表1-4 纽约州立大学“特殊教育”在线教学学生成绩评价细则

评价类目		分值	评价标准
参与学习共同体	发帖数量	60分	发帖数量少于36篇，得分为0分；发帖数量在36～46篇，得分为20分；发帖数量在46～56篇，得分为40分；发帖数量在56篇以上，得分为60分
	发帖质量	100分	从回答是否正确、是否只回答了观点、回答是否具有很好的逻辑性、语言表达（拼写、语法、句法）是否合适、回答是否原创等5个方面评价。每一方面的得分最高为20分，视帖子质量酌情给分。另外，不允许发布类似聊天性质的帖子
	主持讨论表现	100分	所提出的主题是否需要经过深入思考才能回答，是否教材中重要的或有争议的问题，是否挖掘额外的信息并提出额外的问题使讨论深入下去，是否适时地给同学们提供合适的参考资料以促进讨论顺利进行，对他人讨论的评价是否中肯等，教师酌情给分
完成作业	单元测验	200分	13次测验，共200分；在课时完成的当天提交，逾期不受
	阅读反思	70分	共7篇，每篇10分；10号字体，两倍行距不超过3页；规定时间提交，否则将酌情减分。教师主要依据反思的全面性和深入程度评分
	视频观看反思	20分	共2篇，每篇10分；10号字体，两倍行距不超过3页；规定时间提交，否则将酌情减分。教师主要依据反思的全面性和深入程度评分

类目与“特殊教育”在线教学的教学活动相对应，分为两大类：参与学习共同体（260 分）和完成作业（290 分）。其中，对学生参与学习共同体的评价主要依据学生的发帖数量、发帖质量以及主持讨论表现。

（3）在线教学中的交互

教学过程的本质是一个交互过程，这种交互存在于教师与学生之间、学生与学生之间，而在线教学模式的有效性直接取决于在线教学交互的有效性。因此，我们有必要对在线教学中的交互进行研究。本书主要从交互主体、交互方式、交互内容、交互参与度以及交互结构等五个方面介绍纽约州立大学“特殊教育”在线教学中的交互。

1）交互主体。纽约州立大学“特殊教育”在线教学中的交互主体是学生（包括在校学生和远程学生）和主讲教师。

2）交互方式。纽约州立大学“特殊教育”在线教学中的交互方式以师生异步交互为主，具体方式有三种：一是各学习小组成员在 BLS 讨论区中针对课程学习内容发起并主持讨论，同时每位成员也要参与别人主持的讨论。教师在这个过程中随时对讨论中出现的各种问题进行处理。二是当学生在在线学习过程中遇到问题无法解决时，可以在 BLS 问题区发帖询问，主讲教师及时给予回答，其他学生也可以给予回答。三是学生学习主讲教师录制的视频或音频，通过 BLS 的电子邮件系统向教师提交作业，一星期之内得到教师对作业的评价。

3）交互内容。交互内容以课本《全纳课堂的有效教学：满足不同需求的方案、课程及活动》（*How to Reach & Teach all Students in the Inchnsive Classroom*）的内容为主要内容，有时教师根据学生对知识的掌握情况对课本内容进行适当扩展。例如，要求学生到学校数字图书馆阅读某些文献，同时针对文献内容提出话题并讨论，讨论区和问题区的帖子都应与课程内容有关，不允许出现聊天类的帖子。

4）交互参与。据格列柯教授所述：“大部分学生都表现出较高的参与度。经粗略统计，参与‘特殊教育’在线教学的 26 名学生都能够依照课程的计划参与学习讨论，每期讨论中有 3 ～ 4 个主题，平均每期每个主题下的帖子数量为 29 个。其中在如何设计能够提高学生学习动机和兴趣的课堂活动的讨论中，学生回帖的数量甚至达到 82 个。讨论最不热烈的主题下的跟帖数也有 16 个……学生对小组主题讨论的积极表现令我兴奋。这也极大地鼓舞了我对学生讨论的关注……当我发现学生的讨论不够深入时，我会加入他们的讨论，提出引发他们深入思考的问题；当学生的讨论偏离主题时，我也会提醒讨论的主持者将讨论引到主题中来。按照规定，我每星期至少星期一、星期三、星期五在线参与学生讨论或解答学生的疑问，但是我基本上每天都会在线关注他们的讨论或提问情况，我把自己作为学生学习小组中的一员。"①

5）交互结构。在线教学中的交互结构是指“在一定的教学思想、教学理论和学习理论的指导下，在虚拟学习环境中展开的交互活动的稳定架构形式，是交互系统基本组成要素相互联系、相互作用的具体体现”②。纽约州立大学“特殊教育”在线教学中师生形成了一种“教、学并重的交互结构”，即在线教学中师生通过学术性的帖子形成教学对话关系，既重视教师及其教的活动，又重视学生及其学的活动，教师与学生之间是主体间关系而不是主客体的关系。

3. 纽约州立大学在线教学模式的启示

（1）尝试在校教学与在线教学共融的混合式双重院校模式

我国普通高校开展的分离式双重院校在线教学模式是在高等教育大众化的背景下进行的，当时主要是为了扩大高等教育入学率，因此招生门槛低，招生数量多，在线教学的质量要求低于在校教学质量。这种做法在当时是与我国高等教育大众化的历史任务相适应的。目前，我国高等教育大众化的历史任务已基本结束，普通高校面临的一个重要问题是实现校内外教育资源的整合利用，提高在线教学的质量。从纽约州立大学的个案分析中可以看出，混合式双重院校模式有利于校内外资源的优化整合和充分利用，有利于将参加在线教学的学生分散到各院系，在一定程度上控制生师比，使之达到一个合适的程度，从而保证在线教学的质量。因此，在新的历史背景下，尝试混合式双重院校模式或许是一个解决问题的办法。具体措施如下：明确普通高校在线教学的办学定位和办学层次，将普通高校在线教学的办学定位和层次调整为以培养高标准、高质量人才为目的的在线高等教育。注册在线教学的学生与在校学生有相同的待遇、学习要求和毕业证书，而以职业培训为目的的在线教学的任务应由相应的职业培训中心或者依附于高校的技术学校来承担。将我国普通高校的网络教育学院

---

① 2010年3月9日通过网络对格列柯教授进行访谈。

② 张立国，葛文双．2007. 关于“交互研究”的定量、定性分析——虚拟学习社区中交互结构研究的必然性论证．现代远距离教育，（4）：9-12.

与教育技术系（或教育技术中心、师范类院校的教师教育中心）合并，共同承担高校在线教学资源的开发和整合、在线教学平台的开发和维护以及对各学院教师的在线教学能力的培训等任务。具体的在线教学的实施和评价的任务交由各教学研究型学院负责，并统一接受学校教学监督委员会的监察和评估。根据实际情况，注册在校教学的学生可以选择在线教学，而注册在线教学的学生也可以选择一些校内课程。

（2）转变教学观念，重视师生主体性的发挥

教学模式的改革必须以教学观念的转变为先导。布鲁纳在其著作《教育的适切性》中提出“学习存在表层过程与深层过程”①。与之相对应，教学也存在表层过程与深层过程。教授知识的过程是表层过程；通过教授知识，培养学生思维，使学生形成学习态度，教授一般原理，是教学的深层过程。有效教学的过程一定是涉及深层教学的过程。在普通高校在线教学中，还应设计一些任务，如让学生参与讨论、主持讨论、撰写学习反思等，并且在成绩评价标准中明确要求学生在给出答案时应提供证据予以论证。这种教与学的方法不仅能够使学生在分析性思考和判断的基础上达到对学习内容的深层学习，而且可以使学生在学习中获得领导的体验、与他人协同合作的体验、辩论的体验以及发现和探究知识的体验等。这一系列的真实体验又进一步激发了学生学习的动机，引起了学生态度的改变。毫无疑问，学生知识的习得与深层认识能力的发展是互补的。同时，正如格列柯教授看到学生积极讨论、探索问题时受到鼓舞而更加投入课程一样，学生的发展与教师的发展是相互促进的。

（3）加强教学中的互动

师生、生生之间的有效互动是教学行为重新整合的重要途径，也是保证在线教学质量的重要环节。以“交互”为核心的纽约州立大学“特殊教育”在线教学的成功足以说明这一点。反观我国普通高校在线教学中的互动发现，参与互动的教师主要是课程辅导教师，而不是主讲教师，这使得在线教学的质量在一定程度上取决于辅导教师对主讲教师教学的解释能力。况且，互动中旁观者占大多数，而积极参与者占少数，学术类互动的比例也不是很高，交互往往只停留在表面，学生不善于提出问题，不善于分析性思考，不善于参与争论。针

① 转引自：徐文彬，王爱菊．2005. 布鲁纳的课程理论：从美妙理想回归现实生活．西北师大学报（社会科学版），(5)：57-60.

对这些具体问题，纽约州立大学“特殊教育”在线教学给我们的启示是：对主讲教师和辅导教师定期进行在线教学技能培训，并对辅导教师采取严格的考核和聘用制度，以确保教师教学的质量；设计相应的规章制度来强化教师对在线教学的跟踪和参与度；将在线教学的基本进度明确地告知学生，在此基础上给予学生更大的学习自由度，同时设置学习时间线，对学习任务完成度做出要求。

第三节　在线教学设计

一、在线教学设计的内涵和特征

（一）在线教学设计的内涵

随着在线教育的迅速发展，在线教学已经作为一种有效的教学手段得到广泛应用，并且在线教学已经在教学中发挥了积极的、重要的作用。但如何充分掌握和了解在线教学的特点，熟悉在线教学中的教学规律，发挥在线教学的作用，仍是在线教学所面临的重要问题。因此，加强在线教学中的教学设计，提高在线教学设计水平，是提高在线教学质量、教学效率、教学效益的重要手段和方法。

在线教学是通过网络进行的教学，教师在线开展教学活动，学生可以随时随地地进行在线学习。在线教学主要是运用以多媒体计算机技术和计算机网络技术为核心的现代信息教学技术进行教学的一种现代教学方式。在线教学设计可以从狭义和广义两个方面来理解：狭义的在线教学设计是单指对在线教学活动过程进行的设计，是在现代先进教学思想和理论指导下，运用现代信息技术和系统科学方法，系统分析、研究在线教学过程中的问题，设计并试行在线教学解决方案、评价试行结果并改进解决方案，以优化在线教学过程、提高在线教学质量这样一个系统的计划过程。广义的在线教学设计是指将在线教学看作一个系统，对整个在线教学系统的各个方面进行设计，是对包括在线教学目标、教学内容、教学策略、教学环境、教学活动和教学过程等在内的整个在线教学系统的整体规划。

（二）在线教学设计的特征

在线教学设计本质上属于教学设计的范畴，在线教学设计是专门针对在线教学来说的，有专门的针对性。在线教学设计是适应现代信息教学技术的要求、优化在线教学资源和教学过程的教学设计，它除了具有一般教学设计的基本特征外，还具有自身鲜明的特征。

1. 在线教学设计思想的现代性

在线教学是以多媒体计算机技术和计算机网络技术为核心的现代信息教学技术应用于教学而产生的新型教学方式，体现了教育信息化、现代化的发展进程，反映了当前和未来知识经济社会对人才培养方法和目标的要求。在线教学实践一再表明，许多传统教学观念或思想不仅不适应而且阻碍着在线教学的深入发展，因此，当前教学改革的使命首先是打破传统教学观念，树立现代教学思想。完成这一使命的关键是从在线教学设计开始，即突出在线教学设计思想的现代性。

2. 在线教学设计理论的先进性

教学设计是建立在一定的理论基础之上的。这些理论主要有系统科学理论、教学理论、传播理论、学习理论。其中，学习理论时代性最强，发展最快，变化最大，对教学设计发展变化的影响也最重大，以至于成为教学设计大类划分的重要标准。以教为中心的教学设计主要是以行为主义学习理论和认知主义学习理论为指导的；而以学为中心的教学设计则主要是以建构主义学习理论和人本主义学习理论为指导的。在线教学设计属于以学为中心的教学设计，它的理论基础是建构主义学习理论和人本主义学习理论。建构主义学习理论和人本主义学习理论是当今学习理论发展的最新成果。

3. 在线教学设计人员的群体性

设计人员的群体性是指在线教学设计比以往的教学设计需要的设计人员多，并且他们是一个紧密联系、分工协作的群体。从教学媒体发展的角度看，以往的教学设计大致可以分为两个阶段：第一个阶段，教学以教为中心，粉笔、黑板、口耳相传为基本的教学手段，教学设计人员就是教师本人。第二个阶段，教学仍以教为中心，幻灯、投影、广播、电视为基本教学手段，教学设计人员除了教师之外，还有教学幻灯片、投影片、录音带、录像带的制作人员和技术人员。现在，教学设计已经进入一个新的阶段，教学设计人员有学科教师、课程助教、在线教育专家和平台开发与管理人员等。很显然，比起以往两个阶段，这个阶段的教学设计人员的数量已经大幅度增加。不仅如此，这些设计人员之间的关系也比以往紧密，他们分工协作，共同为在线教学服务，哪一个环节出问题，都会影响到整个在线教学的正常进行。

4. 在线教学设计内容的丰富性

在线教学设计无论在教学环境、教学媒体的设计上还是在教学过程、教学策略等方面的设计上，都与传统教学设计不同，在线教学设计需要设计的内容更多、更宽泛、更丰富。在线教学能够满足学生的不同学习需求，在线教学对教学环境，特别是技术环境，以及教学媒体、教学过程、教学策略等方面的要求都不尽相同，再加上不同学习科目的教学目标、课程内容、教与学的方法等方面的差异，在线教学设计内容必然更加丰富。

5. 在线教学设计过程的整体性

在线教学设计过程是一个系统规划整个教学活动的过程，我们采用系统论的观点将为了达到一定的教学目的、实现一定的教学功能的在线教学看成一个整体，整个教学系统是由教师、学生、在线教学环境和在线教学内容这些基本要素组成的，这些要素之间相互作用、相互依赖。教学系统内是复杂多样的，因此我们在进行在线教学设计时要整体考虑这些要素之间的作用及其之间的关系，整体规划和设计在线教学的教学过程。

二、在线教学设计的基本内容

在线教学设计是现代教学技术的核心内容，是在线教学活动的重要组成部分。在线教学设计是对整个教学过程中各个环节的设计，我们将在线教学设计的基本内容概括为教学目标的设计、学习者特征分析、教学内容的设计、学习环境的设计、学习资源的设计、教学策略的设计、教学评价的设计等方面。

（一）教学目标的设计

在线教学设计中，教学目标是否明确、具体、规范直接影响在线教学的效果。教学目标是对学习者通过在线教学后应该表现出来的可见行为的具体的、明确的表述。教学目标的设计是对教学活动预期所要达到结果的规划，是教学设计的重要环节。合理的教学目标是保证教学活动顺利进行的必要条件，在对教学目标进行设计时，我们一定要注意以下几个问题：①保证教学目标的整体性，在线教学目标是由相互联系的课程目标、单元目标和课时目标构成的，设计在线教学目标时要保证教学目标系统的整体连贯性和完整性；②注意教学目标的灵活性，由于在线教学中学习者的水平存在差异，因此在线教学目标的设置要具有一定的灵活性；③把握教学目标的层次性，教学目标要与学习者的水平相适应，同时教学目标应是可观察、可测量的。

（二）学习者特征分析

学习者是学习的主体，教师的教学方法和学习内容等都与学习者相适应才会有较好的教学效果。因此，分析学习者不同的学习风格、学习习惯、学习动机、学习方法、学习资源的喜好和选择等，对在线教学设计具有十分重要的意义。在线教学环境下，学习者特征分析应从学习者的起点水平分析、学习者的学习风格分析、学习者的学习动机分析等方面进行。

学习者特征分析中的学习者起点水平分析是指必须了解学习者原来的知识、技能、态度，分析学习者起点水平的目的是明确学习者现在的学习状态以及学习者在新的学习前是否有必备的学习能力，了解学习者对所要学习的东西知道了多少。在线教学设计中对学习者一般特征的分析除了对学习者的学习习惯、学习动机和学习方法等特点进行分析外，我们应特别注意学习者在网络环境中的一些特性，如对不同类型学习资源的偏好，并据此设计不同类型的学习资源等。我们在传统教学环境中很难针对不同类型的学习者设计教学活动和教学资源，无法满足不同学习风格学习者的学习需求，因此学习者的学习需求受到了限制，在线教学环境使不同学习风格的学习者都可以找到最合适的学习方案，在线教学设计过程中进行学习者特征的分析有利于更好地设计在线教学。

（三）教学内容的设计

传统教学中，教学内容的呈现主要依靠书本纸质材料，而在线教学中，教学内容主要以文本、图像、视频等多媒体形式呈现，在线教学和传统教学对教学内容的要求有所不同，所以在线教学设计者对教学内容进行设计时，要充分考虑纸质材料和多媒体材料各自的特点。在线教学设计中教学内容的设计主要包括在线教学内容的选择、在线教学内容的组织和在线教学内容的呈现。教学内容设计是教师认真分析教材、合理选择和组织教学内容以及合理安排教学内容的表达或呈现的过程。它是教学设计最关键的环节，是教学设计的主体部分，其质量高低直接影响教学活动的成败。有关研究表明，识别不同类型的知识，并针对不同类型知识的特点进行教学设计，是教学内容设计的重要方面。

（四）学习环境的设计

在线教学中的学习环境直接影响着学生的学习过程和学习效果，在线学习环境的设计对教学具有非常重要的意义。在线教学环境是支持学生开展在线学习活动的各种条件，包括硬件设施、软件资源、系统平台和人际关系等。在线教学环境中，学习者是知识建构的主体，知识的建构离不开特定的学习情境，因此在线教学环境的设计应遵循建构主义的主动性原则、社会性原则、协作性原则与情境性原则等。目前，关于学习环境设计的理论中最有影响力的是建构主义代表人物乔纳森提出的“建构主义学习环境设计模型”，该模型中的学习环境包含问题、相关的个案与实例、信息资源、认知工具、会话与协作工具和社会与背景支持等六个方面。①

（五）学习资源的设计

在线学习资源是伴随着信息技术的迅速发展而诞生的一种新型学习资源，它具有多样性、共享性、实效性、再生性等特点，是在线教学的重要构成部分。在线学习资源种类繁多，质量良莠不齐，优质学习资源匮乏，因此建设优质的学习资源非常重要。在线教学设计者进行在线教学设计时要根据教学内容以及教学特点选择和开发不同类型的优质学习资源。不同类型的在线学习资源的设计方法、开发过程、应用范围与功能不同，教师应根据教学需要进行学习资源

---

① 李妍 . 2006. 乔纳森建构主义学习环境设计理论的系统研究与当代启示 . 开放教育研究，（6）：50-56.

的设计和选择。在线学习资源的设计必须能够达到以下要求：丰富多样的学习资源形式、直观友好的界面设计、良好的学习交互功能等。

（六）教学策略的设计

随着在线教学的不断发展，在线教学模式出现了不同的类型，我们在前面已经对此进行介绍，我们可以看到，教学模式可以分为纯在线的教学模式和混合式教学模式。这些教学模式为我们开展在线教学和混合教学确定了基本的教学流程，为开展在线教学提供了参考和借鉴。教学模式往往蕴含着一定的教育理念和教学原则，它是教学理论与实践之间的桥梁，对教学实践起指导作用。然而，仅有教学模式的支撑不足以开展教学活动，还需要教学策略的指导。教学策略是指在不同的教学条件下，为达到不同的教学结果所采用的方式、方法、媒体的总和。传统教学中的教学策略主要有加涅的九段教学法、奥苏伯尔的先行组织者教学策略。根据在线教学的特点和实际教学需要进行教学策略的设计与选择，是在线教学设计中非常重要的一个环节。

（七）教学评价的设计

教学评价的设计是在线教学设计的一项关键内容。在线教学评价不仅是评价在线教学效果的重要依据，而且是教师开展在线教学活动、学生进行在线学习达到教学目标的依据，是改进和提高在线教学的重要保障。在线教学评价是将过程性评价和结果性评价结合起来的评价，重视教学过程的评价，而不仅仅是对教学结果的评价。在线教学评价设计是进行在线教学评价的最核心内容，包含下面四个步骤：确定评价目标、分析评价内容、确定评价对象和选择评价方法。信息技术的快速发展不仅支持了教学过程，还为教学评价提供了新的工具，有力地支撑了新的教学评价方法的实施。

三、在线教学设计的一般过程

进行在线教学设计时，除了包含教学设计的基本内容外，还需遵循教学设计的一般过程，在线教学设计的一般过程和教学设计的一般过程相同，都可分为前期分析阶段、设计开发阶段和实施评价阶段三个重要阶段（图 1-11）。

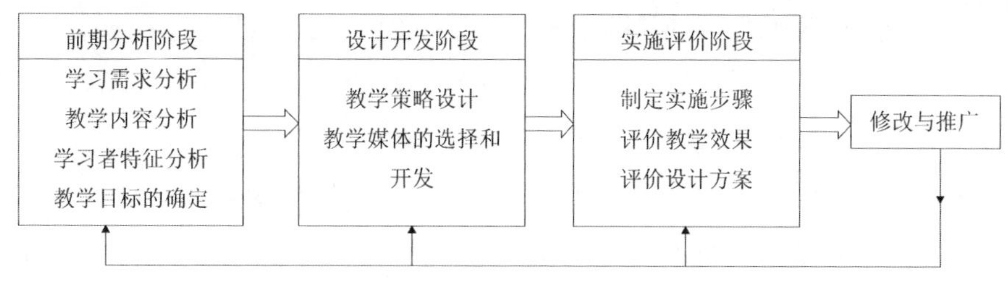

图 1-11　在线教学设计的一般过程

（一）前期分析阶段

在线教学设计前期分析阶段的主要内容包括学习需求分析、教学内容分析、学习者特征分析和教学目标的确定。

1. 学习需求分析

在线教学设计是一个解决在线教学中存在的问题的过程，要解决问题，我们首先应该从发现问题及找到问题产生的原因开始。学习需求分析就是发现在线教学中存在的问题，并据此确定在线教学总的教学目标，为后面在线教学设计的进行提供依据和参考。因此，我们必须重视在线教学的学习需求分析，这是在线教学设计的一个关键环节。

学习需求是指学习者目前的学习状况与期望达到的学习状况之间的差距。目前的学习状况是指学习者已经具备的能力素质。期望达到的学习状况则是指期望学习者具备的能力素质，一般是社会发展变化、课程和学科、学校及家长等多方面对学习者的要求。学习需求正是学习者已经具备的能力素质与社会、集体、家庭及学习者本人期望达到的能力素质之间的差距，学习需求揭示了学习者在某些能力素质方面的不足，是在线教学设计的首要依据和需要考虑的因素，指引整个在线教学过程的设计。

2. 教学内容分析

教学内容是为实现总的教学目标，要求学习者系统学习的知识、技能和行为经验的总和。在线教学设计中的教学内容分析就是根据总的教学目标确定在线教学内容的范围，明确教学内容中各教学单元及知识点之间的联系，方便在线教师合理安排在线教学内容，以提高在线教学效果。确定了在线教学内容，就是确定了学习者要学习的知识、技能和行为经验，明确了教师在在线教学中要教什么的问题。在线教学内容各部分之间是相互联系的，因此在线教学内容分析还应确定教学内容的组织形式，在线教学设计人员要按照知识的结构以及各知识之间的关系确定教学内容的顺序，按照学习者方便理解和接受的顺序将教学内容进行组织，确定教学的起点。

3. 学习者特征分析

在在线教学设计的基本内容部分我们已经对学习者特征分析做过介绍，我们知道学习者特征分析对在线教学的顺利开展具有重要作用。在在线教学中，虽然学习不受时间和空间的限制，但是教师与学习者、学习者与学习者在空间上是分离的，学习者的大部分学习时间是独自进行的，所有的学习活动都要依靠网络。在线教学设计者要考虑师生分离这种情况，在线教学对学习者的自主学习能力的要求非常高，因此学习者特征分析对在线教学设计非常关键，对学习者进行分析可以帮助教学设计者了解学习者的学习习惯、学习喜好，以更好地设计在线教学，所以在进行在线教学设计时，要非常重视在线学习者的特征分析。在线教学中的学习者特征分析比传统课堂教学中的学习者特征分析更为复杂，在线教学中的学习者特征分析不仅要了解学习者的基础知识、学习经历、学习风格、学习动机等，还要了解学习者的合作能力和自主学习能力等。在线教学中，学习者的学习不再完全依靠教师，而主要靠自身以及教学资源和教学活动，因此学习者的在线学习能力是影响在线教学效果的一个重要因素。在进行在线教学之前，在线教学设计者必须了解学习者的在线学习能力，而在线学习能力中非常重要的就是学习者的信息素养以及计算机操作能力，也就是学习者使用计算机进行学习的能力。

4. 教学目标的确定

教学目标的确定是在线教学设计的重要环节，教学目标规定了在线教学的目的，后面在线教学的开展都是围绕教学目标进行的。在线教学目标可分为认知领域的教学目标、动作技能领域的教学目标和情感领域的教学目标。在线教学中的教学目标是在线教学设计者根据教学内容、学习者特征以及教学资源等制定的，有些是根据学习者的学习需求确定的。教学目标的确定需要体现出在线教学中教师和学习者共同协作、参与的特性。确定教学目标有利于学习者开展在线学习，对学习者的在线学习具有指导作用，也有利于教师对学习者的学习情况进行评价。

（二）设计开发阶段

设计开发阶段的主要内容是教学策略设计以及教学媒体的选择和开发。设计开发阶段的任务是根据前期分析阶段确定的学习需求、学习者特征、教学目标、教学内容以及需要考虑的其他因素来设计实施在线教学所需的教学策略与教学媒体。

1. 教学策略设计

在线教学策略是对为完成特定的在线教学目标而采用的教学顺序、教学活动、教学方法、教学组织形式和教学媒体等因素的总体考虑。在线教学的教学策略设计主要是考虑在线教学过程中采用什么样的教学策略能够帮助学习者更好地学习，教学策略解决在线教师怎么教和学生怎么学的问题，是在线教学设计的重点内容。在线教学采用什么样的教学策略，应综合考虑在线教学目标、在线教学内容、学习者学习能力、教师自身能力、在线教学条件等因素。

下面我们介绍几种主要的教学策略，为在线教学实践活动的开展提供参考。

（1）先行组织者教学策略

奥苏伯尔认为，根据学校教学的实际情况，学校课堂教学的基本形式以有意义的接受学习为主。因此，他提出了先行组织者的教学策略。所谓先行组织者，是在教学中首先呈现的一种引导性材料，这种材料具有较高的抽象、概括和综合水平。设计先行组织者的目的是为新的学习任务提供观念上的固定点，增加新旧知识之间的联系，为学习者在已知的东西与需要知道的东西之间架设一道知识桥梁，使其更有效地学习新材料。

奥苏伯尔认为，教学顺序的起点应确定在学习层级的较高点，然后学习一些具体的学习内容。显然，这种教学顺序是自上而下的，是由抽象到具体的。奥苏伯尔运用先行组织者的教学策略被称为讲解式（接受）教学法，它具有以下四个特点：第一，它要求师生之间有大量的相互作用，始终要求学习者做出反应，要求教师抓住学习者的注意；第二，它大量利用例证，包括各种图解、图画、视频、动画等；第三，它是演绎的，最一般、最抽象的概念最初呈现，然后从中引出具体、特殊的概念；第四，它是有序列的，材料的呈现有一定步骤，首先呈现的就是先行组织者。

（2）发现学习策略

布鲁纳认为，学习一般的原理、原则固然重要，但尤其重要的是探索新情境、解决新问题或发现新事物的态度。因此，他强调发现学习的策略。发现学习的一个基本标准是学习者在参与学习活动中，发现有关概念和抽象原理。在教学中，教师不把教学内容直接告诉学习者，而是向他们提供问题情境，引导他们探究问题。很显然，这种发现学习的顺序是自下而上的，即从具体到抽象。它的一般程序可以归纳为四个步骤：①把握任务阶段。学习者应首先把握问题，这些问题是用现有的知识和经验所不能解决的。教师应为学习者创设问题情境，为学习者提供思考和分析的素材。②建立假说阶段。学习者利用原有的知识和经验，以及教师和教材所提供的某些具体材料，对问题提出假说。③检验假说阶段。通过观察和实验，收集数据，检验假说是否正确，学习者若有不同观点，可以展开讨论。④总结阶段。通过验证假说，明确问题，最终得出结论。在此过程中，教师要发挥一定的指导作用。

2. 教学媒体的选择和开发

选择和开发教学媒体要注意以下几点：首先，要掌握教学媒体的特性和教学功能，这是选择教学媒体的根本依据。其次，要合理利用教学媒体的特性，不同的教学媒体有不同的特性，要根据教学媒体的传递范围、教学媒体的表现力、教学媒体的方便性等综合考虑，使多种媒体优势互补，取得更好的教学效果。再次，要综合考虑教学过程中各教学要素的影响，满足实际教学过程中教学目标、教学内容、教学对象等的要求。最后，要考虑教学媒体实际使用的环境与实际效果，尤其是在线教学环境中的实际效果。

选择和开发教学媒体一般要考虑以下几个基本要素：①教学目标。每个知识点都有具体的教学目标，为达到不同的教学目标常需要使用不同的媒体去传递教学信息。②教学内容。各门学科的性质不同，适用的教学媒体有所区别；同一学科内各章节内容不同，对教学媒体的使用也有不同要求。③教学对象。不同年龄阶段的学生对事物的接受能力不一样，选用教学媒体时必须顾及他们的

年龄特征。④教学条件。教学中能否选用某种媒体，还要看当时当地的具体条件，其中包括资源状况、经济能力、师生技能、使用环境、管理水平等因素。①

（三）实施评价阶段

实施评价阶段的主要任务是制定在线教学过程的实施步骤并对整个在线教学过程进行评价，从而保证教学过程的有序进行。在线教学实施过程结束后再对教学进行评价和进一步修改在线教学设计方案，改进教学以利于下一阶段在线教学的开展。评价包括对教师教学的评价以及学生学习的评价等多个方面，从教师角度出发，我们进行的是教学评价，从学习者角度出发，我们进行的是学习评价。学习评价是指根据教学目标对学习者在学习成就上的变化进行价值判断。学习评价是通过搜集、分析和描述学习者的各种在线学习资料和学习过程的数据记录，对学习者的学习过程做出评价，从而对学习活动进行校正。学习评价的方法有诊断性评价、形成性评价和总结性评价。

1. 诊断性评价

诊断性评价一般在教学开始前进行，是为了摸清学习者的现有水平，以便安排教学。诊断性评价可以了解学习者对新学习任务的准备状况，确定学习者的基本能力和起点行为。通过诊断性评价，教师可以确定学习者需要学习什么，为学习内容的选择、学习策略的设计等提供依据，有利于教师在在线教学设计过程中，为学习者提供适合其特点的学习环境和多样化的学习条件。通过诊断性评价，教师还能研究和分析出学习者学习困难的原因，例如，可以确诊学习的困难是产生于教学之中还是产生于教学之外，是由于智力因素还是非智力因素等。

2. 形成性评价

形成性评价是在教学过程中实施的一种评价方式，其目的是让教师了解学习者学习的进展情况，了解学习者在教学过程中达到教学目标的程度以及没有达到教学目标的原因和困难，以便及时调整和做出改进。形成性评价一般是教师通过按教学目标编制的形成性测验来进行，也可以由学习者对自己的学习状况进行自我评定。形成性评价的主要目的不是给学习者评定等级，而是改进学

---

① 尹俊华，庄榕霞 . 2013. 教育技术学导论 . 北京：高等教育出版社：118.

习者的内部条件和外部条件。

3. 总结性评价

总结性评价是在一个完整的单元、章节、科目、学期教学过程结束后对学习者进行的评价，目的是评价教学目标达到的程度，检查教学工作的优劣，考核学习者的最终学习成绩。总结性评价通过精心挑选的、可供选择的、有一定针对性的补充学习材料和强化测验练习，检查、巩固、拓展所学基本概念、基本原理，纠正不同学习者可能产生的错误理解和片面认识，以使学习者真正地掌握所学知识。总结性评价注重学习者对某门课程内容体系的掌握，对学习成果进行全面的确定，重点考察学习者达到教学目标的程度，它的概括水平一般较高，评定内容包括的范围较广。

第四节　影响在线教学效果的因素

影响在线教学效果的因素很多，国外研究者 Webster 和 Hackley 利用文献分析法把在线教学的阻碍因素归为技术因素、教学者因素、课程因素和学习者因素四类。[①] Berge 和 Mrozowski 对阻碍教师开展在线教学的因素进行了理论分析，认为开发教学资源、转变教学方式、与学生交流及教师支持等是主要的阻碍因素，并以有在线教学经历的教师为研究对象进行了实证研究。[②] 在国际电信世界大会 2010 年会议上，Assareh 和 Bidokht 对在线教学的阻碍因素进行了分类，将其分为学习者、教师、网络课程和学校四类。[③] 梁林梅等以南京五所高校的教师群体为调查对象，对高校教师在线教学的现状进行的调查研究发现，时间精力因素、政策与培训支持以及在线教学平台问题被教师认为是比较重要的在线教学阻碍因素。[④]

---

① Webster J, Hackley P. 1997. Teaching effectiveness in technology-mediated distance learning. Academy of Management Journal, 40(6): 1282-1309.

② Berge Z L, Mrozowski S E. 1999. Barriers to online teaching in elementary, secondary, and teacher education. Canadian Journal of Educational Communication，27(2): 125-138.

③ Assareh A, Bidokht M H. 2011. Barriers to e-teaching and e-learning. Procedia Computer Science, 3(1): 791-795.

④ 梁林梅，罗智慧，赵建民 . 2013. 大学教师网络教学现状调查研究——以南京高校为对象 . 开放教育研究，19（1）：74-84.

纵观国内外对在线教学影响因素的研究，我们可以看到影响在线教学的因素很多，这些因素可以从以下四个维度进行划分：教师维度、学生维度、课程维度和技术维度。

一、教师维度

在影响在线教学的众多因素中，教师是一个非常关键的因素，教师是在线教学的主要参与者和开展在线教学活动的组织者，教师在在线教学过程中起主导作用，教师会对在线教学产生重要影响。20世纪末，研究者开始关注高校教师在线教学的影响因素，研究视角从最初关注教师在线教学态度逐渐拓展到教学动机，进而关注整个在线教学过程。早期研究主要关注教师认知，认为教师认知是其开展在线教学的必要前提。我们认为，教师的信息素养、在线教学能力、教学风格、院校支持都是影响在线教学顺利开展的重要因素。

（一）教师的信息素养

开展在线教学的教师必须具有一定的信息素养，教师使用技术的能力以及教师对技术的有用性和易用性感知都是影响在线教学的重要因素。关于技术接受模型的研究表明，用户对某项新技术的有用性感知会直接影响其使用意愿，易用性感知既可以直接影响其使用意愿，也可以以有用性感知为中介间接对使用意愿产生影响。目前已经有研究表明，高校教师对技术的有用性感知会直接影响使用意愿，易用性感知与在线教学意愿和有用性感知都具有显著的正相关。教师对网络的熟悉程度以及对技术的操作都会影响在线教学的开展。

（二）在线教学能力

教师的在线教学能力会直接影响在线教学效果，在线教学对教师的教学能力要求更高，教师不仅需要掌握传统教学的方法，还需要掌握相应的技术环境下的教学方法。研究表明，教师的教学技能会直接影响其对新技术的使用行为，是决定其是否使用技术的一个关键影响因素。[①] Park对美国K12基础教育阶段教师使用多媒体技术的研究发现，教学技能是影响教师对新技术使用意愿的主

---

① Zhen Y, Garthwait A, Prat A. 2008. Factors affecting faculty members' decision to teach or not to teach online in higher education. Online Journal of Distance Learning Administration, 11(3).

要因素[①]。教师的在线教学能力会影响学生对待在线教学的态度，若教师的在线教学能力强，则学生会更愿意参加在线教学，因此开展相应的在线教学培训，提升教师的在线教学能力非常重要。

（三）教学风格

无论是传统教学还是在线教学，教师教学时都会有自己的教学风格和偏好，教师的教学风格是在教学实践中逐渐形成的，不同教师的教学风格不尽相同，有些教师善于诱导学生思考，有些教师善于讲授知识，教师的教学风格受到多方面因素的制约。国外研究者 Webster 和 Hackley 的研究证明，教师的教学风格、对技术的态度和对技术的操作会对在线学习结果产生影响。[②]

（四）院校支持

在线教学的开展需要获得所在机构或组织在政策和技术上的全力支持。国内外不少研究发现，组织机构提供的政策与技术支持能显著地影响个体的技术接受行为。Venkatesh 和 Davis 的研究认为，组织机构提供的政策或技术支持上的便利显著影响个体的使用行为。[③]梁林梅等的研究指出，缺乏政策支持是制约高校教师采用在线教学方式的重要因素。[④]

二、学生维度

相比于传统教学，在线教学以学习者为中心的特点更加突出，学习者在线学习的影响因素更应引起研究者的重视。加涅的学习条件理论认为，学习会受到多种因素的影响，这些因素大体上可以分为内部条件和外部条件两大类。内部条件是指在进行新学习之前就已经存在于学生内部的各种能力、原有知识、兴趣和态度等因素。外部条件是指教学方式、教学媒体、教学环境等影响学习

---

① Park H. 2004. Factors that affect information technology adoption by teachers. Nebraska: University of Nebraska: 4.

② Webster J, Hackley P. 1997. Teaching effectiveness in technology-mediated distance learning. Academy of Management Journal, 40(6): 1282-1309.

③ Venkatesh V, Davis F D. 2000. A theoretical extension of the technology acceptance model: Four longitudinal field studies. Management Science, 46(2): 186-204.

④ 梁林梅，罗智慧，赵建民 . 2013. 大学教师网络教学现状调查研究——以南京高校为对象 . 开放教育研究，19（1）：74-84.

的因素，不同的外部条件会产生不同的学习结果。[①]我们认为，学生的学习态度、学习动机、学习风格、先前学习经验、元认知能力、自我效能感等都是影响教师在线教学和学生学习效果的重要因素。

（一）学习态度

在线教学体现了以学习者为中心的特点，学习者是在线教学的主体，他们对在线教学的认知与态度会对在线教学的效果产生很大的影响。无论是在线教学还是传统教学，学习者的学习态度都会对教学效果产生重要的影响，对在线教学态度积极的学习者比态度消极的学习者的学习效果好。随着近几年在线教学的迅速发展，尤其是MOOC的出现，在线教学进入公众视野，大多数人对在线教学的认同度提高，参加在线教学的人数大幅度增长，对待在线教学的态度也发生了转变。学习者的学习态度成为影响在线教学效果的因素之一。

（二）学习动机

无论是传统教学还是在线教学，学习者的学习动机都会影响教学效果。有关学习动机的研究发现，在线教学中，学习者的学习动机与学习成绩存在显著正相关，这种相关系数要比传统教学中高。[②]学习者对在线学习的兴趣高，学习动机也强，就会投入更多的时间和精力进行在线学习。学习者的学习动机可以分为内部动机和外部动机，在线学习者更多地依靠内部动机，当学习者具有更高的内部动机时，学习者在在线学习中才能够更好地控制自己的学习行为，克服在线学习中的困难，这样才能更加有效地调节学习者的在线学习过程。有调查显示，大多数在线学习者具有明确的学习动机，但大多是为了取得学历证书，或者提升自己的某项技能，完全出于喜欢、兴趣等学习动机的学习者为数不多。[③]

（三）学习风格

学习风格是个体在学习情境中表现出的比较稳定的处理方式和倾向，包括感觉通道偏好、认知风格、社会性环境偏好等。不同的学习者具有不同的学习

① 张家华，张剑平．2009. 网络学习的影响因素及其LICE模型．电化教育研究，(6)：73-77.

② 谭光兴，徐峰，屈文建．2012. 高校学生网络教学行为意向影响因素与模型．电化教育研究，(1)：47-53.

③ 朱郑州，李华，吴中福．2006. 影响网络学习质量的因素与网络学习质量的提高．现代远距离教育，(6)：13-16.

风格，学习风格按照认知方式不同可以分为场依存型和场独立型。场依存型学习者在学习中不那么主动地对外来信息进行加工，倾向于以外在参照作为信息加工依据；场独立型学习者在学习中倾向于以内在参照作为信息加工的依据，不太依赖外界环境。在线教学中，学习者与教师和同伴处于分离状态，场独立型学习者更适合在线学习。不同学习风格的学习者对教学材料的喜好不同，有的学习者更喜欢视频材料，有的学习者更喜欢文本材料，因此在线教学应设计不同类型的学习材料，以适合不同学习风格的学习者。其他个性特征，如学习者的性别、年龄、性格和社会背景也可能会影响在线学习效果，学习者的个性因素、学习风格会对在线学习中的学习者与同伴和教师之间的交互产生影响。

（四）先前学习经验

在线教学中师生时空分离的特性导致学生与教师和同伴之间不能及时地交流，有在线学习经验的学习者要比没有在线学习经验的学习者更快适应在线学习，并且更加容易进行在线学习。学习者先前学习经验也会影响在线教学的设计，在线教学的设计者会考虑学习者以前学过什么样的知识以及是否具有在线学习的经验从而调整在线教学的设计。如果学习者具有一定的在线学习经验，他们就可以利用在线学习经验去解决在线学习中遇到的困难和问题，特别是在教学平台的使用和在线教学内容的获取上。在在线教学中，学习者如果缺乏在线学习的经验，会很容易对在线学习不适应，造成在线学习效果不佳，甚至导致在线学习失败，可见学生的在线学习经验与技能是影响在线教学效果的一个重要因素。

（五）元认知能力

元认知能力是学习者对自己认知过程的认识与调控。学习者要对自己的学习过程和所使用的学习策略有准确的认识和积极的调节，这样才能达到预期的学习结果。[①]在线学习需要学习者具有快速浏览信息、搜索信息、质疑和决策的能力，这些能力对于在线学习者非常重要。在线学习者对自己的在线学习行为进行监控和调节，有助于及时改正错误、调整学习方向、提升在线教学效果。

① 吴颖寅 . 2009. 我国网络学习影响因素的研究现状分析 . 软件导刊（教育技术），（3）：34-36.

（六）自我效能感

自我效能感是个体对其完成学习任务的能力的判断，它反映了学习者完成任务的信心。自我效能感会影响在线学习者的兴趣和成就动机，也会影响学习者对学习成败的归因，传统教学中自我效能感强的学生在在线教学中自我效能感不一定强，这和在线教学的教学方式相关，学习者对网络的熟悉程度以及使用技术的能力都会影响其在线学习的自我效能感，从而影响在线教学效果。

三、课程维度

在线课程是通过网络呈现的某门学科的教学内容及实施的教学活动的总和，设计良好的在线课程将有助于提高在线教学的效果。影响在线教学的课程因素主要包括在线课程内容设计、课程资源呈现方式、课程交互设计等方面。

（一）课程内容设计

在线课程内容设计涉及在线教学的定位、内容组织与呈现、教学活动设计等。在线课程内容应根据教学的实际需求进行设计，满足学生的学习需求；在线课程应具有良好的内容结构及内容组织方式，方便学习者获取课程内容，课程内容设计直接决定了学习者要学什么，以及先学什么、后学什么，课程内容设计是影响在线教学效果的重要因素。

（二）课程资源呈现方式

在线教学中教师采用什么样的课程资源，对在线教学的开展至关重要。课程资源的类型多种多样，有视频形式、音频形式和文本形式等，在线教学中教师要根据具体的教学内容选择课程资源。在线教学中不能只是单纯地将传统教学内容电子化，或者按照传统教学的方式将资源放到网上，在线教学应该科学规划和设计课程资源，按照教学需要呈现不同类型的课程资源。学生对不同类型的课程资源的偏好程度不同，因而课程资源呈现方式的不同会影响学生的在线学习效果。

（三）课程交互设计

在线教学中课程的交互设计会对教学效果产生较明显的影响。在线教学中学习者与教师和同伴的交互非常重要，可以帮助学习者解决学习中遇到的问题，也可以促进学习者对内容的理解。若在线教学中交互程度过低，教师对学习者缺乏必要的解答和指导，则容易使学习者的学习兴趣减弱，不利于其深入分析问题，也不能促使在线学习真正发生。对在线学习交互的研究表明，学习者参与在线交互的积极程度将直接影响其学习成绩，如积极参与交互的学习者的平均学习成绩最高。①

四、技术维度

宋凤宁等认为，技术是影响高校教师开展在线教学的十分重要的因素，高校教师只在自己的专业上有所擅长，而开发和建设在线课程以及运用网络技术开展教学是教师自身能力很难达到的。②杜玉霞和徐福荫认为，技术是在线教学初期主要的阻碍因素，随着教师培训的开展，教师的技术问题会得到一定的解决。③从以上研究我们可以看到，技术是影响教师开展在线教学的一个重要因素，所以我们需要考虑技术对其的影响。

（一）教学平台特性

在线教学平台作为在线教学内容的载体，是教师教学、学生学习的媒介，在线教学平台的建设和资源的建设对在线教学效果具有决定性的影响，在线教学平台的功能特性是影响在线教学的技术因素。在线学习平台的易用性、稳定性会在一定程度上影响在线教学的效果。如果学习者感到学习平台对自己的学习有用，则其学习满意度和学习成绩都会比较高。在线教学平台应提供必要的导航、交流和评价等功能支持，平台的功能设计会影响教师在线教学的教学设计以及教学活动的开展，从而影响在线教学效果。在线教学中资源呈现方式不同也会影响在线教学的效果，资源呈现方式有文本、音频、图像、讲解或案例视频等。学习平台特性、平台功能设计、学习资源、学习氛围共同影响在线教学的效果。

---

① James T C. 2002. Teaching and learning online: The workers, the lurkers and shirkers. Conference on Research in Distance & Adult Learning in Asia, Hong Kong, China.

② 宋凤宁，苏良亿，黎玉兰，等. 2004. 高校网络教学中教师阻抗因素探析. 江苏高教，(4)：58-60.

③ 杜玉霞，徐福荫. 2006. 高校教师开展网络教育的阻碍因素研究. 中国电化教育，(11)：31-33.

（二）教学支持服务

网络的特性以及流畅、稳定的传输速率是保证在线教学的基本条件。在线辅导答疑、技术支持、学习活动管理，以及教师所在学校对在线教学的支持都是在线教学支持服务中不可忽视的因素。开发和实施一门在线课程，是教师不可能独自完成的，应该由教师、在线教学设计专家、技术人员共同组成课程开发团队，给学习者提供全面的教学支持服务，形成和建立在线教学支持服务体系，支持和帮助在线教学的开展与实施。丰富的学习资源、和谐的学习氛围以及完善的教学支持服务共同构成了在线教学成功的基本保障。

第五节　提升在线教学效果的策略

在线教学中关键的问题就是教师如何教以及如何提升教师在线教学效果，提升教师在线教学效果涉及在线教学的方方面面，以下我们从教师发展、学生学习、政策制度保障和技术支持及资源建设四个方面阐述提升在线教学效果的策略，以期为相关研究及实践探索提供借鉴。

一、教师发展

随着在线教学的快速发展，教师角色的重塑和再造势在必行，关键是教师要转变观念，重新界定自己的角色和价值。教师是在线教学的实施者，在在线教学中起关键作用，提升在线教学效果首先要从提升教师自身开始，促进教师发展主要有以下策略。

（一）对开展在线教学的教师进行培训

目前，我国高校在线教学处在探索与发展阶段，教师在教学设计、技术支持和合作交流方面存在困惑和障碍，对于如何有效地开展在线教学存在一些问题，而现有的教师发展方面的培训无法满足教师开展在线教学的需要。因此，高校应该本着协作、共享、交流等原则，定期对开展在线教学的教师进行培训，营造一个和谐互助、轻松便捷的教学环境，解决教师在在线教学中遇到的问题，指导和帮助教师顺利地开展在线教学。在线教师应通过参加培训，不断优化自身内在知识结构，提高自身在线教学专业技能，为顺利开展在线教学提供保障和条件。

（二）通过学习共同体促进教师发展

在线教学的专业化发展不仅需要教师自己不断努力，还需要形成教师协作共享、共同提高的氛围，建立教师学习共同体。面对互联网时代技术的飞速发展和知识的快速更新，教师只有将自身的专业发展置身于学习共同体之中，才能不断地获取发展的动力和养分。在线教学的共同体可以由在线教师、在线教学设计者、在线教学的课程助教、在线教学平台的开发者和信息技术专家组成。教师学习共同体既可以是线上的，也可以是线下的，既可以由学校定期组织学习共同体的成员开展一些研讨会和培训会，面对面地进行学习交流、答疑解惑，也可以依托网络空间，快捷方便地交流信息、共享信息资源。[①] 在线教师可以通过学习共同体这个平台分享在线教学经验、交流教学中遇到的问题、向技术专家寻求帮助等，最终促进教师和学习共同体的发展。

（三）营造共享协作的在线文化环境

在线教学的迅速发展改变了传统教学中的师生关系，在线教师无法像传统教师那样充分掌控教学过程。教师和学生之间的地位与关系发生了变化，在线教师是学生的帮助者和指导者，这种在线师生关系与以往的师生关系截然不同。传统教学文化环境受到了冲击，在线教学文化是以开放、共享、协作、交流为基本特征的，是一种依赖现代信息技术、借助丰富的网络资源而形成的新型文化形式。因此，为在线教学营造共享协作的在线文化环境，不仅有利于教师的专业化发展，还有利于学生的在线学习。在线教学要以在线文化环境的建设为抓手，激发教师参与在线教学和在线文化建设的积极性。

二、学生学习

（一）重视学生的前期诊断，调动学生学习的积极性

在线教学体现了以学生为中心的特点，因此在线教学过程要重视学生之间

① 戴丽丽 . 2015. 美国高校在线教学专业化发展框架的建构及其启示 . 现代远距离教育，（4）：76-82.

的差异性，发挥学生学习的主体性，调动学生学习的积极性。在线教学中学生是学习的主体，教师在开展在线教学前不能理所当然地认为学生在正式学习前都已具备课业所需的技能与态度，而是需要诊断学生的学习背景、能力结构和心理特征等。[①] 在线教学的实践证明，在线教学中的教师和学生处于分离状态，教师不能够对学生的学习及时反馈，而适当的激励是维持学生学习动力的重要条件，因此在线教学过程中要调动学生的积极性，必须给学生适当的激励。在线教学中的互动激励策略主要有目标激励、榜样激励、信任激励等。在线教学中设置合适的教学目标会极大地激发学生的学习动机，教师用突出的、典型的人或事对学生进行激励，对学生完成学习目标及任务进行认可、赞许等，都能够调动学生学习的积极性。

（二）注重与教师和同伴之间的多重交互

在线教学中的交互活动是促进学生学习的重要条件，通常有实时讨论、非实时讨论、小组讨论等。在线教学通过设置讨论问题，开展在线讨论，让学生参与到讨论中来，分享自己的观点和知识，促进在线学生对所学内容的理解。进行在线讨论时，教师要确定讨论的主题，明确讨论的目的，激发学生积极参与，鼓励学生畅所欲言，确保讨论内容的有效性和真实性。在线讨论具体要做到以下几点：①制定讨论规则。教师需建立学生参加在线讨论必须遵守的规则以及评价标准，规则以及评价标准要简单合理，对在线讨论活动的开展具有引导和规范作用。②确定讨论主题。讨论主题既可以由教师依据课程的相关内容进行设计，也可以由教师和学生依据兴趣选取。③开展在线讨论。组织学生围绕讨论主题发帖和回复帖子，教师和助教适时加入讨论，对讨论较多的内容进行回复和解答。④评价及反馈。在线学习的时候学生经常会感到孤独、无助，这些情感对学生的学习有负面的影响，特别是在线讨论时要求同伴之间、师生之间有互动，所以教师和助教对讨论内容的及时回应和反馈对在线教学非常重要。

（三）采取灵活有效的教学策略，创设积极的学习氛围

在线教学是一个复杂变化的过程，经常会有一些突发事件，教师在在线教学中要采取灵活有效的教学策略。在线教学中的各种因素，如在线教学中同伴

① 章玳．2016. 基于成效为本的在线教学策略研究．江苏开放大学学报，（1）：53-58.

互评环节有很多学生没有在截止日期前进行同伴互评或者有些学生提交作业出现错误等，导致教学计划和进度无法按照原先的安排进行。这时候教师可以将日期延后让这部分学生补交作业，也可以灵活地调整教学内容，积极巧妙地应对教学突发情况，从而达到很好的教学效果。在线教学中创设积极和谐的学习氛围，使师生间和同伴间形成和谐统一的关系，对在线教学效果的提升同样具有重要作用。在线教学中的教师与学生会进行情感互动，当双方心理互相碰撞，产生强烈的认同感时，教学效率会大大提高。在线教学中的心理互动包括信息、人际、情感、意识等各种心理因素的交流，营造积极的心理气氛、创设良好的教学气氛不仅是保证在线教学有效进行的重要条件，还可以促进师生之间的情感交流，为师生交往奠定良好基础。

（四）采用多种评价方式，促进学生全面发展

教师对学生在线学习效果的评价要采用多种方式，将过程性评价和结果性评价结合起来，教师应当树立科学、全面的学生观，对学生进行多元、客观、公正的评价，根据教学内容和教学目标要求的不同选择不同的评价方式，多角度、全方位地对学生的在线学习过程进行评价。学生的学习表现是多方面的，评价学生的学习时要全面，不能只看某方面的表现，教师要努力发现学生的优势与长处，充分发挥评价的激励功能，激励学生参与在线学习并给予学生展示自我的空间。教师对学生的评价要以客观事实为依据，借助信息技术手段采用多种评价方式，促进学生的全面发展。

三、政策制度保障

虽然近几年在线教学迅速发展，但在线教学的发展仍然面临着一些问题，如在线教学质量不高、社会认可度不高，在线教学效果无法达到传统教学的效果。为了促进在线教学的发展，提升在线教学的效果，国家和学校在政策上必须给予一定的支持。

（一）国家层面制定相关政策，促进在线教学的发展

在线教学不被教师接受与认可、不被学生重视很大程度上与在线教学的定位以及传统的教育观念有关。在线教学通常被认为是传统教学的辅助手段，在

线教学的真正价值并没有被认识到。我们不能说在线教学与传统教学谁更重要，而是说在线教学应该和传统教学一样，是教师教学、学生学习不可缺少的一部分，两者相辅相成。我们必须要转变人们对在线教学的观念和态度，提升在线教学的地位，这就需要在国家层面制定相关的政策，从国家层面推动和促进在线教学的开展，鼓励更多的高校开展在线教学，形成在线教学和传统教学相结合的混合式教学模式。

（二）学校层面通过项目驱动，引导教师重视在线教学

高校教师不仅要进行教学，还要进行科研，承受着多方面的压力，如果让教师花费更多的时间和精力进行在线教学，那么教师的积极性肯定不高。为改变教师不愿意开展在线教学的状况，学校可以通过设立在线教学研究项目的形式，以项目来驱动教师参与在线教学，变被动参与为主动承担，同时学校还要建立合理有效的项目建设和评价机制，逐步引导教师重视并投身于在线教学，从而转变教师对待在线教学的观念和做法。教师只有通过亲身参与在线教学并体验在线教学的优势和价值，才有可能积极主动地尝试在线教学并探索新的教学方式。

（三）探索在线教学的激励和补偿机制

与传统教学相比，教师按照在线教学的要求和规律开展教学的工作量较多，教师不仅仅是单纯地讲授，还需要设计在线教学过程、开发教学资源、组织在线活动，开展在线教学需要付出更多的时间和精力。国外一些学者对教师的在线教学时间进行的研究表明，在对学生评价和与其交流上，在线教学教师对每个学生所花费的时间要比传统面对面教学多得多，是后者的 3 ～ 4 倍。[①]既然在线教学中的教师投入了更多的时间和精力，就应该制定相关的激励和补偿机制，对在线教师的辛苦付出予以一定的物质和精神补偿，从而提高教师在线教学的积极性，促进在线教学的开展。

四、技术支持及资源建设

技术对教师开展在线教学具有重要的作用，在线教学中教师采用什么样的

---

① van de Vord R, Pogue K. 2012. Teaching time investment: Does online really take more time than face-to-face? The International Review of Research in Open and Distributed Learning, 13(3): 132-146.

在线教学平台，以及对在线教学平台的易用性和有用性感知都会对教师的在线教学产生重要影响，我们可以对教师开展信息技术能力培训，提升教师在线教学的技术能力，给在线教学教师提供技术支持。

（一）提供完善的技术支持，提升教师在线教学能力

教师的信息技术使用能力低已经成为其开展在线教学的主要阻碍因素，因此对教师开展在线教学培训，提升其技术使用能力，促使其学习在线教学方法，提升教师的在线教学能力非常必要。学校要为教师提供持续、多元的培训，成立专门的在线教学服务中心，配备专门的技术人员，提供完善的技术支持，能够长期并且持续地为教师提供技术支持和服务。

（二）重视在线教学资源建设，实现优质资源共享

在线教学中教学资源的建设处在关键地位，重视在线教学资源的建设，有效应用现有资源，探索跨地区、跨学校的在线教学资源共享机制，实现优质资源共享，是有效开展在线教学的资源保障。国内大部分高校已有自己的在线教学课程平台或系统用于校内全日制学生的教学[①]，下一步就是有效应用现有资源、优化资源建设。有效应用就是运用现有平台或资源开展在线教学并能产生良好的教学效果，在运用现有资源的同时，寻求优化资源的方法。目前优化资源最好的办法就是探索跨地区、跨学校之间的资源共享机制，各个地区和学校将建设好的资源拿出来共享，不必重新投入人力和物力去建设，这样既可以使现有资源不至于浪费，又可以节省时间、人力和物力。

---

① 赵国栋 . 2008. 教育信息化国际比较研究 . 南京：江苏教育出版社：102.

第二章 在线学习的理论

随着信息时代的到来，终身学习理念被广泛提倡，个体必须通过不断的学习来适应社会发展的需要。联合国教育、科学及文化组织在著名报告《学会生存——教育世界的今天和明天》中指出："未来的文盲是那些没有学会如何学习的人。"在传统课堂学习中，学习者由于受学习资源、学习时间和空间等的限制，个性化学习的需求难以得到满足。而随着网络技术的发展，在线学习应运而生，作为远程教育一部分的在线学习能够为学习者提供丰富的学习资源、便捷的在线学习工具和自主的在线学习空间，使学习者的学习需求得到满足。在线学习是一种新型、开放式、分布式、灵活性的学习形式，学习者可以在任何时间和任何地点通过各种渠道获取所需要的任何学习资源，达到一种"学习者中心""非线性""自我导向"的学习。近年来，网络日益广泛而深刻地影响或改变我们的生活、工作和学习，掌握信息时代的学习和交流方式，是个体得以长远发展并不断进步的重要手段，由此，在线学习将成为个体不断学习的重要途径。①

第一节　在线学习的内涵和特征

一、在线学习的内涵

当前，关于在线学习的研究比较多，学者对在线学习还没有一个公认的、严格的定义，且定义大多是描述性的，但基本指向趋于一致，下面将罗列部分学者对在线学习的研究，以窥探出在线学习的内涵和外延。

① 钟志贤，杨蕾. 2002. 论在线学习. 现代远距离教育，(1)：30-34.

在线学习，即网络化学习，即在网上开设学习平台，学习者通过网络平台进行学习的一种新型学习方式。这种学习方式的有效开展依赖于由丰富的在线学习资源及网络教学平台构成的在线学习环境。在线学习能够为学习者提供大量的学习资源，如电子文档、软件、题库和论坛等，这些资源构成一个高度综合集成的资源库，可供成千上万的学习者同时学习和共享。①

何克抗认为在线学习是指“主要通过因特网进行的学习与教学活动，它充分利用现代信息技术所提供的、具有全新沟通机制与丰富资源的学习环境，实现一种全新的学习方式，这种学习方式将改变传统教学中教师的作用和师生之间的关系，从而根本改变教学结构和教育本质”②。

丁兴富认为，在线学习泛指基于电子信息通信技术的学习，特指基于各类电子通信网络，特别是以互联网为代表的计算机网络的学习，即基于互联网发布信息资源和学习任务，供学习者进行学习。③

结合相关概念和理论研究，本书将在线学习定义为一种通过网络，利用网络学习平台，在网络学习资源、工具、服务等支持下实现个性化学习的学习方式。

二、在线学习的特征

（一）学习者的主体性

在线学习中，学习者可以根据自己的学习兴趣、学习偏好去选择和访问信息源，从网络中调出需要学习的内容，这是一个学习者主动学习和交流的过程，通过动手收集和处理信息，或者与在线学习者进行交流来达到学习的目的，显然这种在线学习的方式是以学习者的自主学习为主导的，能够有效调动学习者主动学习的积极性，改善传统的被动、封闭式的学习形式。

在线学习对学习者的自主学习能力有较高的要求，不同于传统的课堂学习，在线学习活动更加强调学习者个体的自主学习，依赖于学习者的自我管理和自我监督能力，而在线学习中师生和生生在时空上相对分离的状态可能会导致学习者缺少教师的有效督促和帮助，学习过程缺乏集体存在感，造成信息迷航和

① 李元授 . 1999. 心理训练 . 武汉：华中科技大学出版社：81.
② 何克抗 . 2002. e-Learning 的本质——信息技术与学科课程的整合 . 电化教育研究，（1）：3-6.
③ 丁兴富 . 2009. 网络远程教育概念辨析及中英文术语互译研究 . 电化教育研究，（7）：27-29.

学习孤独感。因此，在线学习效果的有效提升依赖于更加完善的学习支持服务和一定的人文关怀。

（二）学习的个性化

在线学习的个性化特点表现为学习对象个别化、学习方法个性化、学习进度自主化等。在传统的课堂教学中，由于班级组织形式和师生人数等的限制，教师难以应付一对一的个性化教学，多通过大班制课堂集中讲授的方式进行知识的传授，因此，个性化学习仍然是一个较为理想化的目标。而在线学习的网络化和便捷化使得个性化学习成为一种可能，师生和生生在时空上相互分离，通过网络或平台展开学习和沟通交流，学习者来自不同的地区，有着不同的学习背景，可以根据自己的学习进度、学习时间和学习需要来自定学习步调，在线学习中的学习逐步变为一个各取所需的过程，个性化学习得以实现。

（三）学习过程的交互性

在线学习过程中的交互具有动态性和生成性，在线学习的交互性可以表现为两种形式：一种是学习者与学习内容的交互，即学习者对在线学习中所呈现的学习内容的理解和认识，是学习者结合先前知识经验所形成的对当前学习内容的认识，当前的信息也会对先前知识产生影响，导致先前知识的重组或调整。该过程是个体知识生成和意义建构的重要步骤。另一种是学习者本人与其他学习者之间产生的交互，不同于第一种与信息本身的交互，这种交互是一种社会化的互动，促成社会性知识的建构。这两种交互都是学习过程的重要方面，在传统的远程教育中，学习者主要依靠印刷材料、录音或录像等资源，学习交互更多地产生于学习者与学习内容之间，缺乏动态的双向性，因此，这种交互更多地局限于第一种交互形式，而在基于网络技术的现代远程教育中，在线学习者之间的交流和沟通变得更为便捷，与其他学习者实时的交互能够减少学习者的网络学习孤独感和集体匮乏感，有效激发学习者在线学习的学习兴趣和学习积极性，学习者可以更加主动地去学习，充分发挥学习者个体作为认知主体的作用，该阶段的交互是两种交互并存的过程，而动态的社会性交互逐渐成为当前在线学习的重要特征。

（四）学习方式的自由性和信息源的开放性

从学习方式上来看，不同于传统的固定的学习方式，在线学习环境中的学习方式具有较高的自由度；从信息源角度来看，网络资源具有开放性和多样性，在线学习的学习资源种类多样且数量巨大，网络本身是一个巨大的信息资源库，学习者可以以自己的方式从多种渠道获取所需的学习资源，并且能够通过网络进行跨时空和跨平台的交流传递，使优质资源得以在更大范围内实现共享。

（五）学习资源的丰富性

在线学习资源种类丰富、类型多样，包括各种文本、图像、视频、音频、软件和学习平台等，能够极大地满足不同学习者在不同场景下的学习需要；同时，学习者通过各种工具和平台进行交流和互动，能够有效地满足学习者自主学习和个性化学习的需要。①

第二节　在线学习环境中的独立学习

一、影响学习者在线学习的因素

（一）学习者因素

无论是传统的课堂学习还是基于网络技术的在线学习，学习者始终是学习活动中的主体，是影响学习效果的最重要因素。在线学习中，由于学习形式的特殊性，学习者个体特征及个体行为对学习效果的影响尤为明显。

1. 元认知能力与知识基础

元认知能力是学习者对其自身认知过程的认识，包括快速浏览、搜索、质疑、假设和决策的能力，而这些能力在在线学习中起着非常重要的作用。研究表明，个体学习需要的正确判断受到元认知的影响，学习者具有较为清晰的自我认知，在在线学习过程中能判断出需要什么样的信息，并知道如何去获取并

① 张金顺，卢辉炬 . 2006. 试论在线学习的主要特征 . 广西教育学院学报，（5）：67-69.

处理信息，对在线学习有效开展具有重要意义。因此，个体学习的有效开展需要个体具备识别和判断哪些知识需要学习并且如何去学习的能力，元认知则成为成功开展在线学习的基本能力。[①]在线学习的有效开展需要学习者具备一定的计算机基本操作技能，能够熟练地从网络获取资源并处理资源，从而通过发挥元认知能力来明确学习目标和学习内容，也是学习者发挥元认知能力的重要前提，而网络知识不足同样会影响个体在线学习中元认知能力的有效发挥。

2. 学习风格

学习风格具有鲜明的个人特征，是学习者在学习过程中的一种偏好，具有长期性和稳定性，如学习者接受及理解信息的方式、加工信息的方式、学习偏好、认知风格、感觉通道偏好、环境偏好等。研究表明，学习风格能够对学习者的在线学习效果产生影响，如场依存型和场独立型的学习者在面对同一学习任务时会表现出不同的风格。[②]

3. 学习动力

（1）自我效能感

自我效能感是个体对其完成学习任务的能力的判断，它反映了学习者对做好某一任务的信心和信念。研究表明，自我效能感和学习者在线学习效果呈正相关，自我效能感高的学习者大多对学习任务持积极态度，认为自己有能力完成，从而影响学习者对学习成败的归因。

（2）学习态度和动机

学习者的在线学习效果受学习者学习态度的影响，对在线学习持积极乐观态度的学习者的学习效果在一定程度上优于持消极态度的学习者。学习动机是能够激发学习者的学习积极性，使学习者较长时间地维持已经引起的学习活动，并使得学习行为指向一定的学习目标的一种内在过程或内部心理状态。学习者的学习动机与学习成绩有着明显的相关性，适度的学习动机对个体开展学习活动具有激励和动力作用，它能够和学习活动建立双向的联系，相互促进。

---

① Hannafin M, Hill J, Land S. 1997. Student-gentered learning and interactive multimedia: Status, issues, and implications. Contemporary Education, (2): 94-99.

② Lu H, Jia L, Gong S H, et al. 2007. The relationship of Kolb learning styles, online learning behaviors and learning outcomes. Educational Technology & Society, 10(4): 187-196.

（3）情绪和意志力

情绪是人脑对环境因素所产生的情感，是环境因素的价值关系在人的头脑中的主观反映，意志力是指这种主观反映的强烈程度，学习者的情绪和意志力对个体的学习效果具有明显的影响。研究指出，学习焦虑和不确定性、忍耐力在一定程度上会影响在线学习的效果。

4. 其他影响因素

（1）学习者的信息素养

信息素养主要包括学习者已有的学科知识以及对在线学习系统的知识经验。学习者对信息资源的敏感度、注意力以及对信息的获取、加工处理的能力，对在线学习有着积极的影响。同时，学习者的信息观念、信息能力等构成的信息素养对其学习成效会产生一定影响。①

（2）其他个性特征

学习者的性别、年龄、性格和社会背景会对在线学习效果产生影响。研究表明，学习者的个性因素、学习成绩和性别会对在线学习中学习者之间的交流产生显著影响，例如，外向的学习者相较于内向的学习者，更喜欢与其他在线学习者进行交流。②

（3）学习者的自我约束与自学能力

不同于传统的课堂教学，在线学习环境中充斥着各种诱惑，在线学习的各个环节中存在潜在的干扰，如学习者在搜集资源的过程中，可能会被中途弹出的网络对话框所吸引，要保证良好的学习效果，学习者必须具备一定的自我约束和自我控制能力，能够有效抵制各种网络信息的干扰，严格按照自己的学习方向走，切勿被网络信息带“歪”，偏离既定的学习方向。同时，在线学习师生和生生相互分离的状态使得在线学习对学习者自学能力有较高的要求，学习者要有明确的学习计划和学习目的，并能有意识地控制自己，不被外界所打扰，这也是在线学习得以有效开展的重要方面。

（4）学习者的学习态度与适应能力

学习是一个知识内化的过程，需要学习者积极主动的心理暗示，学习者的

---

① Mayer T, Kibby M, Anderson T. 1990. Learning about learning from hypertext//Jonassen D H, Mandl H. Designing Hypermedia for Learning. London: Springer-Verlag: 227-250.

② 王陆，杨卉，刘维民 . 2002. 学习者特征与基于 CMC 交流的相关性研究 . 电化教育研究，（1）：24-28.

学习态度将对学习效果产生直接的影响。不同于传统的课堂教学形式，在线学习的开展依赖于计算机或手机等设备，因此，学习者要具有较强的接受和适应能力，争取在较短的时间内实现心理的转变，较快适应在线学习这一学习形式，更快地将注意力转移到学习内容之上，提高在线学习成效。

（二）教学者因素

无论是传统的课堂教学还是在线教学，教学者始终是教学工作的实施者，是影响在线学习效果的重要因素。在在线学习中，影响在线学习效果的教学者因素主要有以下几点。

1. 教学者素质

在线学习的有效开展在很大程度上依赖于教师对在线教育的认识和对在线学习规律的把握，即教学者开展教学的素质。教师首先要对在线学习有一个正确的认识，及时更新教育教学理念，顺应信息时代的教学和学习方式，能够接受和认可在线学习这一形式，从宏观上把握在线学习的特点、开展在线学习所需的各种能力和可能存在的问题等，做好充分的思想和能力准备，以便灵活自主地开展在线学习。

2. 教学设计的技能

在线学习不同于传统的课堂教学形式，存在着师生和生生时空分离的状态，教学内容呈现效果很大程度上依赖于教学设计的好坏。[①]因此，教师要充分了解在线学习的特点，结合具体学科内容进行教学设计，以优秀的教学设计吸引学习者的学习兴趣，切勿脱离实际的教学内容空谈设计。

3. 教学风格及其他

研究表明，教师的教学风格会对在线学习效果产生影响。同时，在线学习中的其他问题（如工作量、版权和学生作品的利用）也会影响教师开展教学的积极性，从而间接影响学习者在线学习的质量。另外，传统的学与教的理论、模型对于在线学习同样适用，如教师对学习动机的激发、学习风格的考虑、教学传递方式的选择等都是影响在线学习效果的重要因素。

---

① Taylor J C. 1994. Technology, distance education and the tyranny of proximity. Higher Education Management, 6(2): 179-190.

（三）网络课程因素

网络课程是基于网络呈现的教学内容及教学活动的总和。良好的网络课程设计能够有效提高在线学习的效果。一般来说，有关网络课程的因素主要包括以下方面。

1. 内容设计

课程内容设计涉及教学定位、内容组织与呈现、教学活动设计等众多内容。第一，网络课程的内容应根据教学的实际需求进行设计。网络课程内容及其呈现方式与学习者的期望和学习风格的符合程度是影响学习满意度的最重要因素之一。研究表明，结构良好的课程能激发学习者在线学习的兴趣，增加学生上网学习的次数，延长学习时间。[①]第二，网络课程的界面设计近年来逐渐受到关注，被研究者视为提高网络课程质量的重要指标。第三，在线学习的特点使学习者在任何时间和地点学习成为一种可能，使学习者的学习活动更加灵活和自由，同时，在线交流和沟通能够在一定程度上减少学习者的学习孤独感和集体缺失感，适度降低在线学习辍学现象的发生。

2. 学习交互

在线学习中，学习者的在线交互程度（如频度和深度）会对学习效果产生重要的影响。如果缺乏学习交互，则学习者的问题难以得到及时有效的解决，容易引起学习者在线学习的学习孤独感和集体缺失感，从而降低在线学习的积极性和学习兴趣。研究表明，学习者在在线学习中的网上参与频率和参与程度对学习者的学习成绩有着直接的影响，如积极参与交互的学习者的平均学习成绩最高。[②]龚志武在其研究中证实，师生网上交互率的高低与学生网上学习的时间和次数成正比。[③]另外，相较于在线学习中的互动频度（如发帖数量），在线互动的深度对学习者在线学习效果具有更为显著的影响。

3. 学习情境的设计

学习是在新的知识和学习者已有的知识架构间建立联系的过程，是当学习

① Mason R, Weller M. 2000. Factors affecting students' satisfaction on a web gourse. Australian Journal of Educational Technology, 16(2): 173-200.

② James C. 2002.Teaching and learning online: The workers, the lurkers and shirkers. Conference on Research in Distance & Adult Learning in Asia. Hong Kong, China.

③ 龚志武 . 2004. 关于成人学生网上学习行为影响因素的实证研究 . 中国电化教育，（8）：32-35.

者接触新的学习资源并与其相互作用时，在一定的情境下结合个体原来的知识经验对这些资源进行处理的过程。因此，在线课程的设计和开发要特别重视学习情境的创设，既要考虑情境的真实性，又要突出情境的具体性。结合学习情境自身的特点，对网络课程情境的创设主要分为以下几种[①]：第一，依照学科特点创设情境。学科教学具有特殊性，不同的学科知识内容有其自身的特点，在线学习情境的创设要依照学科本身的特点进行。如较为严谨的理科类课程的设计要在保证准确度的基础上，尽可能多地创设各种不同的应用实例和具有丰富性的与实例相关度很高的学习情境；而文科类课程要创设各种丰富且接近真实情境的学习情境，以便激发学习者的学习积极性和主动性。第二，依据学习策略创设情境。学习策略组织方式的不同要求创设不同的情境。例如，若要在教学中使用发现学习策略，则应为学习者提供适于发现和探索的学习任务和场景；而在互助学习中则要营造和谐、融洽和协作的氛围，通过角色扮演和情境创设等形式，引导学习者积极主动地与同伴展开交流讨论。第三，学习情境的创设始终不能脱离学习任务，要基于一定的学习任务和主题，以自然的方式引导学习者进行问题的思考和解决，达到学习的目的。

4. 对个性化学习的满足度

当前，个性化学习仍然是教育教学中一个较为理想化的追求目标。素质教育实施以来，效果不尽如人意，并没有解决传统应试教育中存在的关键问题，在线学习的学习对象个别化、学习方法个性化、学习进度自主化等个性化特点，使得在线学习变为一个各取所需的过程。师生和生生在时空上相互分离，通过网络或平台展开学习和沟通交流，学习者可以根据自己的学习需求来自定学习步调，极大地满足了学习者个性化学习的需要，学习者按需学习和个性化学习的愿景逐渐成为现实。[②]

（四）学习环境因素

在线学习环境是指基于在线学习平台的、以学习者为中心的、支持学习活动的各种因素的总和。在线学习环境包括显性的物理环境因素和隐性的心理环境因素，计算机和网络基础设施、在线学习平台、资源和工具等是其物理环境

① 陈再焕．2004. 网络学习资源设计的原则和方法初探．经济与社会发展，2（8）：176-178.
② 陈时见，王冲．2003. 论网络学习资源的意义．功能与类型．电化教育研究，（10）：50-54.

因素，而诸如在线学习者之间的人际关系、文化氛围，以及提供的学习支持服务等属于隐性的心理环境因素。这些都对在线学习效果具有重要的影响。

1. 学习平台

在线学习的展开依赖于在线学习平台，在线学习平台是支持在线学习的软件系统，因此学习平台的易用性、稳定性和认知有用性等会在一定程度上对在线学习的成效产生影响。认知有用性是指在线学习平台能够影响学习者在线学习的主观感受和学习效率，若学习者感到学习平台具有良好的认知有用性，则其学习满意度和学习成绩相对较高。另外，在线学习平台的设计和功能会影响学习者的学习体验，因此，设计在线学习平台时，应为学习者提供学习导航、学习监控、交互和评价等功能支持，以减少学习者的“网络迷航”现象。

在线学习平台是各种交互活动展开的平台。学习平台强调对各类教学活动的支持，教师和学生基于教学平台开展各种教学和学习活动，为保证学习效果和质量，在线学习平台对课程的设计多采用模块化的形式，根据学科课程的性质和特点，将课程按照一定的标准分为多个不同的模块，呈现在课程主页面。比如，要设计某一门网络课程，首先根据课程目标和课程性质，将课程主要内容分成若干个内容单元或模块，每一模块下设有子模块的相关类目，如学习目标、学习内容、各种学习辅助资源、学习活动组织和课程学习要求等，学习者能够在学习之初对整个学习的过程和任务有一个全面和系统的了解，然后根据索引一步步完成在线学习任务。另外，平台的界面设计要遵循网页设计理论、视知觉传达理论、认知心理学、交互性理论等相关理论，符合学习者的心理特征、学习习惯和学习偏好，做到平台界面结构清晰、布局合理、导航鲜明、配色均衡、内容准确等，并保证教学资源的及时更新，在线讨论发帖形式简单，易于上手。

在线学习平台在满足基本必需功能，如系统的稳定性和安全性等之外，还要做到平台界面简洁大方、导航清晰、在线交互功能顺畅和信息提醒及时等。目前，众多的在线学习平台虽然在功能模块上较为完整，基本满足了学习者的学习需要，但在平台的易用性、交互支持等方面参差不齐，很难满足学习者个性化的学习需求。在线学习平台要以学习者为中心，允许学习者根据自己的学习需求和学习进度进行安排，选择合适的学习内容，如有些学习平台在课程内容安排上，要求学习者按照线性的顺序依次进行学习，学习者难以根据自己的学习进度进行安排，从而影响了在线学习效果。在线学习平台在课程内容设置上要按照模块的方式，允许学习者跳跃性地按需选择学习内容，同时避免枯燥乏味的表现形式，通过多种呈现方式吸引学习者的学习兴趣，以便达到更好的学习效果。另外，在线学习平台要设计清晰的内容导航，以便学习者快速地定位到制定的学习内容上，节省时间，提高学习效率。在线学习平台要有良好的硬件技术支持，为学习者提供稳定安全的学习空间。在线学习平台还需要为学习者设置各种个性化的提醒服务，如学习进度、学习日程、考试安排和论坛交互信息等，以免学习者错过重要的信息，同时也方便学习者了解自己的学习情况，提高学习效率。

2. 支持服务

完善的在线学习支持服务（如在线辅导答疑、技术支持等）以及规范的学习活动管理（如学习管理和学习评价等）都会对学习者的在线学习效果产生重要影响。根据在线学习的特点，在线学习中的学习者来自不同的区域，师生和生生处于相对分离的状态，很容易造成学习者的学习孤独感，因此，完善的学习支持服务能够为在线学习的开展提供后勤和组织保障，使在线学习顺利进行。如提供导学支持，在课程开始之初引导学习者了解整门课程的内容，了解课程的教学方式、学习方法、考核方法和资源的利用方式等，学习者在对整门课程有了全面了解之后，能够更有效地展开该门课程的学习。在小组协作活动中，划定小组活动区域，明确小组任务，则小组能够在一定的情境下展开协作。另外，教师要对平台进行定期的管理，及时清理平台上的无效发帖，保证平台的纯净，还要经常对平台进行维护，保证平台的正常运行。[①]

二、提升学习者在线学习效率的策略

国内的在线教育还没有走出这样一个误区，即只要学生能够通过网络访问到课程资源就算是实现了在线教育，即“学生 + 课程资源 = 成功的学生”，其实这从根本上是错误的。网络平台和网络课程资源并不能解决所有的问题，网络平台和网络课程资源为更有效地进行在线教育提供了可能，而教育是一种创造

① 胡晶 . 2012. 远程在线学习环境优化设计的策略 . 继续教育研究，（6）：62-65.

性的活动，在保证资源和平台质量的前提下，其作用的发挥主要依赖于教师和学生对其的充分利用，因此，本节将就如何提升学习者在线学习效率提出一些策略。

（一）创建良好的在线学习环境，提供优质的学习资源

1. 创建良好的在线学习环境

在线学习是一种新的学习形式，不同于传统的学习形式。在线学习有其自身的特点，它不是简单地将教材内容原封不动地搬到网上，而是包括各种在线学习活动和学习资源，以便学习者在一个良好的在线学习环境中开展学习。

建构主义认为，学习者是学习的主体，要以学习者为中心来设计教学，学习的发生是学习者自身与周围环境进行交互的结果。由于教学模式和教学组织的差异，在线学习形成了不同于传统教学的人文环境，在传统的课堂教学中，学习者周边有教师、同学、教材、图书馆、实验室等各种各样的教学工具和资源，师生通过面对面的语言、动作和眼神等直接进行交流，师生之间的情感能够直接有效地传递给对方；同时，学习活动发生在同一地理空间中，学习者聚集到一起形成了自然的学习集体，能够实现实时的交流和讨论，实现情感的自然传递，从而能实现更深层次的交互。因此，传统的师生关系更为真实和密切，充满着人文关怀，传统的教学中的交流氛围和情感是在线学习所缺少的。

而在在线学习中，师生和生生处于时空上相对分离的状态，学习活动发生在一个虚拟的空间，在单一死板且缺乏活力的虚拟环境中，师生之间的交流效果并不乐观；同时，学习者由于来自不同的地区，相互之间都是陌生的，关系自然较为生疏，交流较少，而由于学习过程中面对面交流的缺乏和集体感的缺失，学生很容易产生学习孤独感和集体缺失感，造成在线学习的人文气息不浓且教学场不强的现象，因此较难形成一个天然良好的人文环境，影响学习者的学习兴趣和学习积极性，从而使在线学习的学习效果受到影响。[①]这已成为在线学习长久存在且无可争议的发展缺陷和瓶颈。[②]因此，教师要从学习者的学习需求和在线学习的特点出发，搭建适合学习者在线学习的学习环境，如创建学习小组或鼓励论坛发帖等增加学习者之间的交流和互动，减少学习者在线学习的

① 肖利英．2009. 美国在线课程评价项目分析研究．曲阜师范大学硕士学位论文：54-55.

② 丁新．1999. 远距离教育理论原理．北京：中央广播电视大学出版社：68.

孤独感，最终目的是搭建良好的在线学习环境，让学习者有更好的在线学习体验，从而保证在线学习顺利进行。

2. 提供优质的在线学习资源

网络为在线学习提供了丰富多样的学习资源，如视频、音频、文本、图像、电子书等，其呈现方式更为直观化、形象化和生动化，能对学习者的在线学习效果产生直接的影响。因此，为提高教学质量和教学效果，教师在开发、选择和使用在线学习资源的时候要特别注意以下几点：①在学习资源的开发和设计上，要充分考虑学习者的年龄阶段、个性、学习习惯和认知能力等特征，结合学习者的认知水平，针对不同的学习群体制订不同的开发计划，切勿脱离学生的实际情况；②在学习资源的选择上，要结合学习者的特点和兴趣偏好，有意识地选择学习者感兴趣的学习资源，提高学习者的学习积极性和学习兴趣；③在学习资源的使用上，要结合原有资源的特点和学科特征，适当对资源进行加工和处理，以实现更好的学习效果。另外，教师可以为学习者提供多样的学习资源，让学习者根据学习偏好和学习兴趣进行选择，提高学习者的学习积极性。

（二）提供有效的学习支持服务

有效的学习支持服务是在线学习得以顺利开展的重要保证，学习支持服务贯穿于在线学习的整个过程之中，如技术支撑、学习资源的不断更新、学习活动的安排、学习过程的监督、学习问题的解决和个性化的学习定制等学习支持服务，使学习者在学习过程中享受到更多的便捷服务，以提升学习效率。

当前在线平台的学习支持服务更偏重于技术支持，而对学习者情感及其他方面的支持还有所欠缺。不同于传统教学形式，在线学习要求学生具有更高的学习自主性和自制力，同时，需要平台给予及时的监督和提醒，以保证学习者按时完成学习任务。只有不断更新学习支持服务，尽可能解决学习者遇到的实际学习问题，才能有效激发学习者的学习积极性和主动性，从而更加有效地完成在线学习任务，达到更优的学习效果。因此，不断完善学习支持服务渠道，为学习者提供更为实际和丰富的学习帮助，是学习支持服务得以改进和完善的一个重要方向。[①]

① 曹梅 . 2002. 美国网络课程质量标准的发展 . 电大教学，（1）：27-29.

（三）提供有效的学习监控并采取多种评价方式

有效的学习监控能够保证在线学习的顺利进行。在线学习者由于个人因素可能不能时刻保持学习状态，因此可能会错失某些重要的学习任务。在线学习平台能为学习者提供学习监控服务，定期向学习者发送活动计划、日程安排、学习进度、考试计划和论坛反馈等一系列提醒，能够有效保证学习者的在线学习效率。在线学习平台对学习者登录平台的频率、时间、在线时长、学习进度、发帖次数、作业完成情况和在线交流等情况进行实时有效的记录，并根据学习者的具体学习情况制订学习计划表，帮助学生更便捷地进行个人学习管理，完善学习体验。

在线学习平台除了对学习者的学习过程进行监控之外，还要建立多种评价方式，采用全方位的在线学习评价体系，如形成性评价和总结性评价相结合，个人评价、同伴评价和教师评价相结合等，以实现更加客观、全面的评价和反馈，引导学习者实现更有效的学习。

（四）设计合理的学习目标，激发和保持学习动机

1. 充分利用在线学习资源，设计合理的学习目标

在线学习的有效开展依赖于在线学习资源，优质的在线学习资源是提高在线学习质量的保证，在线学习资源的使用贯穿于整个在线学习过程之中。教师根据学习内容的性质和学习者的特点，通过设计、开发和选择为学习者提供学习资源，供学习者使用，而学习者则利用资源展开在线学习。有了资源并不能代表学习活动真正发生了，教师必须通过一定的学习策略和组织手段引导学习者进行在线学习。同时，教师还可以根据教学需要，拓宽学习资源的获取渠道，对网络已有资源进行改进和完善，自己开发和设计适合的学习资源，提高教学质量。[①]学习资源的选择和学习目标的呈现对学习者的学习动机具有直接的影响，因此教师要根据学习需要，结合学习者的认知水平和学习特点，开发和选择合适的学习资源，通过提供优质的学习资源，提高学习者在线学习积极性和增强学习动机。

学习目标是学习活动开展的重要依据，学习目标是否合理对学习者在线学习效果的好坏具有直接的影响，学习目标具有总领的作用，始终贯穿于整个在

① 肖利英 . 2009. 美国在线课程评价项目分析研究 . 曲阜师范大学硕士学位论文：57.

线学习过程之中，学习者只有在合理的学习目标的指引下，才能正确把握学习方向，制订正确的学习计划和安排，清楚地认识到其经过学习将要达成的预期成果，提高学习积极性和增强学习动机。另外，教师可以引导学习者自己制定学习目标，根据自身的学习特点和学习需求，选择切合自身的学习资源和难度适中的学习内容，按照自己的学习进度和安排逐步达成学习目标。

2. 提供有效的激励机制，激发和保持学习动机

学习动机能够激发学习者的学习积极性，并使得学习行为指向一定的学习目标。适度激发学习者的学习动机对开展学习活动具有一定的推动作用。学习动机可以分为外部动机和内部动机。奖励手段是通过外部学习动机激发学习者学习动机的有效措施，通过建立科学的奖励制度，根据学习者在线学习活动的表现和效果为优秀学习者提供荣誉或奖学金等奖励，可以激发学习者的学习动机；内部学习动机来自学习者内在的学习需求和动力支撑，如提升自我的需求能够有效激发学习者的学习欲望和学习积极性，提升学习效果。

第三节　在线学习环境中的团队学习

尽管在线教学与传统教学相比更易于实现个别化教学，但是个别化教学从来都不是孤立进行的。在在线学习中，分布于不同时空且具有相同学习需求的个体学习者总是通过交互形成共同的学习场域，最终形成学习共同体，这便是虚拟学习团队。有效的个别化教学不仅要实现个体学习者的有效学习，还要实现团队整体的有效学习，个体的有效学习与团队整体的有效学习是密不可分的。虚拟学习团队作为一个整体，通过团队成员在交往中各自创生意义、交换意义，从而产生新的团队知识。研究表明，团队学习对团队成员学会有效协作以持续应对复杂变化的环境是至关重要的。正如著名的学习型组织之父彼得·圣吉在其著作《第五项修炼：学习型组织的艺术与实践》中所述，“团队学习非常重要。团队而非个人是现代组织中的基础性学习单元”[①]。因此，在有效在线教学的研究中，将学习团队作为一个整体来研究团队认知和发展的规律是非常重要的。

① （美）彼得·圣吉. 2009. 第五项修炼：学习型组织的艺术与实践. 北京：中信出版社：6.

然而，在线教育领域有关团队学习的研究才刚刚开始。本节梳理了团队学习的内涵及影响团队学习的基本因素，在此基础上，构建并详细地阐述了团队学习过程模型，最后本节就该模型在应用中需要注意的关键问题为教育实践中寻求改善团队学习方法的教师提出了三点建议。

一、团队学习的内涵及影响团队学习的基本因素

（一）团队学习的内涵

“团队学习是团队成员、团队和组织在团队层面上循环变化或改进的编译过程。”[①] 所谓的“编译”包括不同类型过程（分享、协作建构、建设性冲突）的变换结合。循环变化指的是团队学习将来自多层次的一系列复杂的影响因素动态地转变为多层次的团队学习输出结果，这些输出结果又会反过来影响团队学习。Dechant 等认为，团队学习一般包括四个阶段：片段学习阶段、联合学习阶段、协同学习阶段与持续学习阶段。[②] 在片段学习阶段，团队并没有作为一个整体而学习，仅仅是团队中的个人进行了片段性的学习，这导致了个人的心智模型并不被团队整体共享，甚至不被团队中的其他个体共享；在联合学习阶段，个体对信息和视角进行分享，团队以小组的形式作为部分进行学习，但是团队并不作为一个整体而学习；在协同学习阶段，团队中的个人作为一个整体共同创造知识，建立整合不同视角的共享心智模型（shared mental models，SMM），团队知识被整合到个人意义的图式中；在持续学习阶段，协同学习成为团队学习的常态学习方式。当学习使得团队不断达到其目标时，团队就实现了有效学习。研究表明，团队学习不仅是一种合理的教学方法，而且为大容量课程中的团队活动提供了一个非常有用的实践框架。[③] 达纳韦认为，团队学习还包括其他一些潜在的优点，如提高学习效果、高效率地利用时间、增加同伴间的交互、建立良好的人际关系以及促进技能迁移等。[④] 尼德等则指出，团队学习会使那些

---

① West, M. 2004. Effective team work: Practical lessons. European Journal of Organizational Psychology, 13 (2): 269-299.

② Dechant K, Marsick V J, Kasl E. 1993. Towards a model of team learning. Studies in Continuing Education, 15(1): 1-14.

③ Haidet P, Morgan R, O' malley K, et al. 2004. A controlled trial of active versus passive learning strategies in a large group setting. Advances in Health Sciences Education, 9(1): 15-27.

④ Dunaway G. 2005. Developments: Adaption of team learning to an introductory graduate pharmacology course. Teaching and Learning in Medicine, 17(1): 56-62.

存在学业困难的学习者更受益，因为它能够迫使学习者坚持学习，定期为他们提供反馈，并且为他们提供发展高阶思维能力的机会。[①]

（二）影响团队学习的基本因素

尽管对于不同的团队来说，影响其学习的因素并不是完全相同的，但是我们总是能够抽象出那些影响所有学习团队的共同因素，我们姑且将这些因素称为影响团队学习的基本因素。通过研究，学者将影响团队学习的基本因素概括为团队原有认知、团队学习过程行为（外显行为）、共享心智模型（内隐认知活动）以及团队学习结果等四个方面。[②]需要特别说明的是，有些学者认为，团队学习结果是受团队学习影响因素影响下的结果，而不是影响团队学习的基本因素。本节认为，由于团队学习是一个动态循环的过程，上一次团队学习的结果必然会作为下一次团队学习的输入条件对团队学习产生影响，因此团队学习结果在一定程度上成为影响团队学习的基本因素。接下来，本节将对团队学习的过程模型进行深入阐述。

二、团队学习过程模型

国外学者对团队学习的过程做了相关研究，也构建了一些团队学习的模式。较有影响力的有约翰逊等的团队学习模式[③]、库伯等的团队学习模式[④]、珀尔斯基的团队学习发展过程模式[⑤]、吉布森等的学习循环模式[⑥]以及恩格斯特伦等的团队扩展学习模式[⑦]。约翰逊等的团队学习模式提出较早，其中包含“输入”“过程”“输出”三个要素，并且关注了共享心智模型在团队学习中的作用，不足的是，约翰逊等的团队学习模式是静态的，且忽略了团队学习的外显行为。库伯、

① Nieder G, Parmelee D, Stolfi A, et al. 2005. Team - based learning in a medical gross anatomy and embryology course. Clinical Anatomy, 18(1): 56-63.

② 张立国，刘晓琳．2010．团队学习的整合系统模型．远程教育杂志，(6)：3-11.

③ Johnson T, Khalil M, Spector J. 2008. The role of acquired shared mental models in improving the process of team-based learning. Educational Technology, 48(4): 18-26.

④ Kayes A, Kayes D, Kolb D. 2005. Developing teams using the Kolb team learning experience. Simulation & Gaming, 36(3): 355-363.

⑤ Pawlowsky P. 2001. The treatment of organizational learning in management science. Handbook of organizational learning & knowledge. Oxford: Oxford University Press: 61-89.

⑥ Gibson C, Vermeulen F. 2003. A healthy divide: Subgroups as a stimulus for team learning behavior. Administrative Science Quarterly, 48(2): 202-239.

⑦ Engeström Y, Sannino A. 2010. Studies of expansive learning: Foundations, findings and future challenges. Educational Research Review, 5(1): 1-24.

珀尔斯基、吉布森和恩格斯特伦等学者则普遍认为，团队学习是一个循环的动态过程，团队学习的结果受到团队动态变化的影响，他们所构建的模式更加关注团队学习的动态性并强调团队学习的外显行为，却忽视了影响团队学习效果的内隐行为——共享心智模型在团队学习中的作用。本节在吸收以上研究成果的基础上，不仅考虑了团队学习过程的动态循环性，而且重视了团队学习的外显行为和内隐认知活动的密切相关性，以共享心智模型的形成和发展为核心构建了团队学习过程模型（图 2-1）。基于共享心智模型的团队学习过程模型由输入、团队学习过程、输出三个阶段组成。团队学习中的输入条件激发并影响团队学习过程行为，团队学习过程行为直接决定团队学习结果，并且团队学习结果又反过来影响和改变团队原有认知，并作为新的输入条件影响下一轮的团队学习循环。下面我们将以团队学习的三个阶段为顺序，针对各个阶段中影响团队学习的因素和活动对该模型进行详细阐述。

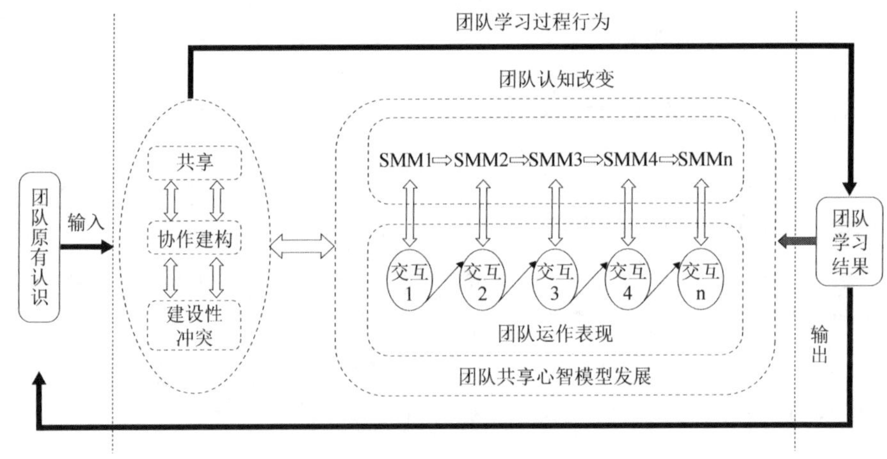

图 2-1　基于共享心智模型的团队学习过程模型图

（一）输入

团队原有认知是团队学习的初始输入条件，它指的是每一个团队成员在参与团队学习之前所拥有的关于其他团队成员和团队任务的知识。鲁珀特和耶恩将团队认知划分为任务性认知、操作性认知和社会性认知三类。[①] 任务性认知

① Rupert J, Jehn K A. 2006. Team learning: The development and validation of a new typology. 10th International Workshop on Teamworking, Groningen, the Netherlands.

能够深化团队成员对任务内容的理解并提高团队绩效；社会性认知使团队成员对彼此的生活背景和个性有更好的认识，这将有助于他们理解彼此的行为并更好地处理学习中的情绪问题；操作性认知将有助于形成有效的团队学习的规则和学习流程，有利于提高团队绩效。团队原有认知作为团队学习的输入条件，将激发并影响团队学习的过程行为。

（二）团队学习过程

团队学习过程通过外显行为和内隐认知活动来完成。团队学习过程中的外显行为是所表现出来的、可供观察和测量的行为，主要包括共享、协作建构和建设性冲突；团队学习过程中的内隐认知活动主要是指共享心智模型的形成、发展和完善。团队学习过程中的外显行为和内隐认知活动相互促进，共同推动团队认知建构，影响团队学习的输出结果。

1. 外显行为：共享、协作建构和建设性冲突

基于范登博施等的研究[①]，我们将团队学习中的外显行为归纳为三类：共享、协作建构和建设性冲突。

（1）共享

威尔森等认为，共享是团队成员之间关于新的知识、能力或创新思维的扩散和分配，共享的知识都是新的。[②]他们所认为的“新”是指团队中个人的知识、能力或创新思维是最新出现的。我们认为，共享是团队成员之间交流知识、能力、观点或创新思维的过程。与威尔森等关于共享的观点相比，我们并不赞成其强调的共享是关于新知识的扩散和分配的观点。我们认为，共享的信息是不是最新发展或获取的，与共享的概念并无关系。不过，我们赞成威尔森等所述的共享的深度（共享的细节层次）和广度（团队学习成员参与率）决定了团队学习质量的观点。

（2）协作建构和建设性冲突

团队学习不仅是对不同团队成员观点的共享，更为重要的是，通过一系列

---

① van den Bossche P, Gijselaers W H, Segers M, et al. 2006. Social and cognitive factors driving teamwork in collaborative learning environments: Team learning beliefs and behaviors. Small group research, 37(5): 490-521.

② Wilson J M, Goodman P S, Cronin M A. 2007. Group learning. Academy of Management Review, 32(4): 1041-1059.

整合的团队学习过程（如对话活动），团队成员能够补充、对抗和整合彼此的知识、能力、观点和创造性思维。这既促进了共享心智模型的形成，又丰富了既存的个人观点。我们通过文献分析发现，由于团队成员对显性的知识、能力、观点或创造性思维处理方式的不同，团队学习过程中会出现两种类型的交互：协作建构和建设性冲突。

协作建构是团队成员通过某种方式共同改善、建构或修正原始输入，形成共享心智模型和构建共享意义的过程。共享是协作建构发生的前提条件。然而，在协作建构中，当团队成员参与到对知识、能力、观点和创造性思维的重复性的认识、释义、清楚表达、质询、具体化以及完成共享的过程中时，团队成员会进行深入交互。他们会依据人际相合性的要求来改善和拓展彼此既存的思维、语言和行为的方式。[①] 这使得团队产生了新的共享知识和意义。协作建构在探索性创新、认知加工、主体间认知协作建构、预设生成行为等团队学习过程中均处于关键地位。

建设性冲突是团队内部发生的不掩饰多样化的身份和观点的协商或对话过程。在此，建设性冲突被定义为源自多样性和开放沟通，并能引发深入交流和达成某种临时协议的冲突或详尽的讨论。然而，建设性冲突往往会导致团队成员脱离他们之间的舒适区。从理论上讲，这有利于促进团队成员间进行更多根本性转变。建设性冲突能够激发人们的某种情感状态，并且这种情感状态会消融我们最初的、更为根本性的认知和信念。德鲁和维尔戈[②] 在一个元分析研究中对建设性冲突如何更好地促进学习进行了详细阐述。他们指出，在一般的冲突中，一方面，团队成员可能对他们与别人的差异不置可否，然后通过忽略其中一个冲突因素来解决问题，另一方面，一般的冲突可能被视为个人的、情绪性的抗拒而不是对问题理解的差异。这两种状态的冲突都不是建设性冲突，因为这两种冲突可能会冻结心智模型而非消融心智模型。最后，很多研究者认为，冲突的建设性取决于冲突本身的性质是情感冲突、关系冲突还是认知冲突或任务冲突。耶恩通过实证研究得出结论：人际关系方面的冲突是不良冲突，而一般

---

① London M, Polzer J T, Omoregie H. 2005. Interpersonal congruence, transactive memory, and feedback processes: An integrative model of group learning. Human Resource Development Review, 4(2): 114-135.

② de Dreu C K W, Weingart L R. 2003.Task versus relationshipconflicts, team performance and team member satisfaction: Ameta-analysis. Journal of Applied Psychology, 88(4): 741-749.

的任务冲突将促进团队绩效的提高。[①]范登博施对耶恩的观点进行了完善，他通过研究认为，并不是团队冲突的出现而是对建设性冲突中不同观点进行协调整合的做法才使得团队的绩效或团队的学习成绩得以提高。

共享、协作建构和建设性冲突描述了团队学习过程中发生了什么，因此被视为团队学习的三个基本外显行为。然而，外显行为在根本上受到内隐认知活动的控制和影响，因此，尽管团队学习过程中的外显行为的变化直接导致了团队学习的过程变化，但它们并非必然地引起团队学习效果的改善。从这个意义上来讲，团队学习过程中的内隐认知活动——共享心智模型的形成、发展和完善是决定团队学习效果的根本性因素。这也是本书将其作为团队学习模式中核心因素的原因。

2. 内隐认知活动：共享心智模型的形成、发展和完善

共享心智模型是团队成员对涉及团队任务环境等关键要素知识的共享、有组织的理解和心理表征。[②]研究表明，为了成功解决复杂的问题，团队成员需要共享各种知识和资源，这些知识和资源包括但不局限于团队知识、技能、态度、团队发展的动力以及环境。[③]为了在不同的领域中有出色的表现，团队成员需要一个代表团队成员的知识、技能、态度和行为倾向的共享心智模型。如图 2-1 所示，能代表团队关键知识的共享心智模型并不是通过一次交互就能形成的，它有赖于团队成员不断地通过共享、协作建构和建设性冲突等交互行为得以形成、发展和完善，并且团队的外显行为与内隐认知活动相互促进，共同推进团队学习。

很多研究表明，获得共享心智模型能够提高团队绩效。高绩效团队中成员间的协调行为通常不需要明确外显的沟通。[④⑤]当个体参与到团队活动中时，他们就开始共享知识，团队成员对知识的共享将促使他们建构相似的行为方式，

---

① Jehn K A. 1995. A multi-method examination of the benefits anddetriments of intra-group conflict. Administrative Scienc e Quarterly, 40: 256-282.

② Sessa V I, London M. 2008. Work Group Learning: Understanding, Improving & Assessing How Groups Learn in Organizations. London: Psychology Press: 91-96.

③ Smith-Jentsch K A, Campbell M, Reynolds. 2001. Measuring teamwork mental models to support training needs assessment, development, andevaluation: Two empirical studies.Journal oforganizational behavior, (22): 179-194.

④ Kleinman D L, Serfaty D. 1989. Team performance assessment in distributed decision making//Klimoski R, Mohammed S. Proceedings of the Symposium on Interactive Networked Simulation for Training. Orlando: University of Central Florida: 22-27.

⑤ Smith-Jentsch K A, Johnston J H, Payne S C. 1998. Measuring team-related expertisein complex environments// Cannon-Bowers J A, Salas E. Making Decisions Under Stress: Implications for Individual and Teamtraining. Washington: American Psychological Association: 25-36.

做出兼容性的决策，采取合理的行动。另外，共享心智模型还能够帮助团队成员解释其他成员的活动，理解团队任务，对团队未来成员的行为和任务的状态形成精确的期望，并促进有效的交流。温格等在研究中指出，交互记忆系统（transanctive remember system）是一种重要的共享心智模型。[①]交互记忆系统是指“对学习、记忆和交流相关知识的合作性分工”[②]。在团队学习的过程中，团队中的小组形成了对分布在个人头脑中有效知识的解码、存储和恢复的系统。[③]埃利斯等学者的研究表明，交互记忆系统通过两个阶段形成：在第一阶段，即专门化阶段，团队成员通过记录每一位团队成员的专家知识，并且通过将新的信息导向合适的团队成员而建立一个信息分布系统；在第二阶段，即协作和认证阶段，将对团队操作系统进行微调，确定并认可团队成员的角色和责任。[④]在交互记忆系统形成的过程中，一方面，团队成员通过扩大自身记忆容量和建构外存储系统进行更有效的学习，另一方面，团队成员之间不断增加的协作和信任有助于形成更有效的交流方式，从而提高团队学习的有效性。

（三）输出

团队学习结果作为团队学习的输出，按照是否团队学习所明确追求的目标被分为次要的团队学习结果和主要的学习结果两类。次要的团队学习结果是团队学习过程的副产品。例如，团队学习中形成的团队心理安全、共享习惯或规则等都是次要的团队学习结果。值得注意的是，共享心智模型的形成、发展和完善也属于一种次要的团队学习结果。次要的团队学习结果源自团队学习过程的认知、情感或行为等方面，同时又反过来巩固和强化团队学习过程中的认知、情感或行为。因此，次要的团队学习结果既是输出又是输入。实际上，这些产生于团队学习过程中的次要结果经团队的输入和输出结合起来，并且直接加强和巩固了团队学习的输入和输出过程。主要的团队学习结果是团队追求和获得团队变化或团队改善（显性或隐性）的目标。与次要的学习结果相比，主要的

---

① Wegner D M, Erber R, Raymond P. 1991. Transactive memory incloserelationship. Journal of Personality & Social Psychology, 61(6): 923-929.

② Hollingshead A B. 2001.Cognitive interdependence and convergentexpectations in transactivememory. Journal of Personality andSocial Psychology, 81(6): 1080-1089.

③ Sessa V I, London M. 2008. Work Group Learning: Understanding, Improving & Assessing How Groups Learn in Organizations. London: Psychology Press: 28-35.

④ Ellis A P J, Hollenbeck J R, Ilgen D R, et al. 2003. Team learning: Collectively connecting the dots. Journal of Applied Psychology, (88): 821-835.

学习结果一般与团队目标和运作规程密切相关。例如，团队主要活动、组织创新的计划、新的运作规程的记录等方面的新知识。这些新知识一般都凝结在概念性的产品中，诸如项目计划书、工作记录、工作方案、著作、文章、手册、总结报告、理论模型等都是记录主要团队学习结果的概念型产品。团队学习的目标通常需要多次团队学习过程来完成，上一次团队学习的结果能够间接影响下一次团队学习的认知建构过程，因此我们的模型是动态循环的。

三、改善在线学习中团队学习效果的策略

依据以上对团队学习过程模型的阐述，我们为教育实践中组织团队学习或寻求改善团队学习效果的教师提出以下三点策略。

（一）创设支持团队成员间协作和信任的对话性空间

在团队学习过程模型中，尽管我们在概念上将协作建构和建设性冲突的过程相分离，但是，在实践中，协作建构和建设性冲突是共存互促、不可分割的。因此，组织团队学习的教师的首要任务就是创设一个支持团队成员间协作和信任的对话性空间，在这个空间中，多样化的才能、建设性冲突和协作建构在团队学习过程中能够共存。[①]毕竟，只有当团队寻找并持续保持“冲突”和“和谐”二者之间的动态平衡的时候，团队有效学习才能发生。[②]在极端状态下，没有建设性冲突，没有协作建构或者共享，团队学习就不可能发生。

（二）促进团队成员间的共享、协作建构和建设性冲突

共享心智模型是影响团队学习结果的根本性因素，在一定程度上决定了团队学习的有效性。该模型的形成、发展和完善需要通过团队成员间的共享、协作建构和建设性冲突等交互行为来实现。因此，一般来讲，团队成员间的有效交互将会导致团队行为逐渐适应更高水平的团队协调和团队学习目标的要求。尤其当团队共享心智模型还处于低级发展阶段时，促进团队成员间高质量的交互是实现团队有效学习的关键，也是教师开展团队学习时不可忽视的一个环节。

---

① Jansen J J P, Vera D, Crossan M. 2009. Strategic leadership forexploration and exploitation: The moderating role of environmentaldynamism. The Leadership Quarterly, 20: 5-18.

② Wildemeersch D. 2007. Social learning revisited: Lessons learned from North and South//Wals A E J. Social Learning towards a More Sustainable World. Wageningen: Wageningen University Press: 99-116.

可供教师应用的、促进团队交互的主要策略包括：确立角色和责任，预期在团队生命周期内交互的内容、交互的类型以及交互的数量，建立良好的反馈机制，确立开放性交互的需要，向团队成员公布解决问题的方式，明确告知团队成员要圆满完成团队任务需要多大的努力等。

在促进团队交互的过程中，教师需要注意以下几点：首先，教师应该鼓励团队学习成员讨论影响共享心智模型的各种因素（尤其是团队知识和任务知识）来促进团队共享心智模型的发展。其次，教师需要依据团队规模大小，指引学习者选择合适的交互类型。例如，团队间的交互可以是无记录的非正式交互，也可以是交互内容被记录下来留待日后查看的正式交互。最后，教师需要监控学习者形成有效的交互。例如，为了避免误解团队成员的意图，团队成员间需要密切循环交互。[①]同时，交互活动须符合简洁、清楚、适时等原则。

（三）反思团队学习的输出结果

团队反思是团队成员作为一个整体对目前团队现实、团队目标和团队方法等共享心智模型的协作建构、解构和重新建构的过程。韦斯特的研究表明，这些不同类型的共享心智模型的差异主要体现在促进团队在正确方向上学习的创造性张力方面所起的不同作用。韦斯特认为，团队反思是“团队成员为适应目前或预期的环境而公开反思和交流团队目标、策略（例如决策）以及过程的程度”[②]。阿罗等[③]和斯特曼[④]在其研究中都将反思界定为双重循环学习。非反思性学习团队仅关注团队在多大程度上实现了预期目标（单循环学习），而反思性团队会根据实际情况调整预期目标，并且探究团队的规则和潜在的促进性因素（双重循环学习）。因此，指导团队学习的教师需要引导学习者在完成一轮团队学习活动时对其自身的处境（即目前团队现实）、团队要达到的状态（团队最终目标）以及如何实现其目标（团队方法和工具性团队目标）形成清醒的认识，并监督团队在制订计划、团队评估、团队任务报告中加强团队反思。

---

① Jensen E. 2009. Sensemaking in military planning: A methodological study of command teams. Cognition Technology & Work, 11(2): 103-118.

② West M. 2002. Sparkling fountains or stagnant ponds: An integrativemodel of creativity and innovation implementation in work groups. Applied Psychology: An International Review, 51(3): 355-387.

③ Arrow H, McGrath J E, Berdahl J L. 2000. Small Groups as Complex Systems: Formation, Coordination, Development Andadaptation. Thousand Oaks: Sage Publications.

④ Sterman J D. 1994. Learning in and about complex systems. System Dynamics Review, 10(2/3): 291-330.

第三章 在线课程理论及实践

在线课程作为在线教育的基本存在形式，有着传统课程无法比拟的优势，在线课程对促进教学改革有重大意义，对推动教育信息化、构建终身学习体系有举足轻重的作用。许多学校都在积极探索在线课程的设计、开发和应用，以推进学校教育信息化建设。本章对在线课程理论与实践的探讨，对于在线课程设计和开发以及在线课程实践的开展具有一定指导意义。

第一节　在线课程的内涵、特征及核心要素

一、在线课程的内涵与特征

（一）在线课程的内涵

要理解在线课程的内涵，首先我们要理解“在线”和“课程”两个概念。“在线”就是基于网络的，通常是指计算机处于网络连接的状态。关于“课程”的界定，不同学者有不同的看法。传统观念认为，课程是有计划的、系统的教学内容，是一系列教学科目的集合。美国新教育百科词典对课程的解释是在学校教师指导下出现的学习者学习活动的总体，其中包含教育目标、教学内容、教学活动乃至评价方法在内。[①]随着社会的发展，人们对课程内涵的认识也在发生着变化。

在明确了“在线”和“课程”的基本内涵后，我们可以进一步理解在线课程。对于在线课程，目前并没有统一的定义。何克抗认为，“在线课程是在先进的教

① 孙万银，杨改学 . 2006. 网络课程设计与开发的基本思想 . 开放教育研究，（6）：57-61.

育思想、教学理论与学习理论指导下的课程，其学习过程具有交互性、共享性、开放性、协作性和自主性等基本特征”[①]。斯隆联盟根据教学内容在线的比例将课程分为在线课程、混合式课程、网络辅助课程及传统课程，其中在线课程是指课程的大部分或全部内容通过在线方式完成，通常没有面对面的交流，在线教学内容比例至少为80%。[②]我国学者武法提认为，在线课程是在课程论、学习论、教学论的指导下，通过网络实施的以异步自主学习为主的课程，是为实现某学科领域的课程目标而设计的网络学习环境中教学内容和教学活动的总和。[③]丁兴富认为，在线课程是教师网络教学与学习者网络学习占传统校园学校教育教学全过程的比重或成分超过80%的网络远程教学课程。[④]在线课程有广义和狭义之分：广义的在线课程涉及各级各类学校的全部教学科目；狭义的在线课程只涉及一门具体的学科。在线课程从本质上来说仍属于课程的范畴，是依据教学内容线上和线下部分所占比例的不同而进行的划分。

（二）在线课程的特征

1. 开放性

在线课程最大的优势是它摆脱了时间、空间上的局限，使教学更加灵活方便，学生可以在任何地方、任何时间进行学习，更能体现学生学习的自主性，实现个别化学习。随着MOOC的兴起，在线课程的开放性大大提高，学习者可以免费获得课程资源。在线课程不仅可以满足那些师生相距较远的教学，还适合成人的继续教育和职业教育。在线课程使教育实施过程不受时间、空间等的影响，网络上广泛存在的教学资源极大地丰富了在线课程的内容，改变了传统课程的概念，学生能接受不同国家、不同学校、不同教师的指导，也可获得丰富、直观、开放、免费的各种类型的教学资源，共享全世界的网络教学资源。

2. 自主性

在线课程对教学内容的呈现不再是单纯的文本、图像等形式，而更趋于多种媒体资源的综合运用，其根据教学内容和要求采用图像、动画和视频等多种

① 何克抗．2004．现代教育技术和优质网络课程的设计与开发．中国电化教育，（6）：5-11．
② 王卫军，杨薇薇，邓茜，等．2016．在线课程设计的原则与理念思考．现代远距离教育，（5）：54-60．
③ 武法提．2007．网络课程设计与开发．北京：高等教育出版社：3．
④ 丁兴富．2009．远程教育学．北京：北京师范大学出版社．

表现形式，使教学内容呈现方式更加多样化，各种媒体优势互补，使教学更生动、逼真。学习的自主性表现在：学生可以根据自己的喜好选择教学资源；学生可以根据自己的学习状况选择教学内容；学生大部分时间都在自主学习；学生按照教学目标的要求选择合适的资源进行学习。

3. 共享性

互联网上的学习资源非常丰富，网络使人们更容易和方便地获取各种形式的资源，使人们能够最大限度地、全方位地共享信息资源。在线课程资源具有更大的灵活性和可选择性，教师可以自己开发课程资源，也可以选择已经开发好的资源。在线课程中有大量的扩展资源和链接，学习者可根据自己的需要，根据课程的导航和链接查找资源，从网络上获取别人共享的资源来满足自己的学习需求。在线课程的分布式结构使它与互联网上的课程资源相连，实现了全球性网络资源的共享。

4. 生成性

在线课程的内容是不断更新并且动态生成的，随着教学的开展不断补充新的材料和内容。由于学科内容和相关知识在不断更新，而且不同时期参与课程学习的学生有不同的特征，因此在线课程的各个方面需要进行灵活的调整。在线课程的开发者和教师根据学生不同的需要随时进行补充、修改或更新课程内容和资源，使教学内容更加有针对性，使在线课程动态生成，更好地适应学生的学习。

5. 交互性

在线课程的一个重要特征就是它的交互性，在在线课程中，学生与学生、学生与教师可以采用多种交流方式和手段进行交互。在线课程中的信息交互是双向的，学生可以借助论坛、QQ 和微信等交流工具进行一对多、多对多的交互。学生除了和教师交流，还可与同学一起协作和交流，以提高学习效率。在线课程中教师对学生的反馈非常重要，教师对学生的作业批改、问题解答方便快捷，学生上交的作业可以得到教师的及时反馈。

二、在线课程的核心要素

在线课程的核心要素分析对我们理解在线课程的定义具有重要作用，我国学者对在线课程核心要素的划分主要有以下观点。武法提认为，在线课程包括教学内容、学习资源、教学策略、教学活动、学习支持和学习评价六个要素。[①]黄荣怀和陈庚结合成人学习的特点和网上学习发生的条件，提出了在线课程的六大核心要素：教学设计、教学资源、学习活动、技术支持、学习支持以及学习评价与反馈。[②]不同学者对在线课程核心要素的划分不同，但是对在线课程核心要素的认识基本相同，都认为在线课程有六大核心要素，武法提以及黄荣怀和陈庚关于在线课程核心要素的划分较全面地包含了在线课程的各个环节，但是两者关于在线课程核心要素的划分也有细微差别。本书在武法提以及黄荣怀和陈庚对于在线课程核心要素划分的基础上，对在线课程核心要素进行重新划分，本书认为在线课程有以下五大核心要素：教学设计、学习资源、教学活动、学习支持、学习评价与反馈。

（一）教学设计

教学设计是对在线课程的教学目标、教学策略、教学内容、教学过程及评价等方面的设计，是决定在线课程质量的关键。教学设计的任务在于根据学习者的特点和需求、学习内容的实际情况，在教与学的理论指导下，发挥技术的优势，为在线课程服务。[③]教学设计中的教学内容是指为了实现教学目标，要求学习者系统学习的知识、技能和行为规范的总和。[④]教学策略是指在不同的教学条件下，为达到不同的教学目标所采用的方式、方法和媒体的总和。在在线课程中，我们要考虑采用什么样的教学策略，依据在线课程的需求以及实际因素选择与运用各种教学策略，如先行组织者教学策略、掌握学习教学策略、发现学习策略等。

（二）学习资源

学习资源是固化了的教学内容，是学习者学习的主要对象。在线课程中的

① 武法提 . 2007. 网络课程设计与开发 . 北京：高等教育出版社：7.
② 黄荣怀，陈庚 . 2010. 网络课程开发指南 . 北京：高等教育出版社：10.
③ 张进宝，李松，陈鹏 . 2010. 网络课程内涵及其建设的核心要素 . 现代远程教育研究，(1)：61-63.
④ 何克抗，郑永柏 . 2002. 教学系统设计 . 北京：北京师范大学出版社：10.

学习资源可以从狭义和广义两方面来理解：狭义的学习资源是指固化了的在线学习内容以及纸质教材、教学参考书等；广义的学习资源是指教师补充的在线学习内容、网上师生互动的内容、辅导答疑的内容，乃至可在网上获取的学习内容都是学习资源。学习资源对在线教学的开展非常关键，丰富、生动、活泼、形式多样、媒体表现形式恰当的资源不仅能够保证学习者学到知识，还能够激发学习者的学习动机和热情。

（三）教学活动

完整意义上的在线教学活动主要包括以下几部分：教学目标、教学任务、完成各个任务的操作步骤、学习资源、学习工具和支持服务、学习评价等。在当前的在线课程开发中，在线学习活动设计强调师生之间的交互活动和学生的自主学习活动，在线教学活动多种多样，包括课程导学活动、自主学习活动、协作学习活动、课程辅导活动、学习评价活动等，各式各样的在线教学活动可以激发学习者的学习自主性和积极性，从而提高在线学习的效果和效率。

（四）学习支持

为了支持学习者进行有效的自主学习，在线课程需要为学习者提供有针对性的学习支持，这些学习支持一般包括学习过程跟踪和记录、学习反馈、课后答疑、学习辅助工具等。学习支持可以为学习者提供帮助，给予学习者学习信心，使学习者克服学习困难，顺利完成在线课程的学习，实践表明学习支持在很大程度上决定了在线教学的成败。不同的在线课程在学习支持方面会有一定差异，因此在线课程开发应重视与学生自主学习有关的学习支持工具的设计，以便更有效地支持和帮助学生学习该课程，在线课程要能够从方方面面给学生支持，尤其是技术支持以及学习过程支持。

（五）学习评价与反馈

评价是教学中不可或缺的重要环节，在线课程的学习评价是指以学习目标为依据，运用一切有效的技术手段，对学习活动的过程和结果进行测定、衡量，并给予价值判断的过程。在线课程评价与其他课程的评价类似，可分为诊断性评价、形成性评价和总结性评价几种类型，形成性评价在教学过程中进行，总结性评价在教学结束后进行，总结性评价是对学生的学习效果及取得的成绩进行评定。

在线课程中常用的评价方式有考试、作业、在线评价以及档案袋评价。随着在线教学规模和范围的扩大，评价方式不仅仅限于教师对学习者的评价，现在更加注重学习者自身的评价以及同伴之间的评价。

第二节　在线课程的设计与开发的理论

一、在线课程的设计

在线课程设计是根据课程目标选择教学内容和学习资源、确定课程组织结构、计划课程实施的过程。在线课程设计要解决两类问题：一是要依据课程目标确定教学内容和学习资源；二是要依据课程目标进行教学设计，即课程的实施问题，包括教学策略的选择、教学活动的安排、学习资源的选择、学习支持的提供以及学习评价的确定。课程设计阶段的任务主要包括在线课程目标分析、在线课程内容的设计、在线课程中教学活动的设计、在线课程评价的设计、在线课程的艺术性设计。

（一）在线课程目标分析

在线课程目标是在线教育的培养目标在课程领域的具体体现，是对在线课程实施结果的一种预期。在线课程设计中采取什么样的课程目标取决于课程所要解决的具体问题，解决的问题不同，课程目标也不同，不同的课程目标体现了不同的要求。进行在线课程设计时要考虑课程的培养目标是什么，如果课程的重点是学生对基础知识和技能的掌握，那课程目标重点就放在基础知识与技能部分；如果课程要培养学生解决问题的能力，则课程目标就应该以培养学生解决问题的能力为主。在线课程的课程目标是由在线教育的培养目标转化来的，在线教育的培养目标规定了对培养对象的要求，首先要对在线教育的培养目标进行分析，然后确定在线课程目标。

（二）在线课程内容的设计

在线课程内容的设计包括课程教学内容的选择和教学内容的组织，课程内容是课程中特定的事实、观点、原理和问题，以及处理它们的方式。在线课程的目标一旦确定，就为在线课程教学内容的选择和组织提供了一个基本的方向，教师根据课程目标的不同，选择合适的教学内容。在线课程教学内容的组织是指根据学习者特点、学科结构、社会要求等对教学内容序列和教学结构做出的安排，课程内容的结构是指在线课程中各要素的组织方式。在组织在线课程的内容时，应注意以下方面的结合。

1. 纵深型内容组织与平面型内容组织相结合

在线课程中的内容节点组织按照知识的层次可以分为纵深型和平面型。纵深型内容组织方式是指和学习内容相连接的内容节点之间具有很强的因果关系，一个个知识节点将学习过程逐步深入。平面型内容组织方式是指和学习内容相连接的节点之间具有平行关系，各个部分之间没有很强的逻辑关系，各部分是独立的，各知识节点一般是侧面的辅助性或支持性知识。设计在线课程内容时要将纵深型组织方式和平面型组织方式相结合，这样才能构建有效的在线课程学习环境。

2. 直线式内容组织与螺旋式内容组织相结合

直线式内容组织就是把在线课程的内容按照逻辑上前后之间的关系线性组织起来，在线课程的内容前后基本上不重复，按照知识之间的线性关系由简单到复杂排列。螺旋式内容组织是指在教学的不同阶段使课程内容重复出现，但逐渐扩大课程内容的范围和加深课程内容的程度，使课程的教学内容呈螺旋式上升。在线课程内容的组织要将直线式和螺旋式相结合，直线式可以避免重复，螺旋式符合学生的认知特点，从而加深学生对课程内容的理解。

（三）在线课程中教学活动的设计

在线课程的设计不仅包括对教学内容、教学策略、学习资源、学习支持、学习评价的设计，还包括教学活动的设计，活动是教学与学习过程的基本单位，教与学的活动是为了实现课程目标而进行的师生操作的总和。教学和学习过程由一系列的教学活动或学习活动构成，在线课程中的教学与学习活动在教学内容、学习资源、教学策略、学习支持和学习评价等在线课程要素构成的学习环境中展开。在在线课程的课程设计阶段，设计者要对在线课程实施中的教学活动做出计划，以便为后续教学支持活动的展开而进行学习环境的设计。在线课程有不同的应用模式，既可以用于在线教学，也可以用于混合式教学。由于在线课程的应用模式不同，在线课程中教与学活动的计划也不同：在自主学习模式的在线课程中，主要设计学习者的自主学习活动；在混合式教学模式中，既要设计学习者的学习活动，又要设计教师的教学活动。

（四）在线课程评价的设计

在线课程评价方式大多采用总结性评价，即以学期结束时的一次考试作为学生学习的评价，以相关的问卷调查作为对教学效果评价的主要依据。严格来说，评价的主要目的是不断地给评价的客体——学生以指导意见，帮助他们达到最终期望的目标。在线课程的评价应是形成性评价与总结性评价的结合[①]，不仅要对学习结果评价，还要对学习过程进行评价。对学生的评价包括学生的在线交互程度、学习情况等，通过平台记录的学习情况以及作业、测验等方式对学生在线学习过程进行评价，评价要全方位、多方面地反映学生的学习情况，保证评价客观公正。对在线教学过程的评价主要包括师生交互程度、作业与答疑情况、教学活动的组织、学习材料的提供和学生的测试情况等。

（五）在线课程的艺术设计

在线课程设计要注意艺术性，不仅要对课程内容、教学活动、教学评价等进行设计，还应采用恰当的艺术形式表现教学内容，注意课程的美观性，吸引学生，激发学生的学习兴趣，从而在教学中产生良好教学效果。在线课程设计体现一定的艺术性是保证在线教学取得良好教学效果的关键，为加强在线课程的艺术效果，设计在线课程要注意以下几点。

1. 界面美观大方，导航明确清晰

在线课程的课程界面是在线课程与使用者交互的窗口，课程界面应该美观

① 孙万银，杨改学. 2006. 网络课程设计与开发的基本思想. 开放教育研究，（6）：57-61.

大方，课程界面上的按钮、导航、说明要规范，不能有多余的分散学生注意力的信息。在设计和开发在线课程时，课程导航设计应该明确清晰。课程导航界面主要用于引导学生选择学习内容，快速找到课程内容，导航结构一般是网状和树状结构，通常有导航菜单、导航条、书签、检索表等。设计课程导航时应该以课程需要、课程内容、学生的学习特点以及界面整体布局为根据。

2. 媒体素材选用合适，表现形式多样

教师在设计在线课程时，应根据课程特点及学习者特点来设计各种媒体素材的使用，根据教学内容的不同而采用不同的媒体表现形式。比如，讲解原理知识时采用文字加动画的方式，讲解计算类和操作性的知识时采用录制屏幕视频和声音的方式。在线课程中媒体素材的选择和设计的重点是做好文字、声音、视频、动画等素材的设计，如文字内容要简洁、突出重点、有针对性，文字和背景的颜色设计要合理，在线课程中声音的运用要合理，声音不能忽高忽低，适时地加入一些轻缓的音乐，以更好地营造学习氛围，吸引学生的注意力，激发学习兴趣。动画和视频的设计要符合学习者的认知特点，动画和视频主要是用来教学的，因此要注重动画和视频教学性的设计。

二、在线课程的开发

（一）在线课程开发原则

近年来，在线教育在全世界范围内迅速兴起，以MOOC的兴起为标志的在线教育吸引了全世界人们的关注。[①]在线课程的设计和开发对在线教育的开展具有重要作用，在线课程为人们随时获取新知识提供了便利和强有力的支持，在线课程的开发越来越受到重视。为了开发高质量的在线课程，开发人员必须遵循以下几条在线课程的开发原则。

1. 整体性原则

在线课程的开发是一个复杂规划的过程，不仅包括教学内容的选择，还包括技术的整合。因此，在线课程需要一个有明确目的的团队负责整个课程的规划和开发，在这个团队中，每个人都有自己的职责和任务，有专门负责课程设

① 吴南中. 2016. 在线学习培育的顶层设计与推进机制研究. 电化教育研究，(1)：45-50.

计的，也有专门负责课程开发的，设计人员和开发人员之间需要经常进行交流，以保证开发的课程各部分内容之间是统一协调的。总之，开发在线课程要遵循整体性原则。

2. 教学性原则

开发在线课程要遵循教学性原则，注重教学目标、教学对象及教学内容的分析。开发在线课程的目的是使参加在线课程的学习者从课程中学到新的知识，开发在线课程的首要目的是用于教学，因此在整个课程开发过程中，注重在线课程的教学性设计异常重要。开发在线课程时应充分发挥在线教学的优势，改变传统教学中单纯以文字为载体传授知识的教学方式，代之以集合音频、视频、动画等多种形式为一体的全新资源呈现形式，设计多元化交互方式。

3. 主体性原则

在线课程的开发要体现以学习者为中心的建构主义教学思想，在开发和处理教学内容时注重学习情境创设，注重信息资源设计，强调利用各种信息资源来支持学生的学习。在线课程的内容开发应和社会上的现实问题相结合，并为学习者提供相关材料，让学生主动去探究并解决问题，充分发挥学生学习的主体性。在线课程结构开发要从学生角度出发，结构要符合学生的认知心理和学习规律，便于学习者从整体上把握课程的系统结构。学生通过在线课程，不仅要学习有关的课程知识，更要学习如何运用学到的知识解决实际问题，因此在在线课程内容、教学活动、自主学习和教学环境开发上要重视学生的主体性和个性发展，注重培养学生分析问题、解决问题的能力。

4. 技术性原则

在在线课程的开发过程中，由于不同的素材文字、图像、音频、视频等有不同的格式，这些素材所占的存储空间非常大，而网络的带宽和传输速率是有限的，因此在线课程开发人员一定要考虑技术性因素对课程开发的影响，在条件允许的情况下，要对课程中所用到的图像、音频和视频等进行处理，使课程能够在现有条件下流畅地运行。在课程开发过程中，技术人员要考虑网络带宽和数据压缩这两个问题，要考虑在现有技术条件下是否能够达到课程所要求的带宽和传输速率，并且与实际情况相结合进行在线课程开发。

5. 媒体与内容有效结合原则

多媒体信息的呈现形式主要包括文本、图像、视频、音频、动画等。课程开发者要在分析各类媒体特性的基础上，根据学习者特征、课程内容和课程目标，选择一种或多种媒体形式组合呈现课程资源。选择适当的媒体形式组合呈现课程内容，有利于学习者对知识进行建构。文字和图像媒体形式组合来呈现课程内容比只用文字形式呈现课程内容更能有效地促进学习者的学习。[①]因此，设计优质的在线课程，应基于所要呈现的课程内容，选择适当的多种媒体形式组合呈现课程内容，实现媒体与内容的有效结合。

（二）在线课程开发流程

不同的在线课程有着不同的开发流程。开发一门高质量的在线课程，需要一个完善的开发流程，来保障开发团队的紧密合作和开发工作的高效开展。美国科罗拉多州立大学的 Puzziferro 和 Shelton 在系统地整合学习理论的基础上，提出了一个高质量在线课程的开发流程，该开发流程持续十四周，主要有以下几个阶段。[②]

第一阶段是计划阶段（第一周到第二周）。在开始开发工作之前，要召开初步会议，由专家提出并签订开发合约。该合约要确定专家和课程开发团队按照十四周的时间来开发在线课程以及同时确定课程的收费信息。该合约是很重要的，因为它还要定义机构政策和开发过程中的知识产权问题，确定每次会议的日期，讨论课程开发可用的资源，如支持学习对象的图像设计、开发和版权，然后核心团队（课程教学技术专家、技术人员和版权图书管理员）介绍课程开发人员和他们负责的任务。在这个开发模型中，开发过程主要是由课程教学技术专家和技术人员完成，每个人都需要有效地执行他们的角色。在第二周，真正的工作开始了，首先要开始讨论概念、图像设计和课程计划。在了解学习目标之后，专家将讨论与内容开发相关的问题，如在线实验室作业。课程开发团队将检查必要的修改，然后审查评估策略。

第二阶段是课程开发过程（第三周到第十一周）。课程开发团队应该创建第

① 王卫军，杨薇薇，邓茜，等 . 2016. 在线课程设计的原则与理念思考 . 现代远距离教育，（5）：54-60.

② Puzziferro M, Shelton K. 2008. A model for developing high-quality online courses: Integrating a systems approach with learning theory. Journal of Asynchronous Learning Networks, (12): 119-136.

一个开发原型装置，包括图像占位符、交互、学习游戏、互动媒体对象等。此原型应该检查学习模式，在这种情况下，整个团队要使导航、外观的设计与连接单元的学习目标达成一致。之后要收集专家对 50% 的课程内容的反馈，课程开发团队再根据反馈进行相应修改。

第三阶段是测试 / 调整阶段（第十二周和第十三周）。这一阶段主要是设置课程模块以及校对、测试和修改导航、在线学习活动等，最后进行校对、编辑工作以及所有超链接和附件的检查与测试工作。

第四阶段是课程审核阶段（第十四周）。最后一周的课程开发阶段是要经过课程教学技术专家以及技术人员的最终审核，版权图书管理员也应该检查所有的版权，然后把最终的在线课程提交给该机构的学术课程委员会进行最终批准。

我们上面介绍的是在线课程开发的总体流程，但是在线课程的开发还有具体的环节和步骤，在线课程开发的基本过程包括编制在线教学大纲、确定在线教学内容、总体设计与原型实现、脚本编写与素材集成、在线教学环境设计、在线教学活动设计和评价与修改等。在线课程开发的基本过程如图 3-1 所示。

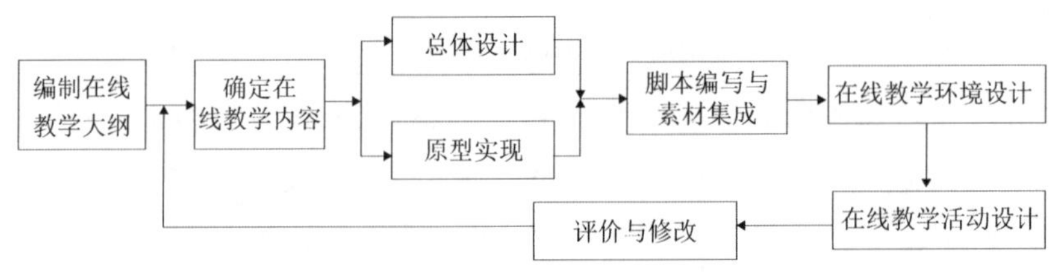

图 3-1　在线课程开发过程

1. 编制在线教学大纲

在线课程的开发应该有相应的教学大纲，教学大纲是教学和学习活动开展的指导纲领。教学大纲规定了在线课程的教学内容，同时指出了该在线课程教学内容的重点及与其他在线课程的关系。在线课程教学大纲一般放置在课程的首页，使学习者可以清楚地知道该课程的教学重点，能够指引学习者的学习。

编制在线教学大纲应注意科学性、系统性、整体性，教学大纲要由本领域专家评定和审定，以保证教学大纲的准确性和有效性。在线课程的教学内容与传统教学是不同的，因此，在编写在线教学大纲时，对课程教学内容的描述应该按照在线课程内容的结构特征，利用概念图、思维导图等画出课程内容结构以及各知识点之间的联系，让学习者可以直观形象地了解课程内容。

2. 确定在线教学内容

在线课程内容设计是在线课程建设的主体，确定了学习者要学习的课程内容以及内容的组织方式，课程内容设计是将课程内容按照在线教学的需要和在线课程的教学目标进行分解和重构，使课程教学内容更适合用在线教学这种教学方式表达。确立教学重难点是在线课程内容设计中的关键，要根据学习者的认知特点和规律来划分教学重点。课程内容中知识点的划分是在线课程功能模块设计的主要依据。知识分解就是将知识按照知识类型分解开来，再用不同的媒体表现手段加以呈现，知识分解要依据知识形成的基本规律进行。对课程内容的知识点进行分解以后，要根据知识点的不同性质进行认知功能设计和媒体的优化组合，开发与知识内容相适应的教学资源。

3. 总体设计与原型实现

总体设计是在线课程开发过程中最重要的一环，它是形成在线课程总体设计思路的过程，也决定了后面课程开发的各个方面。在线课程设计过程要遵循在线教学设计的相关原则：注重教学目标及教学内容分析，设计教学活动时注意情境创设，强调以学生为中心，注重自主学习设计。在总体设计后，可以先选择一个相对完整的教学单元，设计出一个教学单元的原型，通过原型设计，确定在线课程的总体风格、界面、导航等内容，为后面在线课程的开发提供参考。原型形成后征求用户意见，并根据征求意见进行修改，优化原型，减少后续开发过程中修订的工作量。

4. 脚本编写与素材集成

脚本也称故事板或描述板，它描述了学生将要在计算机上看到的细节。脚本是课程设计人员与技术开发人员沟通的桥梁，脚本是对每个教学单元的内容与各单元内容之间的关系进行描述并写出的设计文本。在线课程的脚本编写要充分考虑原型设计阶段所确定的内容，原型在课程设计中占有非常重要的地位，它既是设计阶段的总结，又是开发和实施阶段的依据。

素材集成包含了文字素材、图像素材、音频素材和视频素材等类型。文字素材是在线课程最重要的媒体之一，文字素材内容主要有教学设计、学习目标、教学内容、课时安排和学习方法说明等。图像素材主要用来辅助展示课程内容，如思维导图、结构图等。音频素材一般不常用，可根据教学特点和教学需要适当选用。视频素材主要包括教学视频、课堂实录等，视频是在线课程中非常重要的一部分，学生通过观看教学视频来学习。经过总体设计之后，在线课程已经形成明确的结构和描述，课程开发人员就可以根据脚本，参考开发出的软件原型，利用开发工具集成课程内容，从而形成在线课程。

5. 在线教学环境设计

在线课程的教学环境包括与在线课程教学直接相关的物理环境、技术环境和情感环境，在线教学平台、在线学习支持服务、学习氛围、师生以及同伴之间的交流共同构成了在线教学环境。在线课程开发人员要对在线教学环境进行设计，构建良好的在线教学环境，营造和谐友好的学习氛围，以满足学生的学习需求。

6. 在线教学活动设计

在线教学活动设计是在线课程开发过程中的核心内容，在一门完整的在线课程中，应根据课程内容设计和安排教学活动。在线教学活动设计的过程一般是基于以活动为中心的教学设计思路进行的，我国学者杨开城提出了以学习活动为中心的教学设计的基本框架，认为教学系统是一个学习活动的序列，是一个师生有组织共同活动的序列，同时他将学习活动主要成分分解为学习目标、活动任务、学习方式、师生操作步骤、交互形式和群体组织方式、学习成果形式、活动监管、学习评价。[①]教师根据在线课程内容设计合适的在线教学活动，组织学生开展在线教学活动，激发学习兴趣，提高学习效率。除此以外，还有基于成效教学理论、认知负荷理论等理论的在线教学活动设计研究。

7. 评价与修改

在线课程开发过程中的评价是指形成性评价和总结性评价。形成性评价是在课程开发的过程中进行的评价，形成性评价为改善和提高在线课程质量提供依据，它的目的在于发现在线课程中的问题并改进课程的设计，使之更加符合教学或学习的需要，进而提高在线教学效果。对课程进行形成性评价的人可以

① 杨开城．2005．以学习活动为中心的教学设计理论——教学设计理论新探索．北京：电子工业出版社．

是教师、学生、在线教学设计者和在线课程开发者等。总结性评价是在课程开发结束以后进行的评价，其目的是对课程的整体性能和效果做出合理的描述和判断，评定在线课程的有效性和价值，总结课程开发经验，为课程改进提供建议。为了保证公平性，评价工作应该由开发团队以外的人员来进行，包括利用此课程进行教学的教师和利用此课程进行学习的学生。开发团队根据评价结果改进和修改在线课程开发过程。

（三）在线课程开发和管理平台

1. 学习活动管理系统

学习活动管理系统（learning activity management system，LAMS）主要用于为学习者设计学习活动序列，这里的学习活动序列设计是以教师的教学服务为出发点，更多地考虑教师利用平台和工具方便地为不同的学习者设计不同的学习序列。[①] LAMS 是一种设计、管理和发布在线协作式学习活动的工具，利用 LAMS 直观的可视化学习活动设计环境，教师可以围绕在线课程教学内容创建一系列学习活动或者小组协作活动，这些活动可以是个人作业、小组协作任务或者讨论问题等。

LAMS 具有以下特点：① LAMS 提供包含活动工具的环境用来设计学习活动序列，提供的活动工具有聊天工具、讨论工具、测试题、公告栏、作业提交工具等。② LAMS 是一个开放源代码的系统，开放源代码使系统能够方便与其他 LAMS 融合，方便更多的人使用它，开放源代码本身也可以促进 LAMS 的发展，使系统更加容易维护、更加安全。LAMS 实现了对学习活动序列的设计，为教师提供了可行性在线学习活动序列的设计框架，为在线教学设计的个性化发展提供了方向，也为实现学生的个性化学习提供了方向。

2. Moodle 课程管理系统

Moodle 是一个开源的课程管理系统，也被称为学习管理系统或虚拟学习环境。Moodle 是目前最流行的课程管理系统之一，由于它是一个开源、免费的应用软件，并且 Moodle 平台具有很好的兼容性和易用性，教育理念先进、开放，使得全世界的教师和爱好者都可以参与到系统的设计开发中，所以其功能越来

① 吴军其，杨志峰 . 2007. 基于 LAMS 的学习活动设计 . 中国电化教育，(4)：104-107.

越强大，得到了国际广泛的认可和应用。①

Moodle 平台是基于建构主义教学理论设计开发、开放源代码的课程管理系统，是用来创建和设计在线课程的优秀平台。Moodle 为教师提供了一个在线课程的开发平台，使在线课程的设计开发工作变得越来越容易。Moodle 在线教学模块采用可自由组合的动态模块化设计，教师和课程设计者可以根据自己的需要自由创建和添加课程模块，主要的模块有课程管理模块、作业模块、论坛模块、测试模块和资源模块等，教师不需要掌握复杂的技术，只需要熟悉 Moodle 中提供的模块功能，就可以自由地设计自己的在线课程。Moodle 平台界面简单、精巧，学生在平台上的在线活动能够被详细记录与呈现，可以根据需要随时调整界面，增减内容。课程列表显示了服务器上每门课程的描述，包括是否允许访问者使用，访问者可以对课程进行分类和搜索，按自己的需要学习课程。

3. Blackboard 在线课程管理平台

Blackboard 是美国 Blackboard 公司开发的在线课程管理平台，它是以课程为中心集成的在线教学环境。教师可以在平台上开设在线课程，学生可以自主选择要学习的课程并进行课程内容的学习。不同学生之间以及教师和学生之间可以根据教、学的需要进行讨论、交流。该平台可以使教师有效地管理课程、发布课程内容、上传教学资源、发布任务、布置作业和组织小组协作交流等，学生可以在平台上随时随地自主学习课程内容。学生登录 Blackboard 平台后，可以看到自己所注册的课程，这些课程下面有公告栏、课程内容、学习资源、讨论区、博客及各种辅助工具等。教师和学生可以利用平台上的各种功能进行交流，学生课下登录平台学习课程内容，在讨论区发表观点、回答问题，教师可以将教学资源放到平台上，供学生随时观看、随时学习，师生可以根据教与学的需要围绕课程内容进行辅导答疑和交流讨论，加强师生间的互动，可以形成一个很好的网络学习环境。Blackboard 的界面直观，工具简单易用，对技术人员依赖程度低，适合大规模用户使用。

---

① 汪基德，张莉 . 2009. Moodle 国内研究新进展 . 远程教育杂志，（5）：15-18.

第三节 在线课程实践

一、视频公开课

（一）视频公开课的含义

“公开课”一词由来已久，是指一种有组织、有计划、有目的地面向特定人群所开设的公开讲授课程的活动。①在视频公开课的活动中，学生可以通过视频听讲，此外，一些领导及其他教师也会参与到视频观看学习的行列中，视频公开课往往有着明确的主题和任务，为优秀教师展示教学能力及同行间交流教学经验提供了难得的机会。之前，由于技术设备的局限，很多优秀教师的授课过程只能供课堂上的学生专享，无法长久地保存下来，造成了优质教学资源的流失。而各种摄录机器的出现促使许多优秀的教学公开课能够长期存储，这些可存储的视频进一步丰富了学校的教学资源。同时，随着现代网络技术的发展及开放教育运动的展开，实现教育资源通过网络可以共享，促进教学交流，视频公开课由此逐步兴起。

视频公开课的出现是对现有的网络教育形式的补充，教育部在《教育部关于国家精品开放课程建设的实施意见》中是这样来界定视频公开课的：“精品视频公开课是以高校学生为服务主体，同时面向社会公众免费开放的科学、文化素质教育网络视频课程与学术讲座。”②

从狭义上来讲，视频公开课可以作为教育教学中的辅助性工具，因此可以看作是一种视频教学资源。但通常来讲，在上课过程中讲解知识的视频，不能被称为视频公开课，它们只是片段性的视频。而对于视频公开课而言，学习者可以通过上传至网络平台的视频课程独立自主地进行学习并完成这门课程所布置的学习任务。视频公开课是涵盖了系统性教学内容的一门完整课程，教师的教学过程被录制、剪辑和制作后发布到网络上，就称为视频公开课。视频公开课的建设需要专业的团队合作完成，应包括相应的课程专家、教学设计师以及

① 聂计谋．2013. 视频公开课著作权问题探析．广西师范大学硕士学位论文．

② 教育部．2011. 教育部关于国家精品开放课程建设的实施意见．http: //old. moe. gov. cn/publicfiles/business/htmlfiles/moe/s3843/201111/xxgk_126346. html[2018-05-22].

电视媒体团队。传统的公开课主要是指在教室中进行的示范类的讲授，而视频公开课主要通过视频的形式进行知识的传播，有利于体现个性化的学习及培养学习者的自主学习意识。

（二）视频公开课的发展历程

开放教育资源的发展由来已久，而视频公开课就是它在一定时期衍生出来的产物。早期开放教育资源的表现形式较为单一且资源呈现形式静态化，随着网络技术的不断发展，开放教育资源以全新的姿态呈现在人们面前，如丰富多样的表现形式、动态交互的资源系统等。视频公开课就是其新形式之一，并且随着时间的推移逐渐进入人们的生活中，为学习者提供较强的学习体验，这是它在各种开放教育资源中脱颖而出的重要原因。①

1. 国外视频公开课的发展历程

国外的视频公开课出现较早，在范围上属于开放课程的一部分，随着知识共享理念为人熟知，视频公开课的建设开始起步。麻省理工学院于 2001 年最先启动的开放课程项目（open course ware，OCW），使得开放教育资源得以展示于世人。麻省理工学院的开放课程项目主要是将该校的课程放在网上，让所有用户通过网络能够免费学习，实现资源的共享。随着这一开放课程项目影响力的不断扩大，它受到越来越多名校的关注，耶鲁大学、斯坦福大学等陆续参与到开设视频公开课的行列中。

其实，在国外最初的视频公开课的建设中，各个大学只是负责自己学校的课程任务，并不会主动向其他学校表露合作意向，这样不利于资源的整合。学习者为找到自己所需的课程，通常需要分别访问各个大学的网站进行检索，信息的繁杂多样增加了学习者的信息辨认负担，随之而来的就是教学资源得不到较好的利用。因此，开放课程联盟应运而生。比如，2005 年，在日本，包括东京大学在内的共 6 所大学成立了日本开放课程联盟，该联盟成立的目的是通过联盟成员合作，公开教学资源，推动开放课程运动。2007 年，苹果公司推出 iTunes U 应用，该应用集合了各个国家大量的开放课程资源，包括世界顶尖大学的开放课程项目，譬如耶鲁大学、麻省理工学院、斯坦福大学、牛津大学等，

① 俞树煜，朱欢乐 . 2013. 从开放课件到视频公开课：开放教育资源的发展及研究综述 . 电化教育研究，(5)：55-61.

这为众多学习者提供了便捷的检索方式，有利于寻找与下载自己需要的开放教育资源。[①]2008年，国际开放课件联盟（OCWC）成立，它涉及众多地区，包括欧美地区名校，如耶鲁大学、哈佛大学、牛津大学等，以及亚洲、非洲、南美洲等地区的全世界250多所学校或机构组成的联盟组织，它们免费公开自己的教学资源，提供了超过20种语言环境的14 000门课。[②]随着网络技术的不断发展，视频公开课已成为开放课程资源中必不可少的一部分，也被越来越多的学习者所受用。开放课程联盟的建立不仅增强了高校间的友好交流，还促进了优质教学资源的共享。随着网络、通信等新技术的不断发展，开放课程资源中视频公开课的作用越来越重要。

2. 国外视频公开课在国内的发展

在中国，一开始只是有部分高校对国外视频公开课有所关注，而其他领域关注的人较少，这种现象主要是由语言障碍及网络通信等因素的制约造成的。网络用户对此类课程关注的最初目的主要是学习英语和练习听力。随着时间的推移及网络技术的迅速发展，国外视频公开课逐步受到国内人们的关注，资源分享网站与民间字幕组进行合作，将国外的相关视频公开课进行翻译、添加字幕，并发布在国内网络平台上，这不仅解决了语言限制问题，还为广大学习者构建了更加便捷的学习环境，大学生中掀起了一股“淘课”热潮。

2003年，由中国各会员大学以及各级教育组织共同创建的“中国开放教育资源联合体”（China Open Resources for Education，CORE）成立，成为把国外开放教育资源及理念引进我国的领跑者。[③]

2004年，国内一些关注该领域的人开始陆续地引进一些国外视频公开课程资源。比如，台湾游戏爱好者朱学恒得知麻省理工学院的开放课程计划的消息后感到很兴奋，因此，在2004年他开始进行开放课程资源的翻译工作。优质资源越来越多，由于工作量加大，翻译工作越来越难，众多的翻译义工开始加入到他的翻译工作中，最终形成了具有2700多人的庞大的翻译团队。朱学恒的这些举动最终获得了麻省理工学院的认可，并允许他承担相关教学资源的翻译工作。当时的网络技术还不成熟，开放课程资源主要是文字性的资料，随着时间

① 陈耀华，陈琳. 2013. 中外视频公开课对比分析与优化发展研究. 中国电化教育，(7)：80-85.
② 王贵真. 2014. 理论与实验混合型视频公开课的设计与实现. 湖南大学硕士学位论文：12-14.
③ 张金萍. 2015. 国内外历史类视频公开课比较研究. 河南大学硕士学位论文：13-16.

的推移与技术的发展，西方最先出现了视频公开课，朱学恒的团队对这批视频公开课进行了翻译。

2010 年之后，国内众多字幕组团队、机构以及组织等开始为国外视频公开课添加中文字幕，学习者不用再担心语言成为学习的障碍。此外，网易、新浪、搜狐等国内著名的门户网站的鼎力推出，使得这些优质的网络教学视频瞬间走红于网络，受到广大学习者的青睐。①

2010 年 11 月，网易全力推出“全球名校视频公开课项目”，首批课程集结了众多名校（耶鲁大学、哈佛大学、牛津大学、剑桥大学等），1200 集课程可供用户在线免费观看，视频公开课的内容涵盖人文科学、社会科学、自然科学等各个领域，国外视频公开课全面进入中国市场。②网易公开课中世界名校优质资源的推送，不仅丰富了我国的开放教育资源，而且使得学习者的学习内容更加多样。目前，众多互联网公司都加入到开展视频公开课的行列，如新浪、搜狐和腾讯等平台紧随网易之后推出了相关网站。在国内这些相关字幕组团队、专业网站、机构、组织等群体的共同努力下，语言限制已逐步消除，方便了学习者对国外视频公开课的学习，也为中国自己开发视频公开课提供了参考。

3. 国内视频公开课的发展历程

我国视频公开课的发展随着 2003 年教育部精品课程建设工程的启动而开始，它提供了几千多门精品课程供学习者学习。教育部将国家精品课程定义为“具有一流教师队伍、一流教学内容、一流教学方法、一流教材、一流教学管理等特点的示范性课程”③，该课程的目标对象为在校大学生，旨在提高我国高校的教学质量和人才培养质量。经过多年的建设，到 2010 年，该项目共建成与共享了 3693 门精品课程，内容涵盖了工学、文学、理学、法学、医学、农学、哲学等 13 个学科门类。

在此之后，为改变资源落后的现状，国家展开了进一步的行动。教育部于 2011 年 6 月 13 日颁布了《关于启动 2011 年精品视频公开课建设工作的通知》，该通知对精品视频公开课的建设目标、定位、要求以及运行机制等方面作了详

① 俞树煜，朱欢乐 . 2013. 从开放课件到视频公开课：开放教育资源的发展及研究综述 . 电化教育研究，（5）：55-61.

② 张金萍 . 2015. 国内外历史类视频公开课比较研究 . 河南大学硕士学位论文：12-14.

③ 教育部 . 2013. 关于国家精品课程的咨询 . http: //www. moe. gov. cn/jyb_hygq/hygq_zczx/moe_1346/moe_1354/201312/t20131227_161384. html[2018-01-29]

细的说明并公布了遴选出的103个精品公开课程的选题。2011年7月，教育部建立了爱课程网，该网站包括了众多高校的视频公开课。2011年10月，《教育部关于国家精品开放课程建设的实施意见》中确定了“十二五”期间建设1000门精品视频公开课的发展目标。首批20门中国大学视频公开课于2011年11月8日通过爱课程网和其合作网站中国网络电视台、网易同步向社会公众免费开放，第二批23门课程于2012年1月5日正式上线，第三批17门课程于2012年5月7日发布。这些课程都受到了广大学习者的欢迎，取得了较好的成效，引起了社会的进一步关注。2016年2月，经过一系列的申报和审读等流程，教育部办公厅公布了211门课程作为第八批精品视频公开课。中国大学视频公开课背后蕴含着政府、高校和专家的付出与心血，它是随着时代进步而提出的一种新型在线课程，为全社会提供了免费开放的教育资源，它的出现对发挥高校的积极性与创造性、提高学习者的学习兴趣、满足学习者的学习需求有着重要的作用，这些文件与措施都表明了国家对教育的看重及对教育信息化的践行，进一步提升了高校的教学影响力，促进了广大公民进行终身学习。

目前，中国大学视频公开课不仅在爱课程网、中国网络电视台等官方网站同步上线，而且中国四大门户网站中的网易、新浪也开设了视频公开课专区。观看网络视频公开课拓展了高校学生的知识视野，丰富了学生的学习方式，也为已工作的社会人员提供了便捷的学习途径，他们同样可以通过大学视频公开课接受继续教育，进行个性化学习，满足学习需要，提升文化素养，完善专业技能。

（三）视频公开课的特征

1. 打破时空局限性

只要有互联网，学习者就可以通过终端设备观看课程视频，学习者不再局限于在特定的学习空间获取知识，与传统课堂相比省时又省力。视频公开课的在线开放特性让优质的教学资源跨越地理障碍，拉近了学习者与顶尖名校的距离，满足了学习者的学习需求。

2. 课程讲授的真实性

视频公开课不是在仅有教师的录影棚里进行录制，而是在真实的、具有师生互动的教学环境里拍摄。教师在真实的课堂授课，面对真实的学生，随时应对真实的教学问题，因此视频公开课完全真实地记录了现场授课。

3. 精心准备的设计

在视频公开课录制前，教师会根据学生情况、教学内容和媒体资源等进行教学设计，以适应或者满足视频公开课群体的需要。在教师的精心设计组织下完成的视频公开课，无论是课堂讨论还是教师讲授，都更有利于学习者将知识更好地内化。

4. 视频资源的媒介性

视频公开课的课程资源以视频为主，一般一门课程由几讲组成，每一讲一般 30 分钟左右，学习者可以通过计算机或手机客户端来观看视频学习课程，其他辅助资料较少。

（四）视频公开课的设计与开发

常见的教学视频中通常存在一些普遍存在的问题。譬如，教学视频中的内容呈现画面比较单调，基本是一位授课教师在画面中间或右侧部分进行讲解，缺乏灵活的角度安排；教师不修边幅，形象古板，与传统课堂的授课基本类似，缺乏趣味性与感染力，难以激发学习者的学习动机。为了避免以上相关问题再次出现，根据教育部制定的《精品视频公开课拍摄制作技术标准（2013）》，学者设计出了一套较为完整的视频公开课制作开发工序。[①]

1. 设计开发方案

视频公开课设计与开发是一项系统工程，需要由专业团队来合力完成，团队成员主要包括授课教师、学生和制作人员。在进行视频录制之前，制作人员要与授课教师进行充分的交流，熟悉整个教学流程，根据了解到的教学目标、内容和方法等去辅助教师设计与开发多媒体课件，然后进一步设计和确定方案。

（1）录制场地的选择

在视频公开课教学过程中，较为合适的录制场地是配有专业的视音频设备及教学设备的多媒体教室。此外，录制场地还要具备以下条件：光线充足、环境

① 阳有明 . 2014. 精品视频公开课的制作与研究 . 轻工科技，（3）：157-158.

安静和整洁；配有高亮度、高分辨率的投影仪；避免出现与课程无关的标志、广告等内容，以免分散学生的注意力。

（2）广播级摄录设备

为了保证录制视频的高质量，一般情况下教师需要选用广播级专业摄录设备，包络高清摄录机、高清切换台，全高清数字信号记录课堂实况。

（3）授课教师的要求

授课教师要有较高水平的专业素养与教学能力，要认真负责地完成教学任务，而且要讲授熟练、连贯，同时教学要符合课改精神，践行新课程理念，不滥用媒体技术手段。此外，每次课程的开展需要控制在30~50分钟。授课教师要着装整洁、仪容端庄，保持优美的教姿教态，讲课过程中要使用标准的普通话。呈现在视频中的多媒体课件内容要避免“课本搬家”，需要进行精细挑选与加工，符合教学内容，便于学生理解。授课过程主要是采用传统教学与多媒体教学相结合的方式，不能只看重教学课件，也要根据学科知识传授的需要进行板书的书写，不断优化教学过程。

（4）机位布置

机位布置对后期视频画面是否丰富合理及剪辑过程是否流畅有很大的影响。因此，机位布置是视频公开课拍摄前的重要准备工作。主机位一般架设于教室后方中部，拍摄教师授课、投影银幕显示、教室的全景，副机位架设于主机位左侧45°拍摄授课教师近景，游动机位负责拍摄学生交互画面。

2. 拍摄

（1）景别的运用

景别可具体划分为全景、中景、近景、特写四种。视频公开课开头和结尾处镜头以全景为主，用于介绍或展示教学全貌，如课堂空间情况、教师与学生所处位置等。[①] 视频公开课中间以中景和近景为主，主要对教师在讲授重点内容时的板书或者实验操作等细节进行记录，也可以为教师与学生互动场面安排近景。中景主要以动作性的细节来呈现人物的形象，表达人物间的感情交流和相互关系，如用中景来表现教师与学生的互动过程时，就可以采用过肩拍摄的

① 阳有明．2014．精品视频公开课的制作与研究．轻工科技，（3）：157-158.

方法，可以将教师的背影虚化，实拍学生回答问题的过程，根据互动内容画面也可以进行调转。近景的拍摄则更注重细节特征，表现人物的微表情，刻画人物的心理活动和面部表情等。特写是拍摄对象或主体的某一局部充满画面，对人物心理活动和情绪的表现有较好的作用，用于强调重要的部分，加深观看者的记忆。

（2）运动镜头拍摄

运动镜头拍摄方式有推摄、拉摄、摇摄、移摄、跟摄和升降拍摄，运动镜头能增强画面的活力和美感，使画面达到较好的视觉效果。①镜头的合理运用能够保证画面的流畅感及场景切换的顺利进行。因此，教学视频的录制就要根据课程内容的讲解来安排镜头，保证能够直观清楚地为观看者呈现要传达的内容。推拉摄是指被摄体位置不变，摄像机通过改变焦距或前后运动改变被摄体在画面中的远近、大小。推摄是使画面的取景范围由大变小，逐渐向被摄体靠近的一种拍摄方法；拉摄与之相反，是使画面取景范围由小变大，逐渐远离被摄体的一种拍摄方法。当教师进行言语性讲解或者要给某一知识点的板书进行特写时，可以采用推摄，以进一步引起观看者的注意，突出主题、强调重点内容。当需要对整个教学过程进行全貌展示或者要呈现师生整体画面时，可以采用拉摄，以扩宽视野。在推拉摄使用的过程中，要注意操作迅速、准确、均匀，为后期视频的编辑提供便利。摇摄是指拍摄时将摄像机固定在三脚架上，然后借助三脚架的云台转动镜头的方向。摇摄的方向上下、左右均可，甚至可以进行旋转摇或斜向摇。在视频公开课录制中，摇摄的方式主要是摇跟，当教师的讲解位置发生变化时，可以摇动镜头，以拍摄完整的教学动作。摇摄对稳定性的要求较高，动作要匀速，与被拍摄教师的运动速度保持一致，这样才能保证观看者的良好视觉体验。

3. 视频后期编辑

视频后期编辑的主要流程包括：对拍摄好的视频素材进行挑选、确定视频素材并进行画面组接、利用相关软件编辑制作完成视频公开课。后期编辑时必须保证视频的系统性、流畅性、简明性及艺术性。视频公开课的后期编辑工作主要就是筛选、删除无关内容、添加素材补充课程内容、穿插视音频素材等。

① 王贵真 . 2014. 理论与实验混合型视频公开课的设计与实现 . 湖南大学硕士学位论文：38-50.

其中，补充添加的内容一定要与教学情境、教学内容相符，以达到深化主题、时间压缩的要求，镜头的组接要符合电视节目制作的镜头组接的原则和方法。

（1）镜头选择与组接

视频公开课是以镜头为单位，进行拼合组接才形成的完整作品。为了主题内容的精确呈现，制作人员需要对拍摄后的镜头进行细致的挑选，并按照镜头组接原则连接起来，最终将精华镜头压缩在30~50分钟。

挑选镜头时要删除的片段主要包括：①讲解错误、操作失误或画面表现不明显的部分；②不宜在公开课中传播的内容；③不符合教学目标、教学内容的片段；④停顿时间过长或多余部分。镜头组接的基本原则是：现实的规律性与逻辑的合理性，要保证镜头顺序符合实际的逻辑思维，符合事物运动的本质及人们认识事物的客观规律；镜头组接的流畅性，画面要流畅清晰，不能打断观看者的思路；画面色调的一致性，镜头与镜头间要有相同的色调，避免画面的不协调。

（2）视频剪辑

视频剪辑是利用非线性剪辑软件将已拍摄好的视频录像进行采集、剪辑和加工，最后生成视频成品。视频剪辑后的成品要能够反映教学的主要内容，保证逻辑性与流畅性，如果能有一定的艺术性将会更加完美。目前主流的非线性剪辑软件有Final Cut Pro X、Sony Vegas Movie Studio、Adobe Premiere、Canopus Edius等。

（3）字幕制作

视频公开课字幕采用独立的SRT文件。常使用的软件有Time Machine、SRT Edit等。

（4）视频压缩

《精品视频公开课拍摄制作技术标准（2013）》规定，课程视频压缩采用H.264/AVC（MPEG-4 Part10）编码、使用二次编码、不包含字幕的MP4格式。视频动态码流率最高2500千字节每秒，最低1024千字节每秒。音频压缩采用AAC格式，采样率48千赫兹，音频码流率恒定128千字节每秒。

（五）视频公开课平台案例

视频公开课的流行为我国教育界注入了新的活力，这使得国内研究者及相关教育部门开始高度关注。近年来，我国开放教育资源的建设与发展已步入正轨，国家精品课程就是较为成功的案例之一。从2003年以来，国家精品课程计划集合了各个高校、科研机构的优秀教学资源，推出了众多精品课程资源，同时出现了许多公开课的平台，如网易公开课平台、爱课程平台等。

1. 网易公开课平台

（1）平台介绍

2010年11月1日，网易“全球名校视频公开课项目”的推出使得用户可以在线免费观看来自国内外名校的公开课，其中国外名校课程有200多集配有中文字幕，削弱了语言障碍带来的学习限制。[①]

网易公开课平台的目的是秉承“互联网精神”——开放、平等、协作和分享，让知识无国界[①]。2011年4月，复旦大学和网易公开课网站展开合作，复旦大学的一些讲座视频陆续通过该网站进行发布，供所有用户免费观看，复旦大学作为国内高校参与网络公开课的先驱者，为其他高校寻求合作提供了参考[②]。

网易公开课平台已成为国内公开课平台的典型代表之一，能够将世界范围内各个名校的公开课进行资源整合和汇聚。当然，随着网易公开课平台的改进与发展，国内有许多著名高校与之合作，整合了更多的优质资源与课程，供学习者观看、学习。网易公开课平台主要通过门户类网站机构的视频分布技术，将其整合的网络公开课程置于其“网易视频”的栏目下，通过网易大型商业门户网站的技术力量进行支撑。[②]

（2）平台功能

随着网络技术的发展及移动终端的普及，越来越多的学习者选择在移动终端完成课程学习，这体现了学习者学习方式的一种改变，而网易公开课就顺应了这样的潮流，开发了手机客户端供学习者使用，满足了学习者随时随地学习的需求。我们主要介绍一下网易公开课的手机客户端，它为爱学习的网友提供了一个可以在任何时间、任何地点上名校公开课的机会，该平台集合了哈佛大学、耶鲁大学等全球名校的内容资源，提供了良好的用户体验，让学习者更加

① 俞树煜，朱欢乐．2013. 从开放课件到视频公开课：开放教育资源的发展及研究综述．电化教育研究，（5）：55-61.

② 邓康桥，阚澄宇．2013. MIT OCW 项目与网易公开课运营模式比较研究．现代教育技术，（9）：21-24.

便捷、轻松地了解新知识、新思想。网易公开课手机客户端的功能十分丰富，主要功能特色如下。①

1）支持视频下载，本地收看节省流量：可将视频下载到本地，无网络时也能看，节省流量；可手动暂停或启动下载中的视频（图 3-2）。

图 3-2 本地缓存

资料来源：http: //open. 163. com/movie/2011/9/1/D/M8DOH67K8_M8DOHB01D. html[2016-10-08]

2）海量名校课程，随时随地上名校：提供来自国内外知名大学的众多精品视频课程，内容涵盖哲学、数理、心理学以及经济学等领域，视频播放速度流畅，画面高清（图 3-3、图 3-4）。

3）收藏与同步，任意设备同步看："我的收藏"列表可与服务器保持同步，学习者在智能手机客户端上收藏之后，在平板电脑上登录同一账号，也能看到自己的收藏。

4）播放进度记忆，断点续播很实用：帮学习者记录每一个视频的播放进度，下次看时能从上次停止收看处继续播放。

① 柏松 . 2013. 让你的 IPHONE 4S 炫起来 . 上海：上海科学普及出版社：262.

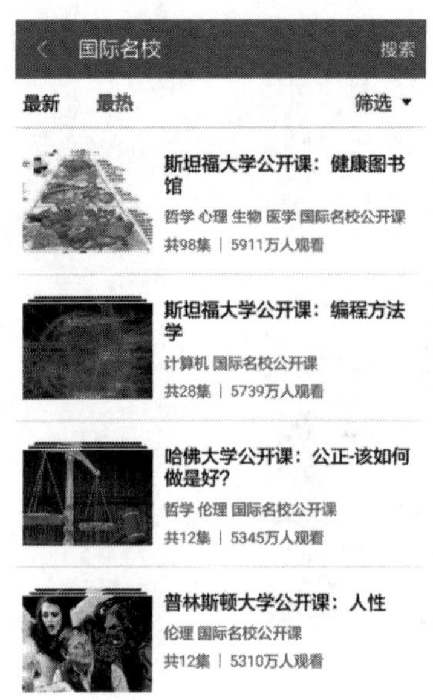

图 3-3　国际名校视频公开课

资料来源：https: //open. 163. com/ocw/[2016-10-08]

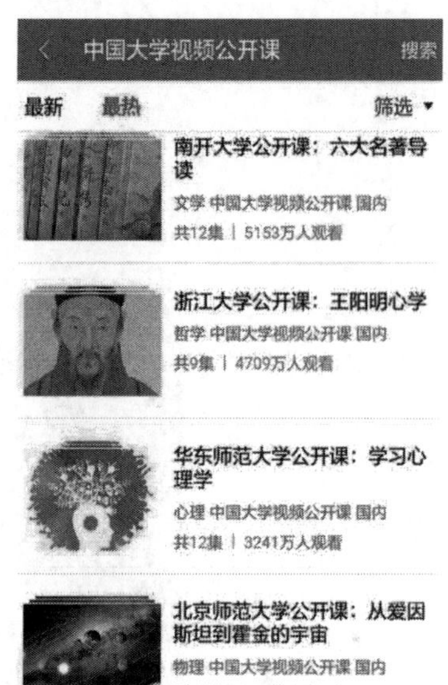

图 3-4　中国大学视频公开课

资料来源：https: //open. 163. com/cuvocw/[2016-10-08]

5）翻译进度提示，实时提醒很温馨：可提示课程总集数及已翻译集数，还可为用户推送所收藏课程的最新翻译通知（图 3-5）。

图 3-5　翻译进度

资料来源：http: //open. 163. com/special/opencourse/youjihuaxue2. html[2016-10-08]

6）课程快速检索，查找课程很方便：支持模糊查询，可通过课程关键字或学校关键字，快速检索相关课程（图 3-6）。

图 3-6　搜索视频

资料来源：https: //open. 163. com/[2016-10-08]

2. 爱课程平台

（1）平台介绍

爱课程是教育部、财政部“十二五”期间启动实施的高等教育课程资源共享平台，是中国大学精品开放课程的唯一官方网站，集中展示了中国大学视频公开课和中国大学资源共享课。爱课程能够发挥高校有组织、有计划、有目的的教育教学作用，更高效地对知识进行传递融合，其中精品视频课程的发布，有助于学习者了解国内外的新知识、新技术，拓展自身的视野，提升相关专业素养。上线课程中包含了众多的国家精品课程，这些课程都根据网络共享需要进行了更新、优化与提升。

爱课程主页上共设“在线开放课程”“视频公开课”“资源共享课”“学校云”四个主要版块，集合了国内各大著名高校的精品课程、优秀的主讲人和优质的资源，为学习者带来了更好的学习体验。

（2）平台功能

视频公开课版块主要有以下功能。

1）快速检索所需资源：在视频公开课主页，学习者可以通过“课程名称”“主讲人”“学校”这三类关键字进行检索，方便快捷地找到自己所需要的课程（图 3-7）。

图 3-7　课程检索

资料来源：http: //www. icourses. cn/home/[2016-10-08]

2）海量课程名校助阵：平台集合了清华大学、北京大学、浙江大学、复旦大学等国内一流名校的课程资源，让学习者可以与名校近距离接触，实现在名校学习的愿望（图 3-8）。

图 3-8　名校课程

资料来源：http: //www. icourses. cn/home/[2016-10-08]

（六）视频公开课的意义

我国的视频公开课自发布以来就广受社会各界的关注。视频公开课丰富了学习的内容，提供了一种新的学习方式，满足了学生对知识技能的需求。公开课的流行与个性化学习的趋势相吻合，以众多优质、开放的内容吸引学生不断地探索、学习和思考。

1. 对传统教育有一定的冲击

视频公开课的诞生改变了人们对传统教育的看法，专业知识的学习不再只局限于学校和课堂，更广泛的学习方式展现在人们面前。学生只需要有网络和学习终端，就可以学习自己感兴趣的课程，并且拥有接触名校的机会，这样的学习方式是传统教育所不能带来的。另外，优质教育资源的开放打破了传统教育资源的局限，提供了更加丰富多样的资源供学生学习。

虽然视频公开课广受大众关注与喜爱，但短时间内还不能颠覆传统教育。不过，这给传统教育带来了压力，势必会形成一场教育界的竞争，促使教育观念、教学形式和教育资源的不断改善。只有顺应时代趋势，不断地进行革新，传统教育才能更加符合学习者的需要。

2. 丰富了教育的途径

视频公开课是知识集结的又一源头，无论是学生、教师还是其他社会人员，都可以通过视频公开课去丰富知识、完善自己。一些在高校中进行教学和学习活动的教师与学生，除了课堂上的教与学，还可以利用零碎时间通过网络资源来学习，视频公开课无疑是很好的选择之一。视频公开课作为一种新的学习形式，是教育的新途径，为传统教育提供了新思路。

3. 知识获取方式的转变

视频公开课提供开放的资源，使得人们可以更加便捷地获取知识。在传统教育中，学生只有在学校上课才能学习系统的知识，而现在，通过视频公开课就可以获取所需的知识。视频公开课扩大了知识的覆盖面，丰富了知识的获取途径。人们可以通过碎片化的时间、任意的方式去学习，学习不再是特定时间、特定地点才能发生的事情，这使得知识的传播更加广泛。

4. 学习模式的转变

一直以来，学生的学习模式主要是在课堂上学习知识，在课下实践，各个学校都有其教育的特色并以此来发展进步。但是，视频公开课的出现使得学生在课下也能够系统地完成学习并进行实践，还能学习到众多优秀教师的课程，这种更加灵活的方式成为学生的选择。目前，中国的大学生就发生着这样的改变，他们不再只通过课堂教学来学习，还通过视频公开课来学习自己感兴趣的学科或者专业性的学科知识。视频公开课的出现迎合了现在大学生频繁使用网络的习惯，以正面积极的影响去促使学生高效地使用网络，形成用视频公开课来学习的学习模式。

二、MOOC

（一）MOOC 的含义

MOOC 中的 M（massive，大规模的）是指对注册人数没有限制，用户数量级过万；第一个 O（open，开放的）是指任何人均可参与，并且通常是免费的；第二个 O（onlin，在线的）是指学习活动主要发生在网上；C（course，课程）是指在某研究领域中的围绕一系列学习目标的结构化内容。MOOC 技术为网络教学带来了新的支撑，更新了课程结构，形成了新的教学形式。①

关于 MOOC 的分类，现在较被人们认可的是按照学习理论分类的方法：一种是基于联通主义学习理论的 cMOOC；另一种是基于行为主义理论的 xMOOC。

cMOOC 的提出主要是基于联通主义学习理论，在此过程中学习者通过一系列的交互活动形成以自身为中心的知识关联网状图，cMOOC 更强调知识的建构和创造。cMOOC 的课程结构较为松懈散乱，呈分布式状。cMOOC 平台有利于满足学习者个性化学习的要求及发挥学习者的学习自主性，学习者可以通过检索资源、筛选有用信息、在论坛中讨论探究等学习活动，来培养自己的创新精神及解决问题的能力。基于联通主义的 cMOOC 具有以下特征：基于社交网络的互动式学习、非结构化的课程内容、学习通道的建立、学习者高度自治和自发性学习等。②

① 贺斌 . 2014. 慕课：本质、现状及其展望 . 江苏教育研究，（1）：3-7.

② 樊文强 . 2012. 基于关联主义的大规模网络开放课程（MOOC）及其学习支持 . 远程教育杂志，30（3）：31-36.

xMOOC是以行为主义理论为基础的。与cMOOC相比，xMOOC更加系统、全面，有相关的网络课程平台作为支撑。xMOOC比传统的网络课程体系更加完善，从资源、在线答疑、互动论坛、测评到最后的证书获得，这一系列的过程都体现了xMOOC结构化的体系以及人性化的设计，为学习者提供了及时的学习反馈和良好的学习体验。

（二）MOOC的发展历程

2005年，网络时代的联通主义思想开始出现，这个由加拿大马尼托巴大学（University of Manitoba）的西蒙斯在其博客中提出的学习理论认为，网络时代的到来使得静态的、层级化的稳定性知识转变为动态的、网络化的流动性知识，因此，学习的过程就是在分布式的网络中将形成的知识节点进行动态联结的过程。[①]2008年，西蒙斯和道恩斯在马尼托巴大学联合开设“联通主义与联通性知识”（Connectivism and Connective Knowledge）课程，除了25名马尼托巴大学在校生外，还有2200多校外人员学习该课程，其中有170人专门为这门课程开通了博客。科米尔和亚历山大使用MOOC这一术语对该类型的课程进行了概括。

2011年底，斯坦福大学上传了包括吴恩达教授的“机器学习”（Machine Learning）课程在内的3门课程，全球范围内的众多学生都注册并学习了这门课程。该课程取得的巨大成功使得更多教育研究者看到了新的教学突破点，由此，吴恩达与科勒一起创建了MOOC平台——Coursera（课程的时代）。Coursera平台上的课程来自全球一流高校，并且免费向用户开放。在发布的3门课程中，“人工智能导论”课程也有着不错的成效，而这门课程的讲授者正是之后Udacity（优达学城）的创始人之一特龙。2012年6月，麻省理工学院和哈佛大学联合投资创建了edX，为在线教育提供了新的思路。[②]MOOC从此成为全球追捧的热潮，越来越多的人加入MOOC的学习与建设中来。

---

① Siemens G. 2005. Connectivism: A learning theory for the digital age. http: //itdl. org/journal/jan_05/article01. htm[2016-05-13]

② 王颖，张金磊，张宝辉. 2013. 大规模网络开放课程（MOOC）典型项目特征分析及启示. 远程教育杂志，（4）：67-75.

（三）MOOC 的特征

1. 大规模

首先，MOOC 在选课人数上体现了大规模的特征。MOOC 平台一般不限制注册人数，世界各地的学习者都可以加入课程的学习中来，参与的人数甚至能够数以万计。而在传统的课程教学中，授课只能以班级为单位，人数上突破百人都很难，并且教师的数量也是有限的，太大规模的课堂会使教师无法兼顾每一位学生，造成教学质量的下降。其次，MOOC 在资源上是大规模的，MOOC 为学习者提供了海量的学习资源，供学习者下载、交流学习。而传统课堂中质量较高的教育资源很难在大范围内进行共享。最后，在 MOOC 中，师生间、生生间的互动是大规模的。相关的 MOOC 平台为学习者、教师提供了论坛区，在此有成千上万的人参与讨论，有助教为学习者解决问题。

在这些大规模的互动交流中，海量的学习数据由此诞生，MOOC 平台就可以利用数据挖掘、学习分析等技术，对这些数据进行加工、归类、处理，得出更多关于学习者学习行为的结果，为之后课程的进一步完善提供参考。除此之外，大规模其实还体现在高校众多上。

2. 开放式

互联网的出现使得信息的传播更加迅速、便捷，突破了时空限制，而 MOOC 就依托于这样便利、庞大的网络。因此，MOOC 的开放体现在以下四方面：第一，时空的开放。MOOC 开启了在线教育的新形式，学习者可以随时随地查找学习资源、享受学习的乐趣，再加上近几年来移动终端的普及化，空间已不再是限制学习的因素之一。第二，无限制的免费开放。MOOC 发布在网络平台上，学习者观看这些课程不需要支付额外的费用，视频、学习资料、服务等均是免费提供的，并且还有助教为学习者解答问题。第三，开放的交互环境。学习者不仅可以利用 MOOC 打造的学习环境，还可以将外部的资料与所学知识进行整合，加深对知识的理解。MOOC 不会限制资源的使用，也不会限制交互的场所，这些都是开放的。第四，学术与言论的开放。学习者不需要再迷恋权威，而是经过系统的学习与认真的思考后做出自己的判断，在此期间学习者可以表达任何不同的观点，就遇到的问题展开自由的交流与互动。

MOOC 面向所有群体开放，打破时空限制，没有入学的门槛，只要个人感兴趣就可以进行学习。史静寰教授曾说：“只要具备基本的上线条件，鼠标轻点，不管身在何处都能轻易地学习一流大学和大师的课程；网络连通，不论阶层、肤色和人种都可以和世界各地的同行交流。人们多年来梦想的教育形态——任何人、任何时间、任何地点，按自己的节奏学习，并即时得到学习反馈，在 MOOC 教育的平台上似乎有可能成为现实。”① 开放不是不管、不顾、不问，而是在公开状态下由实践来检验效果，进行改进。因此，MOOC 不仅要开放，还要有高质量，这样才会督促教师提升专业素养，保证学生所学知识的科学性、准确性。

3. 在线性

在线就是以互联网为媒介使得教育者、研究者和专家能够将课程视频、资源传送到网络平台上。技术在发展，课程的呈现方式在不断变化，这种随时随地可以进行的学习满足了现在信息爆炸时代学习者对系统性知识的需求。

在线意味着任何人只要有在线的条件，就可以不受时间、地点的限制，按照自己的节奏学习，并且能够及时得到学习反馈。在传统的在线课程中，教学过程实质上是单向的，其中的交互并不能做到全程式的追踪、回答和讨论，更多的反馈是不及时的。而 MOOC 却弥补了交互的不足，强调了在线互动的有效性与及时性，促进了学习者学习的积极性，达到了较好的学习效果。当然，之前的在线教育实践并不是错误的，相反，它们为 MOOC 的设计与建设提供了宝贵的经验。此外，网络技术的不断发展为 MOOC 的开展提供了良好的环境支持，保证了 MOOC 的可行性。在线的特征是 MOOC 大规模特征的保障，也是 MOOC 实施的基础，在线不仅为 MOOC 提供了技术支持，还提供了最底层的环境保障。

4. 个性化

在传统的课堂中，个性化的学习一直没能得到很好的保证，往往是教师教什么，学生就学什么，这对学生的全面发展是一种阻碍。MOOC 的出现为个性化的学习提供了支持。首先，学习者可以根据自己的需求、兴趣选择想要学习

---

① 史静寰 . 2013. 清华大学教育研究院在线教育研究简报第 1 期 . http: //www. tsinghua. edu. cn/publish/ioe/5332/2013/20130702150151518201503/20130702150151518201503_. html[2016-05-13].

的知识，学习者不再只局限于对学校学科知识的学习，还可以在MOOC平台上选择其他领域的丰富知识。在学习的过程中，学习者还可以根据掌握程度暂停、重播所学内容，避免前一章知识还未掌握就进入下一章的学习。其次，MOOC平台为学习者提供个性化推荐服务。在学习过程中，MOOC平台会将学习者的部分学习行为进行记录，比如加入了哪些课程、是否观看完毕某节视频等，根据以上相关信息及学习者的个人档案，MOOC平台利用协同过滤推荐技术向学习者推荐其可能感兴趣的课程或者相关的学习资源。

5. 参与性

MOOC与视频公开课、网络精品课程和精品资源共享课等其他在线课程的重要区别之一就是参与性。MOOC不仅能够利用网络分享资源，而且它的独特之处在于它基本包括了教学过程的各个环节：授课、师生互动、测验和评价等。MOOC的教学方法和教学活动是特殊的，例如，课堂讲解、随堂测试、师生交流、生生讨论和评价等都是在线完成的，而且除了课堂讲解外，每一步都有学习者的参与。此外，学习者只有积极参与，才能完成整个课程并获得证书或者学分，因为参与度是学习者成绩评定的一个重要维度。MOOC平台通过网络技术对学习者在MOOC学习中的操作进行追踪、记录，再进行进一步的分析，探究数据之后的本质内容，找出规律，使得教师能够总结经验，改进教学，进一步提升课程质量，以达到更好的教学效果。

（四）MOOC的设计与开发

1. MOOC的设计

MOOC的设计从本质上来讲是一种教学设计，因此MOOC的设计主要包括以下六个环节：教学分析、制定教学目标、选择教学策略、选择合适技术、设计活动和评价调整。在此过程中，每个环节间的关系并不是单纯递进的，而是相互整合的一个过程。

教学分析是为了对可能的受众群体及已有的技术条件进行宏观上的掌控，为之后的教学开展做准备。教学目标的制定是为整个教学内容的方向提供指导，进一步细化课程目标，也有利于之后学习者学习任务的完成。合理教学策略的选择是保证教学质量的基础，MOOC 的大规模、在线的特征要求教师根据教学目标、教学内容、平台优势和技术特征选择教学方法与手段。技术媒体日益发展、丰富多样，技术的选择要根据实际需求，结合教学情况来选择最合适的而不是最先进的。设计活动是整个课程设计的主体，活动的好坏直接决定了学习者对教学内容的掌握程度，因此要严格把关。最后的评价调整是要反思整个环节，收集学习者的意见与建议，进一步改进各个环节，调整提升。这六个环节不是独立存在的，而是相互依存、相互促进的，只有用发展、动态的眼光来看待 MOOC 的设计，才能够为之后课程的开展提供保障。

2. MOOC 的开发

MOOC 平台的建设集合了资源、管理、网络等功能，因此它的开发需要专业团队来进行。除了主讲教师之外，团队成员最好包括课程开发专家、计算机专业人员、摄影师和有一定信息素养的助教，他们可以支持教师进行教学设计，排除技术难题。[①]在当前网络上的众多 MOOC 中，其开发过程基本包含几个环节：确定主题、制订规划方案、课程教学设计、教辅资料准备、课程拍摄、后期编辑制作和课程上线。MOOC 的制作周期及运营周期是根据课程目标、课程内容和课程难度等综合考虑的，并无固定的设定。MOOC 的开发流程如图 3-9 所示。

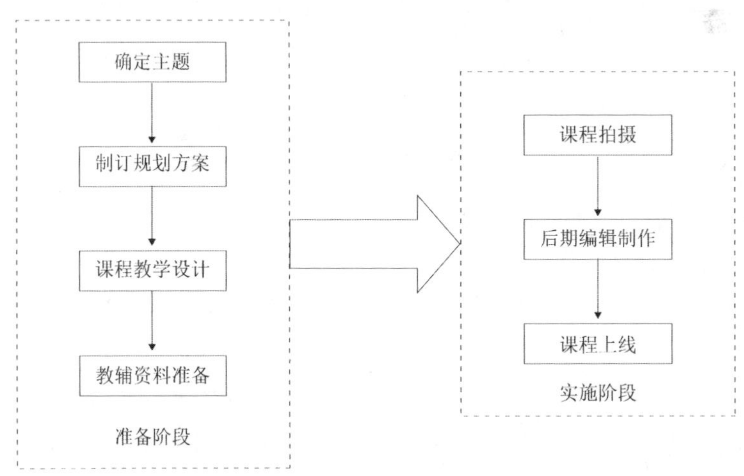

图 3-9 MOOC 的开发流程

① Kellogg S. 2013. Online learning: How to make a MOOC. Nature, 499(7458): 369-371.

1）确定主题。选定教学内容并根据 MOOC 的特征及互联网传播特点进行内容筛选与主题选定。在此过程中要明确课程的主题，之后的工作将围绕该主题来展开。

2）制订规划方案。根据知识内容及主题来确定每节课的时长和容量，充分考虑学习者的学习负担，并对考核方式进行规划。

3）课程教学设计。对课程的讲授过程进行整体的把握，根据知识点及重难点，对每节课进行合理的教学设计，注意考虑视频授课的特点，避免照搬课本。

4）教辅资料准备。该环节包括课件的制作、章节测试及相关教学资源的准备。课件要与课程内容贴合，符合教学设计，满足教师授课的需要。另外，要充分考虑学习者在学习该课时内容时可能会遇到的困难，并提供相关教学资源便于其进行补充学习。

5）课程拍摄。前期准备工作完成后，就进入课程的拍摄环节。教师要与摄影师进行配合，完成课程拍摄。

6）后期编辑制作。专业技术人员对拍摄后的视频进行筛选、编辑、处理和合成，剔除不必要的视频素材，完成镜头的组接，最终制作完成整个课程的教学视频。

7）课程上线。根据之前制定的规划将课程上传至课程平台，学生根据课程安排进行学习。

MOOC 的开发是一个系统的工程，它集合了多人的力量，精心的设计能够为学习者提供良好的学习体验，调动学习者的积极性，满足学习者多样化的学习需求。随着技术的不断进步，我们相信之后 MOOC 的开发过程会更加完善。

（五）MOOC 平台案例

MOOC 可被看作是一种新的在线学习方式，它的开放和共享对传统教育造成了极大的冲击，也为传统教育教学带来了新的生机。2012 年，edX、Cousera、Udacity 三大 MOOC 平台开通运营，以此为开端，MOOC 的规模迅速扩大，成千上万的用户加入 MOOC 的学习中。面对扑面而来的 MOOC 大潮，我国也积极参与其中，教育部相关政策的出台、高校 MOOC 联盟的成立等都进一步推动了我国 MOOC 的发展。国内最早成型的 MOOC 平台是于 2011 年底成立的上海高校课程资源共享平台。之后，教育部依托爱课程网站又推出了中国大学

MOOC 平台，该平台规模大、规格高、学科门类齐全，成为我国 MOOC 发展的支柱性平台。2013 年清华大学成立的学堂在线和 2014 年初上海交通大学牵头成立的好大学在线和上述平台一起构成了中国 MOOC 格局。[①]

1. 国外平台

（1）Udacity

Udacity 于 2012 年正式成立，它是一个营利性的机构。Uadcity 的前身是斯坦福教授 Sebastian Thrun 与 Peter Norvig 在 2011 年开设的关于人工智能的在线课程，有十几万用户参与到该课程的学习中。Udacity 上的课程是免费的，它的盈利主要是通过学生参加收费的认证考试以及通过毕业生找工作赚取介绍费。Udacity 的目的在于重构新时代的教育，该平台可以给各个层面想学习、爱学习的人带来易获取、高性价比和高参与度的高等教育，以缩小学生实际学习技能与就业所需素质之间的差距。2015 年 11 月完成新一轮融资后，Udacity 被称为教育领域的独角兽。[②]

Udacity 在进行上线课程的选择时，主要根据教师的教学水平，而不是他们的学术与科研能力。Udacity 的课程中既包括教师自主设计的课程，也包括与一些网络公司一起设计推出的课程。Udacity 不仅提供教师教学过程的视频，而且为学生提供了自主学习的新方式，教师简单介绍主题后就将解决问题的权利交给学生。Udacity 的主要特点是有良好的交互性、参与性，学生能够通过完成项目得到锻炼，也能够在学习社区的讨论交流中获得新思路和新视角。

2016 年 4 月 18 日，Udacity 宣布正式进入中国，同时发布了其中国品牌“优达学城”（图 3-10）及全新域名 youdaxue.com，同时，Udacity 宣布与合一集团（前身为优酷土豆股份有限公司）、滴滴出行、京东和新浪等中国科技企业达成战略合作。[③] Udacity 的首席执行官 Sebastina Thru 对进军中国表示了期待，希望能够践行“实现教育平等”的愿景，此外 Udacity 的课程已走进了埃及、印度、巴西等 168 个国家并设立了奖学金。[④]

---

① 程翥，李贵林，刘海涛 . 2014. 中国高等教育 MOOC 平台现状分析 . 高等教育研究学报，(2)：15-19.

② 荔闽 . 2015. 终于我们迎来了教育领域的独角兽—— Udacity 完成 D 轮 1.05 亿美元融资 . http: //www.jiemodui. com/N/30852. html[2015-11-12].

③ 搜狐教育 . 2016. Uadacity 创始人辞去 CEO 职务，创仿谷歌转做创新业务 . http: //learning. sohu.com/20160427/n446377836. shtml[2016-04-27] .

④ 爱头版在线教育 . 2016. Udacity 落地中国推出“优达学城”. http: //mt. sohu. com/20160430/n447021928. shtml[2016-04-30].

图 3-10　优达学城首页

资料来源：http: //cn. udacity. com/[2016-10-09]

（2）Coursera

Coursera 由斯坦福大学两名计算机科学专业教授吴恩达和达芙妮•科勒（Daphne Koller）于 2012 年 4 月创办，它的目的在于与全球一流的大学和机构合作，提供免费在线课程供所有人学习。Coursera 的首批合作院校就包括斯坦福大学、密歇根大学、普林斯顿大学和宾夕法尼亚大学，它们在达成共识及签订相关协议的基础上开展合作。Coursera 主要是为高校的课程提供技术开发和支持服务，具体的课程设计和制作还是由高校来承担（图 3-11）。

Coursera 的主要特色是专项认证以及就业方面的服务。在就业服务上，学习者无须为此支付费用，只有招聘公司要查看符合岗位所需人才的信息时才需要付费。针对此服务事项，Coursera 已与 Facebook（脸书）、Twitter（推特）等公司签署了合作协议。Coursera 会通过发送邮件的方式向符合条件的学习者发送职位意向，征求学习者是否愿意被介绍给该公司的意见。另外，合作高校有权

利选择是否加入这个项目。Coursera 还推出了一项专项认证项目，该项目让学习者能够学习多个学校某一领域的所有相关课程，而不仅仅限制于一所学校的课程，为学习者提供了深刻、有效的学习体验。

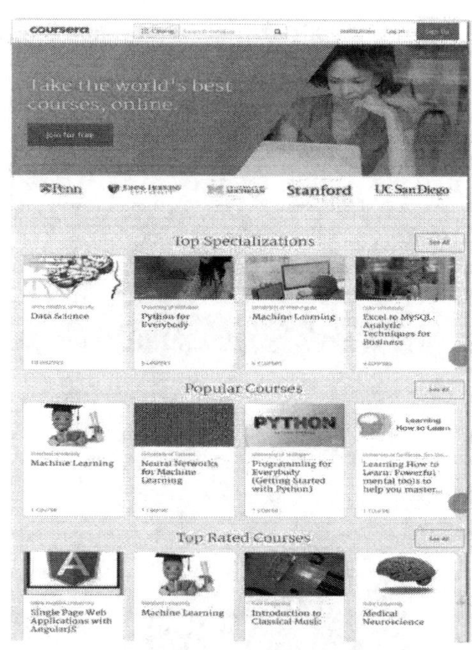

图 3-11　Coursera 首页

资料来源：https: //www. coursera. org/[2016-10-09]

（3）edX

edX 是麻省理工学院和哈佛大学于 2012 年 4 月联手创建的 MOOC 平台，是非营利性的网站①，两所学校分别投入 3000 万美元的资金。该项目属于一种网络在线教育计划，以提高教学质量和推广在线教育为主要目的。同时，它为学校教学提供了新的教学方式，学校可以结合在线课程开展混合式的教学，提高学习者的学习效果，降低教学成本。

edX 为院校提供两类合作模式选择：A 类（大学自助开发模式）、B 类（edX 参与开发模式）。②在 A 类模式下，edX 主要负责课程的上线、运营等服务性功能，课程内容全部由高校自行开发制作。而且，课程如果还未进行质量认证，

① 蔡文璇，汪琼 . 2013. MOOC 2012 大事记 . 中国教育网络，（4）：31-34.

② 腾讯教育 . 2014. edX 的两种合作模式 . http: //edu. qq. com/a/20140515/032210. htm[2016-05-15].

则会标有 edge course（边缘课程）标志让在线学习者了解该课程的情况。在 B 类模式下，edX 会参与课程的设计制作，当然也会继续提供相关的平台技术支持，但是高校需缴纳一笔数额较大的上线费用。

edX 的课程形式主要由在线视频、网页插入式测试以及协作论坛组成（图 3-12）。edX 平台为学习者提供了丰富的学习资源，学习者可以根据自身需要选择要学习的内容，只要有网络就可以进行学习。其交互式的学习设计充分调动了学习者的积极性，使学习者能够无障碍地进行交流探讨，获得新的学习体验。

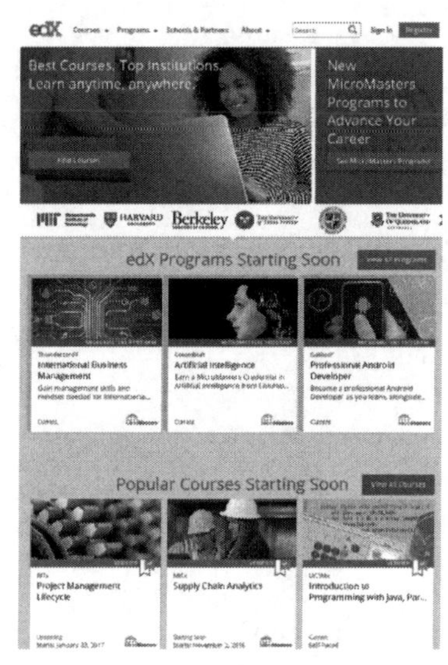

图 3-12　edX 首页

资料来源：https: //www. edx. org/[2016-10-09]

2. 国内平台

（1）中国大学 MOOC

2014 年 5 月 8 日，中国大学 MOOC 平台正式开通，首批开设 10 门来自“985 工程”院校的课程。随后，中国大学 MOOC 平台进一步完善了开放课程的体系，推进了开放课程的建设。

中国大学 MOOC 平台（图 3-13）是由爱课程网与网易公司联合建设的，该平台借鉴了国外相关 MOOC 平台的优点，咨询了教师及相关专业人员的意见，历时一年时间建设完成。该平台更符合中国教师的教学习惯及学生的学习习惯，并能够将学生的学习行为进行记录分析，从而进一步提升教学质量。

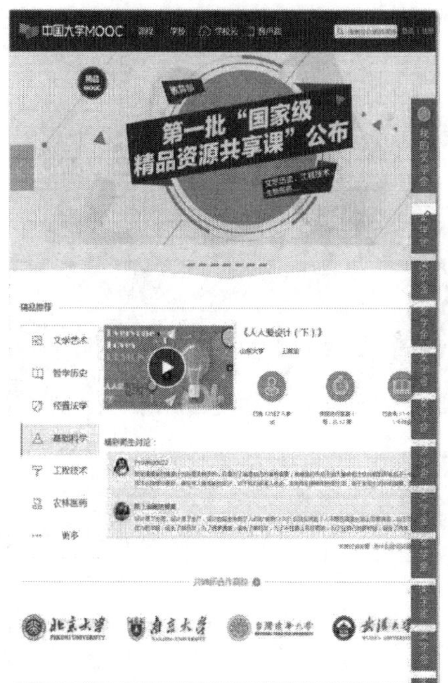

图 3-13 中国大学 MOOC 首页

资料来源：http: //www. icourse163. org/[2016-10-09]

（2）学堂在线

2013 年 10 月 10 日，清华大学以 edX 平台为蓝本，自主开发并推出共享课平台——学堂在线。学堂在线首批主要推出 7 门课程，分别来自清华大学、北京大学和麻省理工学院。学堂在线更符合中国学习者的需求，如视频源主要来自国内主流网站。

在该平台（图 3-14）上，学生在加入课程学习前要进行注册和登录，在课程学习过程中要根据课程的要求完成学习任务并在讨论区进行交流，有的课程还要求对作业进行同伴互评等，最后的成绩一般是将学生的作业、讨论、测验等项目进行综合考量。在学习过程中，学生可以实时地查看自己的学习进度，教师通过后台统计数据也可以查看学生整体的学习情况及学习反馈。根据学堂在线公布的数据，截至 2016 年 6 月中旬，学堂在线注册用户数达到 300 万人，选课人次达到 550 万人次，运行的课程数量已经超过 1000 门。①

① 光明网 . 2016. 提升课堂互动 学堂在线推出智慧教学工具“雨课堂”. http: //www. gmw. cn/media/2016-06/16/content_20581889. htm[2017-06-16].

图 3-14　学堂在线首页

资料来源：http: //www. xuetangx. com/[2018-06-22]

（3）好大学在线

2014 年 4 月 10 日，好大学在线平台在上海交通大学开通。[①] 该平台首批上线 10 门课程，除了中国大陆的高校外，还包括香港科技大学和新竹交通大学等高校。另外，上海达成协议的 19 所高校对该平台上的课程可进行学分互认。好大学在线还与百度云平台合作，进一步提升平台的质量及技术服务水平。

好大学在线（图 3-15）是中国高水平大学 MOOC 联盟的官方网站，该联盟集合了国内一流高校，并开展教育合作，是一种公益性的组织，促进了高校教育资源的共享及优势互补，有利于学生的全面发展。好大学在线平台为这些学校开展交流、合作提供了支持，为进一步推动学分互认做出了一定的贡献，使学习者拥有更多学习的选择，也促进了教育资源的优化。

（六）MOOC 的意义

2012 年以来，MOOC 闯入人们的视线，进而引起了教育形式的更新，为传统教育带来了一定震动。MOOC 是技术发展、社会进步的产物，是人们在寻求进步过程中产生的新模式，因此，它的出现并不是一时的，它将在很长一段时间内引领教育行业的发展。如今 MOOC 的意义不仅是大学传统功能的改变，而且是对传统教学理念的更新，是对教育方式的创新。

① 程嵩，李贵林，刘海涛 . 2014. 中国高等教育 MOOC 平台现状分析 . 高等教育研究学报，（2）：15-19.

图 3-15 好大学在线首页
资料来源：http: //www. cnmooc. org/home/index. mooc[2016-10-09]

1. 对传统教育方式的变革

传统教育以课堂教学为主，虽然这样的教学方式有利于合理组织教学，但学生的学习方式较为单一，主要是教师讲学生听，学生一般处于被动接受状态。传统教育忽视了学生的个性化学习，也不利于培养学生的创新精神和实践能力。MOOC 的出现是对传统教育的一个补充与创新。与传统的课程计划不同的是，MOOC 可以让学习者自主选择想要学习的课程；MOOC 为学习者提供讨论社区并有教师在线答疑，加强了教学的互动性；MOOC 为学习者提供相应的课程资源，并通过对应的习题测试学习者，最终提供证书式的认证，激发了学习者的学习兴趣。

2. 极大地丰富了教育资源

MOOC 利用相关的技术，能够将教学中的各种资源整合在一起，使得课程更加丰富多彩，内容不显单调，学习不显枯燥。技术的创新和社会的发展对新时代的教师提出了新的要求，教师只有更新观念，转换角色，提升专业素养及信息素养，才能满足社会的需要和学生的需求。MOOC 的开放性使整个世界的资源能够联通起来，使全世界范围内的学习者都能享受优质教育资源。对于传统教育而言，做到人与人之间数据与信息的共享是很难的。现在，互联网的普及使更多的学习者在网上查阅资料、寻找答案和进行学习，MOOC 无疑为此提供了更好的实现机会。

3. 教育对象的国际化与普及化

在经济全球化背景下，各国之间不仅需要政治、经济上的交流与合作，更需要教育资源的补充与共享，因此教育必将走向国际化，而 MOOC 的推广与发展有利于教育的国际化。在美国，高等院校非常重视国际交流，几乎所有院校都面向全球招生，同时有计划地安排本土学生到其他国家和地区学习，越来越多的学习者走出国门，去寻求更多元的知识内容，进一步提升自我，教育国际化已成为一种趋势。MOOC 的兴起有助于教育的国际化同时 MOOC 可以使更多的人接受教育，有助于教育的普及化。

4. 让更多人受到高品质的教育

到目前为止，各大平台上的 MOOC 对所有人都是免费和开放的，这一优势使优质的教育资源得到了更好的推广与传播，进一步满足了不同条件学习群体的学习需求，特别是那些家庭贫困和地处偏远的人群，这在一定程度上是教育公平的体现。而且，众多 MOOC 平台都提供了世界顶尖名校的课程，进一步保障了 MOOC 的教育质量。因此，MOOC 的兴起使更多的人能够接受优质的教育。

5. 提升教学互动性与大规模参与性

从 MOOC 的设计来讲，其界面简洁大方，符合用户在线学习的网络使用习惯，而且课程的精心设计有利于学习者专注学习，避免认知负担，这样就吸引了大量学习者参与到 MOOC 的学习中去。从 MOOC 的功能特征来讲，MOOC

最基本的特征就是开放、大规模，为全球学习者提供了互动、参与的机会。MOOC 平台一般由专业的技术团队或者公司建设而成，其中的社区功能和作业测评功能等为师生和生生间提供了交流互动的虚拟场所，学习者能得到及时的反馈，从而激发学习兴趣，维持学习动力。

6. 加强多方合作，促进协同创新

MOOC 的创新之一是使原本相对独立的高校、政府和社会机构等开始有了新的联系纽带。传统的在线教育通常只发生在学校与学生间，无法集合各方力量来促进教育事业的发展，而 MOOC 则使得高校间积极合作，政府出台政策，社会机构提供技术支持。它们彼此协同合作促进了 MOOC 的有效实施，保障了 MOOC 的质量与效果。

第四章 在线教育评价

评价对行为主体具有极其重要的导向作用，显著影响个人或组织未来一段时间内的行动方向。在线教育评价也具有重要的导向作用，对管理者合理改善在线教育的课程设计、课程制作、课程实施及运行机制具有重要作用。因此，本章将对在线教育评价的相关内容进行研究，梳理教育评价及在线教育评价的功能及方法，探讨在线学习者、在线教师、在线课程等评价内容，同时介绍在线教育评价的典型模式，以期为相关研究者提供启示。

第一节 在线教育评价的内涵

评价是指对特定对象的价值判断和评判。评价涉及很多方面，如道德评价、政治评价、学习评价、事物评价和艺术评价等。教育评价是基于一定的教育目标和价值标准，用科学有效的评判手段，通过系统的资料收集、加工和逻辑分析，对教育活动、教育行为、教育过程和教育结果进行价值判断，从而为教育政策的制定和教育质量的提升提供参考。

教育评价涉及教育教学的诸多方面，是一个动态复杂的体系，如何进行教育评价是教育理论研究中的重大课题。在线教育评价是指在网络环境下，依照一定的课程目标和评判标准对学习者在线学习情况和效果进行评价的过程或活动。在线教育评价对学习者的学习效果具有重要影响，及时对学习者进行评价能够有效地激发学习者的学习反思和学习积极性，学习者可以根据评价反馈意见对后续的学习方法进行适当调整，从而改善学习效果。[①]

① 王俊琴 . 2011. 基于多元智能理论的网络学习评价研究 . 江西师范大学硕士学位论文：11-18.

在线教育评价与传统的教育评价在方向上是一致的，在线教育评价依旧遵循教育评价的原则，同时加入了在线教育的一些因素，因此，制订在线教育评价方案和实施在线教育评价时必须充分考虑在线教育的特点和特殊性。进行在线教育评价要综合考虑评价思想、学习内容、评价方法及手段、评价标准和评价预期结果等诸多方面。建构主义学习理论是当前在线教育评价的指导思想，强调以学习者为中心，发挥学习者在学习中的主体作用。学习活动的主体是学习者，在线教育评价以学习者为中心，围绕其学习过程、学习方法和学习效果等进行，从而给予学习者更及时的学习反馈，以便学习者进行更有效的学习反思，以改善在线学习过程和学习效果。因此，在线教育评价要始终围绕学习者展开，各种评价要以有利于学习者的学习为出发点和立足点，如对教师的评价要放在教师的教学能否改善学习者的学习体验和学习效果上。同时，在线教育评价除了对学习者的学习过程和效果进行评价以外，还要对教师教学、教学资源、教学活动、在线课程和在线学习环境进行评价。

第二节　在线教育评价的作用与工具

一、在线教育评价的作用

教育评价理论认为，教育评价目标是依照教育总目标制定的。[①]在在线教育过程中，学习者处于核心地位，教育目标和教育评价的制定都要围绕学习者展开，在线教育的目标是促进学习者增长知识、增强能力和提升各方面智力因素和非智力因素的水平，在线教育评价要从学习者的诸多方面去衡量。在线教育评价对学习者的学习主要有导向、监督、调节和激励作用。

（一）导向

导向是发挥评价对学习者在线学习的指导作用，使学习者沿着正确的方向学习，如确定评价目标时所依照的总的学习目标、在学习目标引导下设计的评价内容等对学习者的在线学习都有着指示作用，使学习者系统地了解学习的内

① 侯光文.1999.教育评价概论.石家庄：河北教育出版社：9.

容和重难点，从而更好地确定学习方向和方法。

（二）监督

监督是发挥评价对学习者在线学习的检查和督促作用，根据学习评价的指标和标准，学习者能够对自己的学习情况做细致的分析，发现学习中存在的问题和差距，明确不足，总结反思并主动改进。

（三）调节

调节是通过给学习者反馈信息和学习策略，对学习者的在线学习进行调节，帮助学习者进行自我调整，改善学习过程和学习行为。

（四）激励

激励是通过评价反馈激发学习者的学习积极性，表现好的部分会进一步激发学习者的学习动力，使其更加努力，评价者对学习者表现不好的部分要给出反馈意见，督促学习者做出改进，改善在线学习效果。

在线教育评价的导向、监督、调节和激励四个作用是相互渗透的统一整体，它们的共同作用保证了在线教育的顺利进行。

二、在线教育评价的工具

在线教育评价的实施需要特定的在线评价工具，以满足评价目标和内容的要求。随着教育评价理论和网络技术的发展，电子学档、概念图、范例展示、在线测试和大数据技术等评价工具逐渐发展并被广泛应用于在线教育领域，这些工具各有其特点和使用范围，在线教育评价要根据评价的标准和要求，根据具体的评价应用情境，做出合适的工具选择。下面将就几种常用的在线教育评价工具的特性和适用范围做简单的介绍，以便教学者能够做出更加合适的选择。

（一）电子学档

电子学档（e-portfolios）是利用网络技术或数字技术，通过多种媒体形式（音频、视频、图像、文字等）呈现的能够反映学习者的在线学习过程、学习方法和学习效果等信息和资料的评价方法。① 电子学档能够实现在线学习过程中学习者对各种信息查询的要求，贯穿于在线学习的整个过程中，无须和具体的学习活动相联系，因此可以作为在线教育评价中的基础性的评价方法，从而为在线教育评价提供基础的信息查询和资料搜集的功能。

（二）概念图

概念图是一种直观地进行知识表征的工具，它通过逻辑图或流程图的形式清晰地将信息量大且复杂的知识结果表现出来，使复杂知识和知识概念之间的关系可视化地呈现在学习者眼前，使知识结构更加简单明了。② 概念图作为一种在线评价工具，可以评价学习者对知识结构的总体把握情况，如在面对大量繁杂的学习内容导致的课程平台结构复杂且链接过多时，即可使用概念图的形式，将课程内容进行梳理，转化为逻辑图的形式，这有助于学习者一目了然地了解课程结构，从而从整体上把握课程的情况，避免许多无用的操作，提高在线学习效率。

（三）范例展示

范例展示（example presentation）是一种参考性的评价手段，在布置学习任务前，教师将符合要求和规范的优秀范例上传至网上，供学习者参考和学习，以便使学习者对学习任务的预期结果有一个更加清晰的认识。③ 在在线教育中，由于师生之间处于时空相对分离的状态，因此师生之间和生生之间难以保证实时有效的沟通和交流，在学习者面对比较复杂和有难度的学习任务而又存在疑问时，学习者有时无法获得教师及时的指导，在这种情况下，范例展示能够有效减少学习者等待的时间，避免大量不必要的解释，节省师生的时间，提高学习效率。范例展示主要有以下几种应用形式：第一，在学习任务开始之前呈现给学习者，学习者可以提前了解学习任务要达到的预期目标，从而更好地安排之后的学习；第二，在学习活动开展的过程中，学习者将范例作为指导和参照，对自己的学习成果进行改进和完善；第三，学习者将范例作为学习任务完成之后的

---

① Barrett H. 2006. Electronic portfolios. org. http：//helenbarrett. com/[2016-08-28].

② Novak J D, Cañas A J. 2010. The theory underlying concept maps and how to construct and use them. Práxis Educativa, 5(1): 9-29.

③ 闫寒冰 . 2003. 信息化教学评价——量规实用工具 . 北京：教育科学出版社：12-19.

评价标准，将自己的学习成果同范例进行比较，评判自己的任务完成情况，从而进一步改进和完善自己的学习成果。

（四）在线测试

在线测试是当前在线教育中最为常见和应用最广的一种评价工具，在线测试不受人数的限制，具有较高的准确度，且反馈及时，形式多样，学习者能够及时地了解自己的学习情况。除了测试学习者的知识能力水平之外，在线测试还能够供研究者和教学者开展多种调查，当学习者基数较大时，使用在线测试的方法能够在较短的时间内实现评价的目的，有效提高在线学习的效率。

（五）大数据技术

大数据意味着巨大的数据量、多样化的数据来源和多元化的数据类型，以及高速的数据分析和处理，大数据立足于对大量数据进行深度挖掘以发现数据背后的各种隐含关系和潜在价值，使人们从之前基于小样本数据的推测转向基于大量数据的科学和理性的分析，从而使人们的决策更加科学化和精确化。[①] 大数据目前已经被运用到多个领域，在教育领域的应用也非常火热，越来越多的教学者和研究者发现了大数据的价值，将大数据应用到教育教学中，显然，无论从成本、时间还是结果上来看，大数据在教育领域的使用都可谓是明智之举。[②]

教育领域中的大数据涵盖了诸多方面，如师生的基本信息、学生的学习进度、作业完成情况、所学课程数据和校园生活数据等，这些数据以文本或数据的形式存储在数字化平台上，教师可以根据需要随时进行查看和调用，而大数据作为学习评价手段，需要借助相应的可视化分析工具，以可视化的图表形式将信息呈现出来，便于研究者清晰、直观地分析和使用。[③]

传统的评价多采用“数据”＋“证据”的形式对学生的学习进行评判，通过采集学生的学习数据和结果等静态信息，如作业完成情况、课堂参与度、考试成绩、调查结果和档案袋等，综合这些信息对学生开展评价。而学生在学习

① 金陵 . 2013. 大数据与信息化教学变革 . 中国电化教育，（10）：8-13.

② 武法提，牟智佳 . 2014. 电子书包中基于大数据的学生个性化分析模型构建与实现路径 . 中国电化教育，（3）：63-69.

③ 杨现民，唐斯斯，李冀红 . 2016. 教育大数据的技术体系框架与发展趋势——“教育大数据研究与实践专栏”之整体框架篇 . 现代教育技术，（1）：5-12.

过程中的学习行为、学习偏好和学习风格等动态信息却未得到考虑，造成了评价的片面性和不完整性，影响了学生学习评价结果的准确性和可信度。大数据被引入在线教育评价中，能够在一定程度上解决这个问题，首先通过各种技术手段收集学习者更完整的学习信息，之后通过数据挖掘技术和可视化分析工具提取数据中可用的信息以便进行在线教育评价。

大数据在教育评价中的应用可以有效提高评价效率，改善评价结果，更好地服务于教育教学，教育者应该充分认识大数据在教育评价中的应用价值和应用潜力，明确其在教育评价中应用的价值取向，从而提高在线学习效率，优化学习者的在线学习体验，推进教育教学发展。①

第三节 在线教育评价的方法

一、在线教育评价方法的类型

在线教育评价方法是在在线学习过程中对学习者进行评价的方式和途径，是评价主体进行评价所依据的手段，评价主体根据评价目标和评价内容实施教育评价。因此，评价方法是连接评价主体、评价目标和评价内容的桥梁，根据依照标准的不同，在线教育评价有以下几种分类。

（一）按评价对象的范围分类

根据评价对象的范围，在线教育评价可分为宏观评价、中观评价和微观评价。

宏观评价是对整个在线教育项目进行的总评价，宏观评价是为了验证项目是否正确、评判在线教育目标是否实现和整体在线教育质量的好坏等，从而为之后的政策调整提供参考和决策依据。它具有宏观性、全局性和统领性，具有战略规划的意义。在线教育宏观评价要综合考虑在线教育的内源性因素和外源性因素，在线教育的内源性因素主要有学生的学习方式、交互方式、学习支持、教学组织与管理和其他学生个别化的因素，外源性因素涉及教育制度、教育政

① 郑燕林，柳海民．2015．大数据在美国教育评价中的应用路径分析．中国电化教育，（7）：25-31.

策和学习目标等，这些因素都会影响到在线教育宏观评价。中观评价是对在线教育课程、教学计划和教学活动等的评价。微观评价的对象是学习者，主要针对在线学习者展开，如对学习者的学习过程、学习方式、学习体验和学习结果的评价等，在线教育中学习者的学习体验至关重要，但由于技术和时空的限制，相关数据在收集上存在一定的难度。

（二）按评价的功能分类

根据评价的功能，在线教育评价可分为诊断性评价、形成性评价和总结性评价。

在线教育的诊断性评价是指在教学活动开始之前，对学习者基本水平和学习情况进行的评价。由于在线教育中学习者来自不同的地区，学习基础存在一定的差异，学习者是否具有完成课程所需的知识和能力是教师必须了解的信息。为确保在线教育课程目标和课程内容的安排符合学习者的现有知识基础，教师有必要在在线教学开始之前，对学习者进行调查，了解学习者先前的学习基础，从而为教师制定教学目标、教学计划和教学活动提供依据。

形成性评价是在学习进行了一段时间后对学习者学习情况开展的评价，是一种阶段性的评价，形成性评价的目的是调查学习者近期学习的效果和存在的问题，通过学习者的反馈信息，教师可以发现目前教学中存在的问题，及时对教学计划和教学活动进行调整，改善后续教学。形成性评价能够反映出在线教育活动中对教育质量和学习效果产生影响的因素，以便教师及时发现问题，并主动做出调整和改进，避免影响整体的教学效果。形成性评价的形式主要有阶段性测试和调查等，及时的反馈能够有效指导学习者对自己存在的问题进行改正和补救，及时对学习计划和学习方法进行调整，从而增强学习动力和自信心，改善学习者的在线学习效果。

总结性评价是在教学活动结束时进行的评价，是对最终的学习效果进行的评价，总结性评价以教学目标为评价标准，判断学习者的目标达成度。它是一种较为全面的、等级划分较为明显的评定，主要形式有期末考试或总测试等。开展在线教育的总结性评价要考虑学习者的综合情况，将形成性评价和总结性评价结合起来，使评价更为客观和全面，切勿将考试成绩作为唯一的评价标准。

（三）按评价方法分类

根据评价方法，在线教育评价可分为定量评价与定性评价。

定量评价是指通过收集和分析处理数据，从量的角度对学习活动和学习行为做出解释和说明，从而依照数据分析结果对评价对象所做出的价值判断。定量评价方法具有客观性、准确性、程序化等特征，它更多地侧重于评价对象可测量的行为，注重用数据说话，而对于那些较难通过数据表现出来的行为或品质，定量评价则较难做出判断。因此，单纯的定量评价可能会缺乏全面性，在线教育评价中的定量评价主要通过学生考试分数、学习行为等数据来展开。

定性评价是对学习过程从质的角度进行的分析和评价。定性评价强调学习者整体的学习情况，包括学生的学习态度、学习行为和学习表现等，通过调查、访问或观察等形式，从多个渠道和侧面了解学习者整体的学习情况，从而做出最终的判断。定性评价具有全面性和动态性。

定量评价和定性评价各有自己的优势：定量方法能够保证评价过程的客观性和准确性，呈现形式清晰明了；定量方法关注学习者学习活动的细节方面，从而使评价结果更为全面和具体。但两种评价方法也都存在一定的缺点。教育活动具有动态性和复杂性，学习者是一个具有主观能动性的个体，因此，个体的很多因素难以通过量化的形式测量出来，定量评价可能导致评价结果的片面性。而定性评价涉及学习活动的诸多方面，实施处理需要耗费一定的时间、人力和物力，所以存在一定的难度。尽管如此，定性评价和定量评价的优势还是很明显的，在线教育评价应该发挥两者的优势，将其有效结合起来，根据评价对象的特点，综合考虑各方面因素，保证评价的客观性和全面性。

（四）按评价主体分类

评价主体的多元化是在线教育评价的一种趋势，在线教育的评价主体应进行多元化的考量。教学中的参与者包括学习者、教师和学习同伴等，不同于传统的教育教学形式，在线学习是在网络上进行的，计算机服务器具有数据收集、分析和处理的绝对优势，教育评价也要将机器评价考虑在内，通过机器评价收集数据，然后通过人工的方式对数据进行分析。因此，根据评价主体的不同，在线教育评价有四种评价主体，即学习者、教师、学习同伴和网络服务器，在线教育评价可以分为自我评价、教师评价、同伴互评、人评与机评相结合四种类型。

1. 自我评价

自我评价是学习者依照评价标准，对自己的学习行为和学习效果进行的评价。学习者自我评价的主要形式有学习总结和学习反思等，学习者进行自我评价的过程即学习者进行自我反思的过程，学习者自我评价能够使学习者通过学习，主动调整学习行为，改善后续的学习，同时为教师进行教学提供参考。但学习者自我评价会在一定程度上增加学习者的认知负担，因此，自我评价只是作为评价的辅助手段，在教师的教学计划中，学习者自我评价的部分要适量。[①]

2. 教师评价

教师评价在评价活动中居于重要地位，是主要的评价形式。在线教育中的教师具有多重身份，从传统的讲授者转变为教学的指导者、帮助者、促进者和学习伙伴，教师应充分利用其多重身份，总结工作中的经验，从多个角度对学习者的学习过程和学习行为进行评价，为学习者提供学习指导建议。[①]

3. 同伴互评

英国学者尼克等的研究表明，相比于教师，处在同一集体中的学习同伴可以通过一种更容易被学习者接受的方式或视角为学习者提供学习策略和指导，帮助学习者解决在线学习中存在的疑问。另外，同伴互评的开展使得在线学习不再是学习者个体独自的活动，而转变为学习者之间进行知识交流和共享的过程，因此能够有效实现思想交流和智慧碰撞，有效激发学习者的学习积极性和学习动机[②]。为有效开展同伴互评，学习者之间需要建立一种开放的、互信的氛围和机制，只有在相互信任的基础上，才能更好地进行同伴互评。在线教育中的学习者来自不同的地区，学习者之间存在着时空距离，这在一定程度上能够促使学习者做出更加客观和公正的评价。同伴互评要有完善的评价制度和评价规则供学习者参考，从而提高评价的科学性和有效性。

当前，同伴互评已成为在线教育中重要的评价方式，越来越多的研究者和教学者展开了对同伴互评的理论和实践研究，鉴于此，本章将在后续小节对在线教育中的同伴互评进行详细的阐述，在此不做赘述。

---

① 李红波，胡建兵 . 2004. 网络学习的评价模式 . 电化教育研究，(5)：47-50.

② Brown S, Dove P. 1991. Opening mouths to change feet: Some views on self-and peer assessment// Brown S, Dove P. Self-and peer assessment. Birmingham: Standing Conference on Educational Development: 59-65.

4. 人评与机评相结合

人评是指由教师或学习者作为评价者进行的评价。机评是指通过机器（如电脑软件）进行的评价。机评能够充分发挥计算机软件的便捷性和功能针对性，以及计算机存储量大和运算速度快的优势，通过学习者在线学习数据的收集、分析和处理，进行学习评价。如计算机平台中详细记录了学习者登录平台的时间、登录次数、学习进度和论坛交互情况等，然后通过网络服务器提取有用信息，通过数据挖掘软件和可视化分析工具就可以分析出学习者的具体学习情况和学习偏好，将此结果反馈给学生，可以为学习者提供学习参考，同时，教师可以根据学习者的学习偏好和学习行为习惯，改进教学策略和方法。

（五）多元评价

多元评价涉及评价内容、评价主体和反馈形式等多方面，是一种较为综合性的评价方法。第一，评价内容的多元化。对学习者的评价除了学习成绩以外，还要对学习者的其他方面进行评价，既要考虑知识的学习情况，又要关注更高层次的认识能力、技能、品德和情操等多方面，全面评价学习者的智力因素和非智力因素。第二，评价主体的多元化。传统的评价方式多为教师单一地进行评价，在线教育评价鼓励学生自评和同伴互评，不同的主体从不同的方向和角度对学习者展开评价，从而使评价结果更为全面和客观，指导学习者全面地反思自己的学习。第三，反馈形式的多元化。在线教育评价的结果可以采用多种形式反馈给学习者，如通过考试成绩、评语、问卷调查结果和学习报告等形式，提高学习者的学习积极性。[①]

二、一种典型的在线评价方法——同伴互评

同伴互评作为在线教育评价方法，能够满足在线学习环境中对大规模的学习者进行评价的要求。[②]近年来，教育研究者对同伴互评的研究不断深入，众多在线学习平台纷纷引入同伴互评机制，为给予学习者更人性化和更全面的反馈提供了条件，同时，大规模的评价机制减少了人工操作，节省了大量人力和

---

① 吕啸，余胜泉，谭露 . 2011. 基于发展性评价理念的在线教学平台学习评价系统设计 . 电化教育研究，(2)：73-78.

② 许涛 . 2015. 慕课同伴互评模型设计研究 . 开放教育研究，21（2）：70-77.

物力，有效提高了在线教育的工作效率。因此，本小节将对同伴互评进行详细的介绍，共同探讨同伴互评在在线教育中的价值及作用。

（一）同伴互评的提出

随着信息技术的不断发展，计算机软硬件、网络技术和多媒体技术大范围普及，这些技术正在以惊人的速度改变着人类的生活方式，而人们接受教育和学习的方式也受到了信息技术的影响，越来越多的学校开始使用网络课程、在线学习资源和在线学习平台开展教育。为适应在线教育，在线教育的评价手段发生了相应的变化，从面向学习者学习结果的优劣逐渐变为面向学习者学习过程的进步与否，在线教育评价方式更加注重对在线学习过程的评价。不同于传统课堂教学，在线学习具有规模化、实时性和动态性的特点，学习者来自不同的地区和领域，且规模大、数量多[①]，若依照传统的方式进行评价，教师将有巨大的工作量。以MOOC为例，参与课程的学习者来自不同的地区、不同的专业，参与课程的人数众多，如果只有教师作为评价的主体，将会给教师工作带来巨大的压力，难以覆盖到全体的在线学习者，基于此，在线教育中如何对学习者开展更加全面客观的评价成为一个亟待解决的问题。[②]在线同伴互评的提出为在线教育评价提供了新的思路和发展契机。

（二）同伴互评的含义

同伴评价是指具有相同或相似学习背景的学习者之间对学习活动和结果进行相互评价的过程。[③]

《基础教育课程改革纲要（试行）》中明确指出，“改变课程评价过分强调甄别与选拔的功能，发展评价促进学生发展、教师提高和改进教学实践的功能”[④]。同伴互评中的评价是在学习者之间进行的，具有评价主体多元化的特点，同时支持运用多种评价方式进行评价，符合新课改关于课程评价改革的理念。[⑤]

---

① Crooks T J. 1988. The impact of classroom evaluation practices on students. Review of Educational Research, 58(4): 438-481.

② 王雪娇 . 2015. 促进理解的网络同伴互评活动设计研究 . 江南大学硕士学位论文：9-10.

③ Carter J A, Arnold R, Yate P M, et al. 2006. A case study of the integration of self, peer, and group assessment in a core first-year educational psychology unit through flexible delivery implementation. Bmj British Medical Journal, 329(7469): 787-789.

④ 教育部 . 2001. 基础教育课程改革纲要（试行）. http: //old. moe. gov. cn/publicfiles/business/htmlfiles/moe/moe_309/200412/4672. html[2018-05-22].

⑤ 舒存叶，张海萍 . 2015. 网络环境下同伴评价影响因素的实证研究 . 电化教育研究，36（2）：89-93.

在同伴互评中，学习者由于要对其他同伴的学习成果进行评定，因此必须熟悉评价的内容和评价的标准[①]，这将在一定程度上加深学习者对知识的理解和掌握，促进学习者高阶思维的发展。而且，在同伴至评的过程中，学习者根据一定的标准对同伴的学习进行判断，并给出相关的反馈意见[②]，锻炼了学习者的学习反思能力、评价能力和批判性思维的能力[③]，使学习者自身和同伴在知识与能力上都获得了一定的提升。

（三）同伴互评的意义

1. 提高评价效率

在线学习人数多、规模大，师生比差别较大，若全部由教师对学习者的作业进行评价，则会给教师带来巨大的工作量，因此较难实施。使用同伴互评方法，教师事先制定相关的评价标准和细则，然后将学习者提交的作业按一定的方式和比例下发给在线学习者，每个人根据教师给出的评价标准进行作业的评价，学习者作业的最终成绩由多位评价者给出的成绩综合得出，这在一定程度上保证了评价的全面性和客观性，减轻了在线教师的工作负担，提高了工作效率。同时，同伴互评中的学习者扮演着双重角色，既作为评价主体，又作为被评价的对象，能够在一定程度上保证评价的客观性。学习者参与评价能够提高学习者的参与度，增强学习者的学习主体意识。

2. 加强交流，提高学生的学习积极性

同伴互评为在线学习者之间进行知识交流和共享提供了机会。学者 Swan 在其研究中发现，学生的学习满意度在一定程度上受学习同伴间交流程度的影响。[④]因此，同伴互评能否有效实施将影响到学习者在线学习的满意度和学习效果，有效的同伴互评能促进学习者之间的思想碰撞和交流共享，改善在线学习效果。[⑤]

---

① Keith T. 1998. Peer assessment between students in colleges and universities. Educational Research, 68(3): 249-276.

② Doehy F. 2001. A new assessment era: Different needs, new challenges. Learning and Instruction, (10): 11-20.

③ 许姣华 . 2010. 基于学习者特征的适应性同伴评价系统的研究与实现 . 华南师范大学硕士学位论文：12-22.

④ Swan K. 2001. Virtual interaction: Design factors affecting student satisfaction and perceived learning in asynchronous on-line courses. Distance Education, 22(2), 306-331.

⑤ 许云红，王如 . 2014. MOOC 背景下基于推荐机制的提高同伴互评效果的研究 . 现代远距离教育，(5)：17-21.

同伴互评中学习者作为评价主体对学习同伴的学习成果进行评价，能够促进学习者对知识进行深度的理解、思考和反思，使知识达到更深层次内化，提高学习者的反思能力和批判性思维的能力，从而促进学习者高阶思维的发展。同时，学习者对他人的学习成果进行评价并给出相应的反馈，使得知识从单向的流动转向了双向的流动，学习者能够学习他人的理念和智慧，增加同伴之间的思想交流和知识共享，同伴互评的过程变为了思维碰撞、智慧生成和接纳的过程，增加了在线学习过程中的人文气息和氛围，促进了创新性人才的培养。另外，同伴互评使学习者担任了传统意义上教师作为评价者的角色，能够增强学习者的主体意识和参与意识，提高学习者在线学习的积极性和学习动力，从而更有效地进行在线学习。

3. 促进学生批判性思维的培养

在在线教育中，客观类题目多由计算机软件进行直接的评价，学习者在提交以后，机器即可反馈学习结果，保证及时有效的学习体验。而主观类题目多采用同伴互评的模式，由学习者按照教师提供的评价标准和细则进行评价。学习者在对同伴的主观类题目进行评价之前，势必会深入了解题目所涉及的知识，然后才对同伴的学习成果进行评价和价值判断，从而在一定程度上加深了学习者对知识的理解，进一步增强了学习者的反思能力和批判性思维能力，提高了学习者的判别意识。[①]

（四）同伴互评的程序与方法

1. 同伴与专家结合的互评程序

同伴与专家结合的互评程序由学者哈沃德提出，该类型的评价主体包括在线学习的同伴和有着丰富经验的专家。[②]学习者按照要求进行学习作品的设计，提交后通过随机分配的方式推送给评价者，评价者根据专家小组事先制定的作品评价标准，采用利克特三点评分量表的形式对学习者的作品进行评价并划分等级，同时，评价者按照评价标准对学习者的作品进行反馈，说明其评判的理由，并提出修改的建议。待所有的评价和反馈完成以后，学习者将收到评价结

① 孙力，钟斯陶．2014. MOOC 评价系统中同伴互评概率模型研究．开放教育研究，20（5）：83-90.

② Hovardas T, Tsivitanidou O E, Zacharia Z C. 2014. Peer versus expert feedback: An investigation of the quality of peer feedback among secondary school students. Computers & Education, 71(2): 133-152.

果和反馈意见，然后根据反馈意见对作品进行修改和完善，学习者有权知道反馈信息的来源，并可以通过网络与评价同伴或专家对问题进行交流和探讨，以完善作品。

2. 定性与定量结合的同伴互评程序

蔡今中等针对“教育研究方法”课程开发了一套定性与定量相结合的同伴互评程序。该课程的学习者是拥有 2 ～ 20 年教学经验的数学和科学教师，授课教师将学习者按照三人一组的形式分成了若干组，每个小组最终需要提交一篇论文作为评价依据。小组将论文提交以后，由其他小组按照教师给出的四维度七级量表进行具体分数评价和划分等级，并针对论文质量给出反馈意见，然后小组再次对论文进行修改。同时，课程教师对每个小组的论文进行打分和反馈。这种互评程序要求评价者既要根据作品质量给出定量的分数评定，又要针对作品存在的问题给出定性的评语和反馈。①这种定性评价和定量评价相结合的同伴互评方式更具针对性和有效性，有利于促进学习者之间的思想交流、智慧碰撞和知识共享，促进学习者进行反思，提高学习者的批判性思维能力。

（五）同伴互评模型

MOOC 是当前较为流行的在线教育形式，越来越多的学校开始进行 MOOC 的建设，因此，如何有效地开展对 MOOC 的学习评价成为当前 MOOC 理论和实践研究中的重要课题。MOOC 学习者人数多、规模大，同伴互评的评价方式能够很好地契合 MOOC 评价的需要，而且同伴互评匿名性的特点能够在一定程度上保证评价的公正合理性，因此在 MOOC 中多采用同伴互评的评价方式。本节将以 MOOC 中的同伴互评为案例，总结相应的同伴互评模型，以启发更多的教师和研究人员设计并实施有效的同伴互评模型。

1. 同伴评分模型

同伴评分模型是由在线学习中的学习同伴担任评价主体对学习者的学习成果进行评价的一种方式，学习者既是评价主体又是被评价者。在进行同伴评分之前，教师要事先编制好详细的评分标准和细则，学习者严格按照评分标准对

---

① Chen Y C, Tsai C C. 2009. An educational research course facilitated by online peer assessment. Innovations in Education & Teaching International, 46(1): 105-117.

学习者的作品进行评分，教师也可以给评价者提供一定的样本作为参考，以减少评分中的不确定性。当遇到需要主观判断的题目时，教师要给出较为详细的评分细则，或做适当的解释，参与到评价中去，以提高评分的科学性和公正性。通过参与同伴评分，学习者能够加深对知识的理解，并在评价过程中学习其他学习者作品的优秀一面，促进自我的学习反思，提高学习者的批判性思维能力，促进在线学习效果的提升。

2. 社交网络同伴互评模型

社交网络同伴互评模型是基于社交媒体的理念提出来的，具体的实施思路是：学习者对其他学习者在平台上的行为，如论坛发言、评论、资料分享等活动进行评价，通过平台上已有的“点赞”“喜欢”“不喜欢”“转发”“收藏”“分享”等功能对其他学习者进行简单的评价，也可以做文字性的评述或打分等。平台对学习者的评价和交互行为进行记录，然后教师通过技术手段分析参与互评的学习者的评价次数、时间、频率和评价内容，以及学习者收到的其他学习者对他的评价反馈，使学习者更加了解自己的学习过程，同时为学习者在线学习效果评价提供参考和依据。

3. 跨文化同伴互评模型

由于 MOOC 的学习者可能来自不同的国家和地区，有着不同的文化差异和语言背景，因此同伴互评更具挑战性和难度，如来自不同地区的评价者在对同一主题的作品进行互评时，由于文化背景的不同，可能会出现完全不同的评价结果。教师在实施同伴互评时，要将这种文化和语言的差异充分考虑在内，预见互评时可能会出现的问题，提前告知学习者，让大家将评价的重点放在学习者对知识和技能的掌握上，适当削弱不同文化背景造成的影响。

同伴互评是在线教育中常用的评价方法，其在评价方法、评分和反馈等方面有着自身的优势。同伴互评的方式进一步加深了学习者对知识的理解，提高了学习者的分析能力和批判性思维能力，为人数多、规模大的在线课程开展评价提供了思路，能够提高评价的效率。另外，采用匿名评价的方式可以在一定程度上提高评价的公正性和客观性；同时，同伴互评的方式能使学习者学习他人的思想，从而激发自己的学习积极性。当前在线学习平台的技术和工具等基本满足了在线学习中同伴互评的需要，而更专业和更有针对性的同伴互评模型还比较少，需要广大学者在教学实践中进一步研究和总结，不断促进同伴互评理论和实践研究的发展。

（六）同伴互评的相关思考

1. 同伴互评的优势

在线教育的评价模式从传统的重结果向重过程方面转变，同伴互评使学习者不再单纯依赖于教师的评价，而是由同伴进行评价。因此，对于学习者来说，同伴互评主要有以下几方面优势：第一，学习者作为评价主体主动参与评价过程，对同伴的学习成果进行评价，能够提高学习者的参与意识，强化学习者作为学习主体的地位，从而增强在线学习动机，提高在线学习的积极性和主动性；第二，学习者要对学习同伴的作品进行公正合理的评价就要有一定的责任意识，因而同伴互评增强了学习者的责任感；第三，学习者只有在清晰地了解了所要评价的内容之后才能顺利地完成同伴互评，因此必须在同伴互评开始之前详细了解所学知识，从而加深学习者对知识的理解、内化和思考；第四，学习者可以从同伴的作品中学习同伴的思想，在反馈中促进自我的学习反思。有学者在其在线同伴互评研究中发现，同伴互评得到了多数在线学习者的接受和认可，他们认为评价分数比较公正和客观，反馈信息有一定的价值，能够在一定程度上提高学习动机。同时，同伴互评的过程能够促进学习者高阶思维和批判性思维的发展。

2. 同伴互评的不足及相关质疑

同伴互评存在一定的不足，特别是如何保证其信度和效度的问题。

（1）同伴互评的信任问题

学习者对自己的作品是否受到公正评价存在担忧，因此同伴互评需要建立在充分信任的基础之上。学习者本身既作为评价的主体，又作为被评价的对象，应该更加严格要求自己，公平公正地对待他人的学习作品，确保能够准确客观、公正合理地对其他学习者的作业进行评价和反馈。

（2）反馈信息良莠不齐

对同伴的评价反馈能够对学习者的作品给出具有一定参考价值的指导意见，

因此同伴互评中的反馈受到人们的重视。但是，由于同伴互评具有匿名性和随机性的特点，很多学习者收到的反馈信息质量良莠不齐，评价者的关注点不统一，有的是大篇幅的认真反馈，有的只是以一种应付的心理进行简单的回复，更有甚者在评价时会使用侮辱性的语言，这将在一定程度上影响学习者的学习情绪和学习动机。

（3）匿名同伴互评引发的问题

同伴互评匿名性的特点虽然保证了评价的顺利实施，但引起了一些问题。例如，同伴互评中的作业是随机分配的，因此评价者无法根据被评价者的特点进行有针对性的反馈和评价；同伴互评中存在个别学习者将个人情绪发泄到他人身上的恶劣现象，他们认为这种行为不会被追究和处理，因此在评价反馈时会使用侮辱性的语言，从而对被评价者造成伤害，针对这个问题，平台管理员要对学习者的言论进行审核，有不当言论要及时做删除处理。

同伴互评已成为在线教育基本的评价方式之一，当前的同伴互评已基本满足了在线教育评价的需要，而鉴于在线同伴互评的优势和存在的问题，设计和开发出更为行之有效的在线互评模型是当务之急，这对在线教育的有序健康发展具有重要的意义，有待于教育教学研究者的持续关注和研究。①

第四节　在线教育评价体系

无论是传统的课堂教学还是在线教学，教师和学习者始终是学习活动中最重要的因素，教育评价要始终围绕教师和学习者实施和展开。而对在线教师和学习者的评价有其特殊性，由于在线教育活动中师生时空距离的存在，对在线教师和学习者的评价不同于以往传统的教学评价。同时，在线课程资源是在线教育有效开展的基础，在线教育的有效开展依赖于在线课程高质量地设计、开发和应用。因此，本节将结合在线教育的基本要素，对在线教育中的教师、学习者以及在线课程的评价原则和评价方式展开论述。

① 许涛 . 2015. 慕课同伴互评模型设计研究 . 开放教育研究，21（2）：70-77.

一、对教师的评价

（一）在线教师能力评价的原则

教师在在线教育评价中担任着重要的角色，尽管在线教育评价提倡评价主体的多元化，鼓励学习者自我评价、教师评价和同伴互评相结合，但学习者自我评价和同伴互评都会在一定程度上加重学习者的学习和认知负担。因此，这两种形式只作为辅助的评价手段，教师评价仍然占据重要地位。

对在线教师能力的评价可以按照以下原则进行。

1. 全面性原则

在线教师开展在线教学的最根本前提是具备丰富的教育教学知识和专业知识，有担任教师的基本素质及扎实的教学实践能力，除此之外，还应有将专业知识灵活运用到教学实践中的能力和对在线教学活动整体把控的能力，即进一步综合传统教学和在线教学的特点有效开展在线教学的能力。因此，对在线教师的评价要对教师的素质和能力等做全面考虑，从整体上衡量其是否具备做一名在线教师的素质。

另外，在在线教学中，教师担任着教学者、组织者、管理者和学习同伴等多种角色，主要体现在教学实践、在线教学活动的组织与管理和对学习者在线学习的引导等方面，所以对在线教师的评价要将教师的多重身份考虑在内，从整体上把握教师对在线教学的掌控能力，达到全面客观评价的目的。

2. 适应性原则

在线教学的顺利开展需要教师掌握基本的技术工具和方法，如掌握计算机基本操作、平台使用、论坛发帖、作业批改和资源上传方法等。在线教学活动和学习内容的组织要考虑到在线学习的性质和在线学习者的特点，使学习活动和学习内容具有网络环境中的易用性和适用性。这些都是教师进行在线教学所必备的能力。① 一些在传统课堂教学环境中有着丰富经验的教师能很快地适应网上的教学过程，但有些教师则需要经历一个适应的过渡阶段。同样重要的是，在网络环境中，教师必须尽快掌握一系列用以完成教学任务的独特教学工具，

① 罗琳霞 . 2005. 网络教师的评价设计 . 现代远程教育研究，（3）：25-27.

不断改进和完善自己的教学方式。

（二）如何开展对教师的评价

不同于传统教学形式，在线教育中的师生处于时空分离的状态，因此，要更为有效地开展教学，教师需要具备更高的素质。教师要能够制定合理的在线学习目标，根据学习者特点为学习者提供适合的学习资源，采用相应的教学策略和手段组织在线教学活动等。在线教学的过程是一个在实践中不断改进和提升的过程，教师要不断总结经验，提升自己开展在线教学的能力，从而保证在线教学的顺利进行和持续发展。

在在线教育中，教师具有多重身份，他们不仅是传统意义上的知识传授者，还兼有在线学习指导者、促进者和学习伙伴的作用。在这些多重身份下，教师的教学实践能力是最根本的能力，教师还必须掌握如何进行在线教学活动的组织和管理，有效引导在线学习者开展自主学习和协作学习等，这些都是评价在线教师的重要指标。因此，在线教师必须尽快适应在线教学的形式和方法，不断提升自己在线教学的能力，并且充分利用多重身份，为学习者提供多方面的指导和帮助，保证学习者在线学习的顺利进行。在线教育主要从以下几个方面对在线教师进行评价。

1. 师生的交互

在线教师要做到以下几点：在课程开始之前，将自己的联系方式告知学习者，方便学习者在遇到学习或技术困难时寻求教师的帮助；经常登录课程平台，查看学习者在讨论区交流的问题，与学习者展开讨论，增加师生的互动和交流；对学习者的作业或成果进行及时有效的反馈，提出有针对性的评价或反馈意见；运用适当的教学策略，激发学习者在线学习的积极性，引导学生主动开展深层次思维活动；及时解决学习者在平台操作或技术方面存在的问题；定期更新学习资源，保证在线学习资源的有效性；及时发布在线学习任务和安排，以便学习者对自己的学习进行安排。以上都是在线教育中师生交互的具体表现，在对教师进行评价时，要从这些细节着手，通过收集学生的反馈或平台上教师的交互表现，从师生交互程度衡量教师在线教学能力的高低。

2. 教学活动的组织

在线教学活动的组织与安排对在线教师的能力提出了较高的要求，教师开展在线教学的效果很大程度上受在线教学活动组织形式的影响。在线教师要选择合适的教学活动组织形式，对数量多、规模大的课程班级进行安排，为不同层次的学习者提供相应的学习内容和学习资源，为学习者提供个性化的在线学习体验；可采用学习小组的形式分解管理压力，通过小组协作完成在线教学。教师对在线教学活动的组织，是其是否已达到在线教师所具有的能力、是否已成为合格在线教师的重要评价因素。而教学活动的组织效果可以通过学生的学习效果得以反映。

3. 学习资源的提供

教师要为学习者提供丰富的学习资源，如视音频资料、电子教材或图片等，并保证及时更新，适应发展的需要，同时，要为学习者提供个性化的学习资源，以便适应大量学习者的个别化需要。因此，在线学习资源类型是否丰富，是否能满足学习者在线学习的需要，是对教师在线教学能力进行评价的重要方面。

二、对学习者的评价

（一）学习者评价的原则

学习者是在线学习的主体，在线学习目标的制定、在线学习活动的组织、教学资源的设计和教学方法的使用等都要围绕学习者展开，以促进学习者发展为目的。对学习者的评价是在线教育评价的主体内容，它是根据在线课程的教育目标和学习者在线学习的具体情况，运用科学的评价标准、方法和手段，对学习者的在线学习行为、学习过程和学习效果进行的评价。

对在线学习者的评价更多的是一种过程性的评价，不仅关注最终学习结果，更加关注学习者的在线学习过程，对学习者进行评价的最终目的不是对学习者进行等级划分，而是为学习者提供过程性的建议和反馈，为后续的学习提供思路和动力。余胜泉认为，对在线学习者的评价主要可以从在线活动参与度、资源利用度、学习态度和交互程度等方面来进行。[①] 张京彬等是从学习者在线学

① 余胜泉 . 2003. 基于互联网络的远程教学评价模型 . 开放教育研究，（1）：33-37.

习态度、在线交互程度和学习资源利用情况等方面对在线学习者展开评价。[①]另外，对在线学习者的评价还可以从学习者的在线学习能力、在线学习资源利用能力、与同伴交互协作的能力等方面着手。当前对在线学习者的评价主要是从学习者在线学习目标的达成度、在线学习态度、在线学习资源利用度、在线交互、在线学习活动的参与度和作业及测试成绩等方面来进行的。因此，在对在线学习者进行评价时，要综合考虑各方面的因素，确保评价的客观性、全面性和科学性。

（二）如何开展对学习者的评价

对学习者的评价主要分为两部分：一是明确要评价什么，二是明确如何去评价。首先要制定相应的评价目标和标准，使评价者能够依据评价目标，确定对在线学习者进行评价的维度，通过建立能够呈现具体评价内容的评价指标体系或评价细则将评价维度具体化，然后结合在线学习特点和学习者的特征，对在线学习者进行评价。该评价可以分为以下几个维度：学习者的在线学习参与度、在线学习表现、在线学习贡献度、在线学习资源利用度、作业表现和测试成绩等。

1. 重视学习者的在线学习参与度

在线学习参与度是指学习者在在线学习过程中对各种在线学习活动的参与程度，如平台登录次数、平台在线时长、论坛发帖次数和对学习材料的点击率等可以量化的相关数据。研究表明，学习者在线学习的参与度与在线学习效果呈正相关的关系。[②]因此，对学习者在线学习的参与度进行评价，可以督促学习者更加积极主动地进行在线学习。当前很多在线学习平台都具有记录学习者各种数据的功能，因此，对学习者在线学习参与度等数据的分析和处理已不再是难题。

2. 量化学习者的在线学习表现

在线学习表现是指学习者在在线学习活动中的各种表现，学习者在线表现

① 张京彬，余胜泉，何克抗 . 2000. 网络教学的非量化评价 . 中国远程教育，（10）：48-52.

② 张生，何克抗，齐媛，等 . 2007. 网络环境下基于学习活动的形成性评价——中小学教师教育技术能力培训个案研究 . 现代教育技术，17（10）：82-87.

如何，如作业是否按时提交、测试成绩高低和是否遵守平台规章制度等，与学习者在线学习效果有着紧密的联系。对学习者表现进行评价，能够使学习者及时了解自己的学习表现和学习情况，使学习者及时发现在线学习过程中存在的问题，促进其反思自我，端正学习态度，提升学习效果。

3. 将学习者在线学习贡献度作为评价的参考

在线学习贡献度是指学习者对学习同伴和课程的贡献程度，如在论坛发表启发性的帖子、上传有较高价值的在线学习资源和在平台为其他学习者提供技术性的帮助等。在线学习虽然发生在虚拟的网络世界中，但学习的过程仍然是一个交互的过程，学习者不可能脱离外界孤立地学习，势必会与其他学习者发生联系，在线学习鼓励学习者之间的交流和沟通，通过论坛或学习小组等形式，与其他学习者互通有无，交流思想，产生思维碰撞，在协作交流中促进知识的深层次内化和高阶思维能力的发展。因此，在线学习者在学习过程中要积极与学习同伴进行交流，在平台中贡献自己的所知、所想和所获，促进知识的生成和共享，以实现共同进步，对有较高贡献的学习者给予分数或者名誉上的奖励。

4. 重视学习者在线学习资源利用度

在线学习资源利用度是指学习者对学习资源的利用情况和利用程度，在线学习平台能够记录学习者在学习平台的在线时长和学习进度，通过分析学习者在课程各部分学习内容上的浏览范围、停留时间和浏览次数等，可以得知学习者的学习进度和学习问题。例如，一部分学习者频繁地浏览某一知识点，或在某一知识点上停留时间较长，可能是因为该知识点有一定的难度，教师则可以有针对性地对该知识点进行讲解，解决学习者集中存在的问题和困难。另外，教师还可以根据大部分学习者的浏览进度确定学习进度，为教学活动的安排提供参考。学习者资源利用度可以反映出学习者的学习态度和学习内容的广度及深度，为对学习者的评价提供了依据。

5. 作业表现及测试成绩是评价在线学习者的重要依据

学习者的作业表现和测试成绩是评价学习者的一项指标，在线学习的作业和测试是检验学习者知识掌握程度的依据。在线学习多以阶段性作业为主，强度不会太高，根据课程需要，有些课程会安排在线的测试，学生的作业表现和测试成绩最终会生成报表，以便教师对学习者的学习情况做阶段性的评定。但作业表现和测试成绩只是评价学习者学习效果的一部分，教师还要结合学习者过程性的表现，对学习者进行综合评价，以保证对在线学习者评价的公正合理和客观全面。

三、对在线课程的评价

（一）在线课程评价的原则

在线课程质量的好坏会对学习者的在线学习效果产生一定的影响，因此在线课程评价是在线教育评价的重要组成部分。

1. 发展性原则

在线课程的作用是促进学习者的发展，学习者利用在线课程完成在线学习活动，从而提升自我。因此，在线课程评价要注重发展性。在线课程的发展性原则主要表现为以下几点：第一，教师在教学中要注意总结课程存在的问题和不足，并及时进行改进；第二，教师在在线教育过程中要对课程资源进行定期的更新，结合学习需要，不断调整和完善课程；第三，在线课程要有一定的价值，对在线学习者知识的增长和能力的提升有所益处。

2. 主体多元化原则

在线课程评价的实施提倡主体的多元化，在线课程评价要以课程标准为依据，既要强调在线教师对课程的评价，又要注重教学管理人员对课程的评价，还要关注学习者对课程的评价，最终将内部标准和外部标准结合起来，从多主体、多角度对在线课程的质量进行综合性的评价。

3. 定性评价与定量评价相结合原则

在线课程的评价既要根据数据资料来判定，又要结合各方对课程看法的调查、访谈等来说明问题；既要注重课程对学习者知识和技能增长方面的量化数据，又要强调各方对课程的态度和评价等方面。

4. 易于操作原则

由于在线教育的特殊性和复杂性，教学的参与者在时空上较为分散，在线课程的评价实施要通过网络进行，通过问卷或访谈的形式对参与者进行调查。在选课人数较多的情况下，课程评价要讲究可实施性和可操作性，遵循易于操作的原则，设计合适的评价方法，减少人力和物力的浪费。

（二）如何开展在线课程评价

1. 加强在线课程实施过程的评价

在线教学实施的过程是影响在线教学效果和质量的重要因素，教学是一个教师教和学生学的双边活动，但在线教学中这种双边活动与传统教学相比发生了一定程度的变化。[①]例如，教师由传统教学中主要作为知识教授者的角色转变为在线教学的知识传授者、在线教学活动的组织者、学习者的指导者和学习伙伴，同时，学习者由被动的知识接受者变为主动的探究者，在线课程的内容则以更为开放和易于共享的学习资源为主。在线学习中教师和学生的转变必然会带来课程实施过程的变化，在线课程的质量不仅受到教师的教学过程设计的影响，在很大程度上还受到在线课程如何实施的影响。在线课程的实施主要表现为教师对课程资源的使用方式和程度、教学活动的总体设计、教学流程的安排和教学评价等。同一门课程在不同的实施过程中会产生不同的教学效果，因此，在线课程的实施是在线课程评价的重要指标。目前，国内对在线课程的评价主要是从宏观的角度对在线课程的质量进行探讨，而对在线课程实施过程的评价的相关研究还不多，在线课程实施过程较为具体，而从这些具体的方面能够更加深入地了解评价对象，因此要针对其进行更为细致和具体的评判。

除了在线课程资源本身之外，在课程实施过程的课程质量和评价方面，在线教师和教学管理者还存在以下困惑：如何通过更有效的课程设计使各种课程资源发挥更大的价值；在线学习进行中和结束后的监控和评价怎样更为有效；学习者如何获得更加有效的学习、技术和支持服务等。[②]因此，在线课程教学和实施的过程是保证在线教学课程质量的重要因素，在线教育的教师和教学管理者要通过对课程一体化的设计、开发、实施、监督和反馈，保证在线课程实施过程中各个环节和部分的有效落实，并对实施过程中学习者的学习过程、学习态度、学习质量和学习效果等进行监督，保证在线课程整体的有效实施。

① 朱凌云，罗廷锦，余胜泉．2002. 网络课程评价．开放教育研究，35（1）：22-28.

② 〔爱尔兰〕德斯蒙德•基更．1999. 远距离教育理论原理．丁新，等译．北京：中央广播电视大学出版社：22-38.

2. 突出交互评价

学习交互是影响在线学习效果的重要因素，在线交互是在线教学中较为有效的手段，及时有效的交互能够提高学习者的学习积极性和参与性，促进学习效果的提升。艾伦·泰特在一项对英国开放大学学习者的调查研究中指出，高达九成的在线学习者期望在学习中能够增强与其他学习者之间的互动和交流。① 因此，交互被认为是在线课程实施中必不可少的部分，通过在线交互，学习者与教师和学习同伴之间进行交流和互动，能够加深学习者对知识的理解，加强学习反思和协作学习的意识，同时，有效的在线交互能够减少学习者在线学习的孤独感和集体缺失感，促进情感的表达和人格的完善。

在线课程的交互主要可以从两个方面进行：在线课程设计上的交互和在线课程实施过程中的交互。在线课程设计上的交互除了基本的课程界面的交互设计、学习者与学习资源的交互设计外，还包括在线课程的社会性交互的设计。在线课程的社会性交互主要包括将各种技术手段整合进在线课程中，依托教学系统的交互性，达到在线学习者交流和协作的目的；教师借助在线交互工具鼓励和引导学习者积极参与线上的交流和互动，教师及时给予学习者学习反馈，促进学习者与学习内容、学习资源以及其他学习者之间的交互，从而完成对知识的深入理解和消化吸收，达到在交流中解决问题的目的。在线课程实施过程中的交互主要是指在线课程实施过程中教师和学习者参与交互的过程，教师参与交互既包括教师与学习者之间的交互，又包括教师对课程实施中学习者与学习内容、学习者之间交互的引导过程；学习者参与交互包括学习者与学习内容和学习资源间的交互、学习者与教师的交互、学习者与学习同伴的交互等。

当前，虽然网络技术的发展水平足以保证各种在线形式的交互，在线课程平台纷纷加入了在线交互的功能，为课程实施中的交互提供了技术手段和平台支撑，但课程活动的组织和安排并没有很好地为交互提供条件，学习者个性化交互的需求并没有得到满足。例如，很多在线课程把交互重点放在了人机交互上，而在线课程的社会性交互和课程实施过程中交互的实现效果并不理想。学者对在线课程交互的研究已经不少，如何将现有研究成果应用于在线课程的设计、开发和教学实施过程中，丰富在线课程交互的理论和实践研究，并不断提

① 魏志慧，陈丽，希建华. 2004. 网络课程教学交互质量评价指标体系的研究. 开放教育研究，(6)：34-39.

高在线课程的交互质量，已成为当前在线课程实践研究中的一个重要课题。因此，在线课程评价要突出对交互的评价，重视课程交互的作用，努力营造和创设适合在线课程发展的交互氛围。

3. 重视学习效果的评价

学习效果的评价是在线学习课程评价的重要环节，学习效果能够反映出学习者利用课程进行学习的情况和质量，学习者在线学习效果的好坏受多方面因素的影响，如学习者自身的特点、教师的教学方法、教学活动的组织和教学过程等。因此，从学习者个体对学习过程各方面的体验和看法入手，并结合各种客观因素，能够较为全面地分析学习者的在线学习效果。学习者的在线学习体验包括学习者对课程实施过程的体验、对教学活动组织的看法、对教师和教学资源等的个人看法等，从学习者体验的视角分析学习者在线学习效果，同时结合教师和其他人员的反馈建议，可以对在线课程设计进行侧面的分析。另外，学习者的在线学习效果还可以通过平台上学习者的学习记录、学习表现和测试成绩等反映出来，将过程性评价和总结性评价相结合，能够更加全面地分析学习者的在线学习效果，从而对在线课程做更加全面客观的分析。①

4. 强化在线课程的可及性原则

教育的可及性是指教育在范围和能力上能够涵盖的内容、对象和能够达到的层次及效果等。教育资源分布不均衡且地区差异较大是我国教育资源长期以来的现状和亟待解决的问题。从学习者方面来看，由于地区差异和经济差异的存在，不同学习者对在线教育中各种计算机和媒体技术的接受和应用水平不一，部分学习者存在技术困难，这就在一定程度上对在线教育的开展造成了限制；另外，在线教育也应该关注身心障碍者，使每个人都有权利和机会获得在线学习的途径和资源，保证在线教育的公平性和可及性。②当前关于教育资源和内容的可及性研究已逐渐出现并增多，但关于在线课程可及性的研究很少。

在线课程的可及性是指必须保证让不同水平、不同类型和不同需求的学习者，不管是偏远地区的人还是身心障碍者，都能通过各种可及的设备、手段或技术获取所需的在线课程资源和学习信息，使所有人都有获取和学习在线课程

① 刘冉，布辉. 2006. 强化网络课件中的学习效果评价. 远程教育杂志，(3)：47-49.
② 王佑镁. 2007. 国家精品课程网上资源可及性评估研究. 高等工程教育研究，(3)：118-120.

的权利和机会。在线课程的可及性主要有以下几种表现：第一，获取和使用的权限。传统教学主要发生在实体学校，课程的可及性只局限于某一特定的群体。而在线教育的教学环境发生了改变，在线课程资源被上传至网络上，能够被更多人使用，通过遵守一定的资源获取和使用规则，每位有意进行在线学习的学习者都可以通过获取一定的权限进入在线学习系统进行学习，从而满足更多学习者在线学习的需要，让更多人从中受益。第二，链接的可及性，包括链接的速度和内容的可及性。在线课程链接速度包括信道传输速度和数据转换速度①，要保证学习者在一定时间内较快地获取学习资料，否则会影响学习者的学习积极性；在课程内容上，要保证链接内容的准确性和全面性，保证学习内容的可用性。第三，层级安排。课程的层级链接深度要适当，避免学习者产生学习迷航，课程页面的设计要保证学习者在任何一层中都能够快速便捷地回到课程学习主页面和前往所需要的学习主题页面，因此，在课程设计时要考虑到学习者在线学习的习惯和心理特征，结合课程内容，设计更为便捷有效的课程导航，为学习者的学习提供便利。在线课程的可及性对学习者的在线学习需求、在线学习体验和在线学习效果等具有重要的影响，因此，对在线课程可及性的考虑是进行在线课程评价的重要依据。②

（三）在线课程的评价标准

在线课程的评价标准是进行在线课程评价的重要依据。质量要素（Quality Matters，QM）是一个在线教学质量管理项目，是由马里兰（Maryland）的一些在线机构联合而成的组织开发出来的。该组织最具代表性的成果是其开发的QM高等教育质量标准，之后被升级为在线课程设计质量评价标准。该标准主要为在线课程和混合学习中的在线课程部分的设计及评价提供参照，评价主体是教学人员，整个课程的评价过程采用同伴互评模式，更关注课程本身的设计和质量的好坏，发展至今，该标准以其科学性、全面性和不断更新的特点成为在线课程质量保证的领头羊，受到教育领域的广泛关注和认可。采用该标准的机构包括高校、中小学、在线教育机构、公司和政府机构等，已成为在线教育领域较有代表性的评价标准。

2014年，QM出版了第5版高等教育质量标准，将评价标准分为了8个通

① 张珠龙. 2000. 在线教学的现状及其对未来教育的影响. 开放教育研究，（5）：19-22.

② 肖利英. 2009. 美国在线课程评价项目分析研究. 曲阜师范大学硕士学位论文：52-59.

用标准和43个专门的评价标准，从各个方面对在线课程的设计、应用和评价等进行检测，以保证评价的可操作性和有效性。[①]表4-1是在线课程设计的评价标准，包括一级指标和二级指标，分别介绍课程设计评价标准模块和各标准模块的评价依据。该标准总分共计100分，分别从课程概览及介绍、学习目标、测量及评价、教学材料、课程活动及学习者交互、课程中的技术、学习者支持和可访问性及可用性八个维度设定评价分数，评价者根据一级指标设定评价的范围，根据二级指标进行详细的评价。最终分数即课程的总的评价分数。

表4-1 在线课程设计的评价标准

一级指标	二级指标
课程概览及介绍（15分）	使学习者明白怎样开始并进行课程的学习（3分） 对课程学习概述和课程结构进行介绍（3分） 明确说明论坛发帖、在线讨论、邮件和其他交流形式的规则（2分） 指明课程实施的基本规则和规范（2分） 明确指出课程学习所需的技术能力，并做出详细的操作说明（2分） 明确指出课程学习需具备的知识基础（1分） 明确指出学习者要具备的平台操作能力和信息素养（1分） 给出教师和教学管理者的基本信息和联系方式（1分）
学习目标（15分）	课程总的学习目标是可测量的（3分） 课程的单元学习目标可测量，并与总的课程目标相一致（3分） 学习目标要从学习者的角度进行表述（3分） 明确指出学习目标与课程学习活动的关系（3分） 根据课程具体内容安排具体的学习目标（3分）
测量及评价（15分）	根据课程活动、资源和学习目标制定测量方法（3分） 对评分规则做详细的说明（3分） 学习活动、作业和成果能用具体、可量化、可描述的标准测量（3分） 评价工具、方法多元化，保证评价的全面性（2分） 提供学习者的学习记录，以便学习者进行自我评价（2分） 给出评价反馈（2分）
教学材料（15分）	提供有利于实现课程目标的教学材料（3分） 明确说明教学材料的呈现目的和具体的使用方式（3分） 对他人的成果要用准确的引用方式来注明（2分） 要及时更新和完善教学材料（3分） 提供多种类型的教学材料（2分） 对必须使用的教学材料和辅助性的材料进行分类，并加以说明（2分）
课程活动及学习者交互（10分）	学习活动要以学习目标的实现为目的进行设计（3分） 设计能促进师生和生生交互的学习活动（3分） 指明教师对学习者作业反馈的时间和安排（2分） 指明对学习者在线交互的要求（2分）

① 白晓晶，李蕾，单宁珍．2015．从学习者视角分析在线课程的教学过程质量．北京广播电视大学学报，(4)：32-38.

续表

一级指标	二级指标
课程中的技术（10分）	技术的使用要有利于学习目标的实现（3分） 课程中的技术和工具等要以改善学习者学习效果为目的（3分） 课程的界面清晰且富有逻辑（2分） 对技术和工具进行及时的更新（1分） 技术和工具要具有易用性和可操作性（1分）
学习者支持（10分）	明确给出平台操作和技术支持的说明（3分） 明确课程规范和细则（3分） 明确各种资源的获取和使用的途径和方法（2分） 详细介绍学习者支持服务所涵盖的内容（2分）
可访问性及可用性（10分）	课程导航清晰、有逻辑（3分） 提供的技术具有可操作性和易用性（3分） 课程的页面和实施过程等的设计易于理解，且能激发学习兴趣（2分） 课程中使用的多媒体和工具方便学习者使用（2分）

第五章

在线教育的发展趋势

在“2014中国教育高峰论坛”中，教育部教育发展研究中心主任、研究员张力指出：我国学校体系正在受到新的教育思想和教学方式的冲击，一方面，传统的正规学校教育和学历制度已在每个家庭和每个人的生活中占据极其重要的地位，另一方面，新的教育机制和学习方式的出现使得学校的正式学习与生活中的非正式学习的边界淡化，这使得在线教育或在线学习成为新学习体系的重要组成部分。

近年来，随着移动终端尤其是智能手机的普及，无线网络覆盖面越来越广，上网速度越来越快，各大互联网企业不断培育着用户使用移动终端娱乐、消费、社交、阅读等的习惯，在线教育的移动化必然是大势所趋。事实上，大多数在线教育产品已经拥有或者正在研发平板电脑和手机版本，甚至有些产品将主要精力放在移动终端上，以适应人们移动化的学习方式，让学习者真正摆脱时间和空间的限制，使任何人在任何时间、任何地点根据需要进行自主学习成为可能，使建立终身学习体系的愿景能够成为现实。

终身教育已作为一种有生命力的教育思想日益深入人心，在教育领域内掀起了一场广泛而深刻的革命。它打破了人们习惯的思维定式，从学校毕业不再是教育的终结，而是新教育的开始。在线教育的快速发展使人们正逐步从在线学习走向移动学习（m-learning）、泛在学习（ubiquitous learning）进而迈向智慧教育（smart education）时代，为终身教育的实现及学习型社会的构建奠定了基石。

第一节　移动学习

一、移动学习的内涵、发展历程和特征

随着通信技术和网络技术的迅速发展，人类的学习方式逐渐发生变化，从最初传统课堂环境中的学习走向在线学习环境中的学习，更进一步迈进移动环境中的学习。该部分内容将重点阐述移动学习的内涵、移动学习的发展历程以及移动学习的特征。

（一）移动学习的内涵

近年来，随着移动技术和应用服务的发展，以及信息社会学习需要的变化，计算机、信息技术、教育技术等领域开始进行移动学习的相关研究，各大企业（移动设备生产商、通信公司）开始和学校一起探索移动学习的实践形式。然而，时至今日，移动学习的定义还未达成共识。国内多位学者对移动学习进行了界定。黄荣怀在其2008年出版的专著《移动学习——理论·现状·趋势》中，将此前研究移动学习的全部相关定义划分为四类——以技术为中心的移动学习定义、基于与在线学习关系的移动学习定义、从增强正规教育角度出发的移动学习定义、以学习者为中心的移动学习定义，在上述分析基础上认为："移动学习是指学习者在非固定和非预先设定的位置下发生的学习，或有效利用移动技术所发生的学习。"①

戴伊对移动学习的定义是：移动学习是一种在移动计算设备的帮助下，能够在任何时间、任何地点开展的学习，移动学习过程中所使用的移动计算设备必须能够为学习者有效地呈现学习内容并且为教师与学习者之间提供双向交流。②

哈瑞斯对移动学习的定义是：移动学习是移动计算技术与在线学习方式的结合，它能够为学习者带来一种随时随地学习的体验。②

我国北京大学现代教育技术中心对移动教育做出的定义如下：移动教育是指依靠目前发展比较成熟的无线移动网络、互联网和多媒体技术，使学生和教

① 黄荣怀．2008．移动学习——理论·现状·趋势．北京：科学出版社：5-10.

② 转引自：黄德群．2005．移动学习研究对远程教育的影响．中国远程教育，（12）：48-51.

师通过使用移动设备（如移动手机等）更为灵活方便地实现交互式教学活动。[①]

郭绍青等认为，移动学习是指学习者利用无线移动通信设备和无线移动通信网络技术获取教育信息、教育资源和教育服务，并在适当的情境下通过移动技术实现教学交互，随时随地进行的一种在线学习形式。[②]

基于以上学者和专业组织对移动学习的定义，我们可以从以下几个方面理解移动学习：第一，从学习的形式看，移动学习借助于便捷的移动设备，在不受时间和地点限制的环境中开展学习活动。第二，从学习的实现方式看，移动学习依赖于移动通信技术和网络技术，实现学习资源和教育支持服务的网络化传输和交互。第三，从学习内容和资源看，移动学习设备能够根据学习者的需求及时有效地呈现个性化的学习内容，并且通过移动技术为师生之间、生生之间、师生和学习资源之间提供有效互动。第四，从学习情境看，移动技术为学习者的学习情境创设提供了技术支撑，学习者利用移动学习设备，置身于适应性的、个性化的学习情境中，移动学习系统根据不同的学习情境呈现相应的学习资源。所有的学习活动都是与情境相关的，及时实现交互和学习，使教与学真正突破时空限制，使学习发生在真实的自然和社会情境中。第五，从学习发生的角度来理解，移动学习者借助移动设备和移动学习环境，可以灵活支配学习时间，利用工作、生活或社交等非正式、碎片化的时间进行学习，及时获取知识信息，满足学习需求，使学习随时、随地、随需要而发生。

（二）移动学习的发展历程

我国关于移动学习的研究始于2000年。著名远程教育专家基更博士在上海电视大学40年校庆上做报告，在其发表的相关论文《从远程学习到电子学习再到移动学习》中，基更博士从远程教育的视角，根据学习形式与学习方式的不同，把远程学习分为三个阶段——远程学习、电子学习和移动学习，并乐观地认为这三种学习形式正在形成今天的远程教育大学、网络大学以及未来的移动大学。[③]从这里我们可以看出，移动学习被视为远程教育发展的一个新阶段。

移动技术和在线学习的发展与广泛应用推动了移动学习的兴起和发展。英

① 王文杰. 2015. 近三年我国移动学习研究综述. 软件导刊（教育技术），（9）：22-24.
② 郭绍青，黄建军，袁庆飞. 2011. 国外移动学习应用发展综述. 电化教育研究，（5）：105-109.
③ 王佑镁，王娟，杨晓兰，等. 2013. 近二十年我国移动学习研究现状与未来趋势——基于中西方对比的研究综述. 现代远程教育研究，（1）：49-55.

国伯明翰大学的沙普尔斯教授在2000年指出：先进的并且快速发展的移动技术正将在线学习推向移动学习，而这一转变并不是在线学习的简单扩展和延伸，而是由于移动学习具有可移动性和情境性，移动学习成为一种全新的在线学习技术和形式。

对于移动学习的发展历程，相关研究的基本共识是：随着网络技术和通信技术的迅速发展，移动学习经历了以下三个发展阶段。

第一阶段，移动学习出现的初期主要是利用移动、便捷的移动设备和无线通信技术，以无线通信推送的方式来实现知识的传递，注重学习内容的呈现，学习者的学习主要是一种单向的交互方式。这一阶段的移动学习虽然在学习内容设计上适当地考虑了学习者的认知结构和认知规律，但更为注重知识的单向传递和服务消息的通知，这与传统课堂教学的性质并无大的区别，移动设备仅仅是呈现学习材料的载体和提供适当反馈的途径。

第二阶段，该阶段强调如何利用移动技术来加强移动学习内容的自适应性，把移动设备当作一种认知工具来支持、改进和扩展移动学习者的思维过程，从而为学习者实现有意义的知识建构提供有效的支持工具。这种学习方式具有一定的交互性，使学习者灵活自主、随时随地选择自己所需的内容，从而实现个性化学习，如移动学习环境中的基于问题的学习（PBL）、移动探究式学习等。

第三阶段，由于无线技术的发展和移动设备的进一步智能化，移动学习得到了快速的发展，随时随地进行学习的愿景得以实现，情境化学习成为现实。[①]这一阶段主要是基于情境认知学习理论，将学习融合于现实情境中，使之有意义地发生，并且关注物理的和社会的情境与学习者的交互作用。

（三）移动学习的特征

从移动学习发展历程中可知，交互是移动学习过程中一个非常重要的因素。从移动学习本身来看，移动学习还具有以下五个典型特征。

1. 移动性

移动性是移动学习最基本的属性，学习者可借助便携性设备，自由选择学习环境，自由支配时间进行学习与交流。

① 罗洁 . 2014. 信息技术带动学习变革——从课堂学习到虚拟学习、移动学习再到泛在学习 . 中国电化教育，(1)：15-21，34.

2. 非正式性

移动学习借助灵活、便捷的移动学习设备使学习者可以在任何时间、任何地点及时获取所需的文档、视音频等学习资源，并随时与同伴、教师之间进行互动交流。学生可以在课堂之外，间断性地、碎片化地在非正式环境中实现有效的非正式学习，学习可以发生在任何地方，如上学的路上、学校图书馆、下班回家的公共汽车上，甚至发生在旅游途中或公园长椅上，通过网页、学习平台等各种途径进行，所以在移动学习环境中，学习媒介和学习支持工具越来越支持非正式学习的发生。

3. 个性化

在移动学习中，学习者可以自己决定学习时间、学习地点和学习方式，选择适宜自己的学习内容和制订学习计划，这使学习方式越来越有自主性和个性，能够满足不同学习风格和认知水平的学习者。

4. 情境性

学习情境有利于增强学习的内在意义，学习的目的不是被动接受知识，而是在不同的情境中获取及应用这些知识。移动学习产生了一种新的互动方式，不仅实现了学习者之间、学习者与教师之间和学习者与资源之间的互动，还实现了学习者与情境之间的互动，使学习活动可以发生在真实的社会情境之中，更加贴近现实生活，提高学生解决现实问题的能力。

5. 及时性

由于在移动技术环境下，学习时间和空间不受限制，不仅学习者在需要某些知识的时候可以通过移动设备及时获取，而且教师能够及时给予帮助，因此教师可以利用移动通信技术通过移动设备对学生进行辅导与监督，以掌握学生的学习进度和提供及时的反馈。

二、移动学习的系统环境

（一）移动学习的技术环境

移动学习是远程教育发展的一个新的阶段，所以其具有远程教育的基本特性，同时，随着社会的发展，移动学习又融入了新的教育理念和新的技术支持，使其更加适应信息化社会的学习方式和生活方式。移动终端、无线通信技术、移动学习系统开发技术构建了移动学习的技术环境。这三类技术的发展使通信交流以及资源的获取、加工和分享更为方便快捷，直接推动了移动学习的发展与应用。

1. 移动终端

移动终端是任何用于移动学习的通用型终端设备，目前比较流行的移动终端主要有智能手机、平板电脑、笔记本电脑以及各种可穿戴设备等。但是，各类不具备移动通信功能的便携式设备如MP3/MP4、收音机等都可用于移动学习场景，而且数字技术和计算技术的发展使这类终端产品更加复杂化、多样化，但是由于其使用频率相对流行终端使用频率较低，在这里我们不予介绍。

（1）智能手机

智能手机相对于传统按键手机具有更强的运算能力、更丰富的功能和更高的智能性。如今的智能手机与传统手机的操作方式具有较大差异，传统手机使用的是生产厂商自行开发的封闭式操作系统，所能实现的功能非常有限，不具备智能手机的扩展性。智能手机内置嵌入式处理器，可支持多媒体化的学习内容，如图像、视频、音乐等，并且支持更多的第三方应用软件，具有强大的综合处理能力。智能手机具有更大的内存以及更强的图像和声音还原能力，因此无论是获取学习资源、沟通交流还是播放多媒体文件，都能够起到很好的支持作用。此外，智能手机承袭了传统手机质量轻、体积小、便于携带的优点，智能手机特有丰富的网络支持功能，无论是有线网络还是无线网络，都能够在全球范围内更好地实现无缝漫游，而且随着通信网络技术的更新，网络速度越来越快，这也是智能手机迅速在全球普及使用的重要原因之一。智能手机使用较多的操作系统有Symbian（已退市）、Windows Phone、Android、IOS和BlackBerry OS，但系统之间互不兼容，缺乏一致的开发语言与接口，造成不同平台之间的学习资源不兼容，给学习资源的开发移植造成困难，不利于移动化学习资源的推广，所以未来移动学习平台构建必须考虑不同环境下学习平台自适应的问题。

（2）平板电脑

平板电脑是一种小型、方便携带的个人电脑，以触摸屏作为基本的输入设备。这是一种介于笔记本电脑和掌上电脑之间的产品，功能比掌上电脑更加强大一些，但便携性比掌上电脑稍微差一点。它拥有触摸屏，用户不仅可以使用传统的键盘或鼠标，还可以通过手指触摸、触控笔或数字笔进行操作，这不仅给用户带来了极大的方便，而且丰富了用户体验和用户与设备的交互。

（3）笔记本电脑

笔记本电脑是较早出现的支持移动学习的终端设备，又称手提电脑，是一种小型、可携带的个人电脑。其发展趋势是体积越来越小，重量越来越轻，而功能越发强大，设计越发人性化。随着网络技术的发展，公共场合的无线网络逐渐实现全覆盖，相比于台式电脑，笔记本电脑在网络接入性能上有很大优势，它不仅可以通过网线，还可以通过无线或者移动网卡接入网络，这给用户带来了极大的便捷。此外，笔记本电脑的数据处理能力比之前几种移动终端设备都高，支持对系统要求较高、可拓展性较好的复杂的计算机辅助学习。①

（4）可穿戴设备

可穿戴设备是可以直接穿戴在用户身上，或者整合到用户的衣服或配件上的一种便携式设备。可穿戴设备不仅以具备部分计算功能、可连接手机及各类终端的便携式配件形式存在，而且可以通过软件支持以及数据交互、云端交互来实现强大的功能，这将会给我们的生活和行为感知带来很大的改变。现今越来越多的科技公司开始大力开发智能眼镜、智能手表、智能手环、智能戒指等可穿戴设备。

相比于传统的台式电脑、笔记本电脑等，可穿戴设备有以下特点：①可携带性，即设备形状小、重量轻，便于随身携带；②无线性，即设备无须连线，直接通过无线传输技术进行数据交换；③移动性，前两个属性使得可穿戴设备具有可移动性，使用者在移动学习中可以很好地使用。

在学习中，可穿戴设备并非独立运用，而是与智能手机中相应的程序对接，同时与学习者紧密相连。可穿戴设备的优势是于不知不觉之间记录学习者丰富的信息，但数据如果只是存在而不被发掘、分析和应用，就没有价值，所以在

① 刘泽琦．2012. 移动学习应用模式研究．北京邮电大学硕士学位论文：33-35.

整个可穿戴设备系统中，智能手机应用扮演着记录和分析数据并做出智能反馈的角色。随着可穿戴设备能够记录的数据信息越来越丰富，智能手机中的应用程序对数据的挖掘与分析更加专业化、智能化，以帮助学习者调整自己的生活行为和学习行为，最终使可穿戴设备的使用能够自然地融入人们的生活和学习中。例如，现今我们有可以检测学生是否走神的眼动追踪器，还有可以通过心率测出课堂投入度的传感器。这些可穿戴设备将会给学习过程带来重大改革。

随着可穿戴设备的成本不断下降，研究者有了比以往更多的机会来研究人类生理和学习的关系，比如，人的心率或皮肤温度与课堂参与度之间是否有相关性。就职于得克萨斯大学阿灵顿 LINK 研究所的凯瑟琳斯潘说，她和她的同事开始研究那些可以通过身体状况推断出来的精神状态。她们给学生配备了 Empatica E4 型手环，用以检测学生的心率变化和皮肤电流活动，这些检测的数据可以表明学生的情绪反应。这一研究的目的在于更深入地了解“可以被身体反应检测到的情绪”如何影响学习，使学生在学习过程中做一些相应的自我调整。

2. 无线通信技术

随着通信技术的飞速发展，无线网络越来越普及，依据范围、频率、带宽、应用和技术的不同，这些无线通信技术也有所不同。目前，WAP 技术、蓝牙技术、Wi-Fi 技术、CDMA 技术和 4G 等是比较流行的无线通信技术，网络通信技术的通信覆盖面的扩展及传输速率的提高极大地促进了移动学习的发展，拓展了移动学习的发展前景。

（1）WAP 技术

WAP（wireless application protocol，无线应用协议），是由多项协议组成的全球性网络通信协议。标准化移动通信设备可通过该协议无线接入互联网并进行访问，包括访问 WAP 站点、使用软件聊天、收发邮件等。互联网有着海量信息及先进业务，而 WAP 的目标是将之引入无线终端之中并使之有一个通行标准。它把目前互联网上用超文本标记语言（HTML）表述的代码信息转换成可显示在移动设备屏幕上用无线标记语言（WML）描述的信息。[①] 在移动学习时代，学习与生活相辅相成，基于 WAP 技术的移动学习平台将是 WAP 在未来教育领

---

① 黄荣怀. 2008. 移动学习——理论 • 现状 • 趋势. 北京：科学出版社：22-29.

域的最广泛应用。

（2）蓝牙技术

蓝牙（bluetooth）技术是一种支持设备短距离（一般 10 米内）通信的无线电技术。蓝牙设备能在包括移动电话、掌上电脑、笔记本电脑、无线耳机、相关外设等众多设备之间进行无线信息交换，实时进行数据和语音传输。利用蓝牙技术能够有效地简化移动通信终端设备之间的通信交互，也能够成功地简化设备与互联网之间的通信，为移动学习提供资源的传输、交换、下载等各方面的功能需求，使数据传输变得更加迅速高效，为无线通信拓宽道路。

（3）Wi-Fi 技术

Wi-Fi 的全称是 wireless fidelity（无线保真），又叫 802.11b 标准。它的优点有传输速度较快，有效距离长，同时与已有的各种设备兼容。Wi-Fi 技术突出的优势在于以下三点。

其一，无线电波的覆盖范围广，蓝牙技术的电波覆盖范围半径大约为 15 米，而 Wi-Fi 的半径则可达约 100 米。Vivato（维瓦托）公司推出的一款新型交换机能够把目前 Wi-Fi 无线网络约 100 米的通信距离扩大到约 6.5 千米，这将是 Wi-Fi 技术发展的趋势，即覆盖范围越来越大，涉及的用户越来越多。

其二，Wi-Fi 技术传输速度非常快，可以达到 11 兆字节每秒甚至更快，这个特性符合现代社会和用户对获取信息的高效性和及时性的要求。

其三，成为 Wi-Fi 源的门槛比较低。个人或商家只要在网络覆盖的地方，如个人在家中或办公室，商家在机场、车站、咖啡店、图书馆等人员较密集的地方就能设置“热点”。由于“热点”所发射出的电波可以达到距接入点半径数十米至 100 米的地方，用户只要将支持无线连接的智能手机、笔记本电脑或掌上电脑拿到该区域内，即可快速接入因特网。也就是说，个人或者商家不用耗费资金来进行网络布线接入，从而节省了大量的成本。

（4）CDMA 技术

WWAN（无线广域网）是数字蜂窝网络技术，提供广域范围内的无线连接，用于移动电话和数据服务。CDMA（码分多址）技术是 WWAN 的主要支撑技术，它是在数字技术的分支扩频通信技术的基础上发展起来的一种崭新而成熟的无线通信技术。CDMA 移动通信网由扩频、多址接入、蜂窝组网和频率复用等几种技术结合而成，使用频域、时域和码域三维信号协作处理，因此它具有良好的抗干扰性、抗多径衰落、保密安全性较高、同频率可在多个使用区域内重复使用、容量和质量之间可做权衡取舍等属性，这些属性使CDMA相比于其他系统有很大的优势。曾风靡一时的第三代移动通信系统（简称3G）技术标准有三种就是基于CDMA技术标准的，分别是TD-SCDMA（时分同步码分多址）、WCDMA（宽宽码分多址）和CDMA2000（码分多址2000）。第四代移动通信系统（简称4G）成为当今网络技术的一个主要潮流。

在3G时代，中国自主研发了TD-SCDMA标准，但是其适用范围较小，只限于在中国移动采用。在4G时代，中国自主研发的4G TD-LTE（分时长期演进）标准已获得了国际上的认可，并在全球范围被广泛采用。此外，我国工业和信息化部表示，2016年开展5G技术研发试验，争取2020年实现5G商用，同时要努力让中国自主研发的5G技术成为国际标准。

（5）4G

4G是由3G演化而来的，4G环境下网络通信具有更高的数据传输速率和对各种数据（图形图像、音视频）的质量损耗较小，此外，4G还完成了介于手机、电脑、互联网之间的通信，具有良好的兼容性，并且通信质量和稳定性较高，为使用者获得良好的用户体验提供了技术支持。

4G的新特性为移动教育的发展提供了新的思路，具体表现在以下几个方面：第一，为课程学习提供及时的支持。利用4G网络传输速率快的特点，使用者可以不受时间、地点限制，可以选择下载课程资料或者在线学习的方式。当相关课程资料更新时，使用者可第一时间在线更新，这在一定程度上保证了资源的及时性，提高了学习效率。第二，可提供及时的教学管理。4G网络的移动性和实时在线的特点，可以实现教育教学活动的及时管理，如课程进度的及时监管、教学行为和学习行为的及时反馈、教学效果的及时评估等。第三，可实现实时的教学互动。在任何教学方式下，良好有效的互动教学都是其教学效果的保证。实时的互动教学对网速要求较高，4G网络普及之前的移动教育受限于网速在这方面的尝试并未完全实现，大部分互动还是局限于异步的文本信息形式的交互。[①] 4G高速网络环境可以轻松地实现实时视频传输，提高了教学的互动性。

① 杭国柱. 2014. 4G网络下的移动教育应用研究. 电脑知识与技术，(10X)：6894-6895.

3. 移动学习系统开发技术

随着技术的进步，基于 SMS（短消息）的移动学习系统逐渐退出教育市场，现阶段移动学习系统的开发基于以下四种技术。

（1）基于 WAP 的移动学习系统

WAP 是一种向移动终端提供互联网内容和增值服务的全球统一的开放协议标准，支持大多数的移动终端操作系统、多种无线设备和绝大多数的无线网络。WAP 的应用范围主要在公众服务、个人信息服务和商业应用等方面。公众服务可以为用户实时提供天气、新闻、体育、娱乐、交通及股票等公共信息。个人信息服务包括网页搜索信息、查询地址、收发电子邮件等。商业应用中除移动办公应用外，WAP 在移动商务中的应用也是非常具有价值和潜力的，如网上购物、机票及酒店预订、股票交易、银行业务、产品订购等。WAP 能给生活带来极大的便利，使不方便使用电脑的用户可以用便捷的移动设备通过 WAP 上网下载图片、视频、音频等资源，与世界各地不同的群体和个人进行即时社交，随时查看各种网络资源。

（2）基于 C/S 的移动学习系统

C/S（client/server）结构，即客户 / 服务器结构是软件系统体系结构，通过它可以充分利用两端硬件环境的优势，将任务合理分配到客户端和服务器端来实现，降低了系统的通信开销。C/S 结构的优点是能充分发挥客户端的处理能力，很多工作可以在客户端处理后再提交给服务器。对应的优点就是基于 C/S 结构的开发可提高移动应用程序的交互性和减少交互过程中内容的传输量，客户端响应速度快。但是随着互联网的飞速发展，移动学习和分布式学习的方式越来越普及，这就需要软件系统有很好的可扩展性。但是基于 C/S 结构的系统因为需要安装专用的客户端软件，而且对客户端的操作系统一般会有限制，其可扩展性较差。此外，传统 C/S 结构的软件需要针对不同的操作系统开发不同版本的软件，但由于产品的更新换代十分快，其高代价和低效率已经不适应工作需要。

（3）基于 B/S 的移动学习系统

B/S（browser/server）结构，即浏览器 / 服务器结构。它是随着互联网技术的兴起，对 C/S 结构的一种变化或者改进的结构。在这种结构下，用户工作界面是通过浏览器来实现的，极少部分事务逻辑在浏览器端实现，但是主要事务逻辑在服务器端实现，形成所谓的三层结构，大大降低了客户端载荷，减轻了系统维护与升级的工作量，降低了用户的总体成本。

在不同的移动终端设备上，学习内容呈现的格式、大小和需求有所不同。使学习内容根据移动设备的性能自适应转换，从而适合屏幕大小、移动设备的计算能力、学习者的个性化学习需求的技术，是移动学习系统开发的另一关键技术。[①]

（4）基于手机 App 的移动学习系统

App 是 application 的缩写，通常专指手机上的应用软件，是智能手机上的第三方应用软件，这些软件通常可以在不同的应用商店下载。随着智能手机和平板电脑等移动终端设备的普及，人们逐渐习惯使用 App 的方式进行学习或娱乐，而目前国内各大电商均拥有了自己的 App，这标志着 App 的商业使用已经逐渐普及。而将 App 开发技术用于移动学习，将翻开移动学习系统的新篇章。各个学习平台（如 MOOC 平台、网易云课堂平台等）及支持自主移动学习的软件（如有道词典等）都开发出了其 App，以适应人们移动学习的方式和习惯。目前，App 开发模式有三种：本地（native）App、网络（web）App 和混合（hybrid）App。

本地 App 是一种基于智能手机本地操作系统运行的 App。因需要针对不同的手机操作系统，如安卓系统或者 IOS 系统，所以在软件开发过程中应采用不同的语言和框架进行开发。本地 App 具有丰富的表现力，可以支持在线或离线、消息推送等；可以充分实现移动终端的本地资源访问，并调用设备的硬件资源，如摄像头、录音、拨号功能等；使用性能较高，用户体验比较出色。

网络 App 通常运行在一个独立的移动网络浏览器上（纯网络），其优势在于开发快速、操作简单、使用方便，直接利用手机内置浏览器输入网址即可建立有效的数据连接，进入 App 界面。开发者用标准 Web 语言开发，发布到网上，教师、学习者均可直接通过浏览器访问移动平台开展教和学，而且各种功能模块简单易用，在移动学习中运用得较为普遍，例如，常用的微信网页版和 Photoshop 网页版等。

① 周筠 . 2009. 移动环境下学习系统的设计与实现 . 北京交通大学硕士学位论文：39-46.

混合 App 开发模式是在本地 App 和网络 App 开发模式基础上衍生的 App 开发模式，表面上看比较接近本地 App，但里面访问的是一个网络 App。混合 App 开发模式较好地整合了本地 App 开发模式的交互式体验以及网络 App 开发模式的跨平台开发优势，基本适宜移动学习系统的所有功能，它正是开发移动学习的首选技术，是未来发展的趋势。一些国内外主流的 App 其实就是架构在混合 App 开发平台基础上的，如 Facebook、百度等。

（二）移动学习资源

移动学习资源是指支持开展移动学习的各种信息资源，即移动学习资料和移动学习支持系统等。移动学习资源是移动学习行为发生的基础，是支持教师教学的载体和工具，是学习知识信息的来源。如果想在学习和生活的碎片化时间里实现任意地点的学习，那么如何为移动学习设计适合移动设备的、实用的课程，将成为促进移动学习需要解决的最重要的问题。[①] 本模块将从移动学习资源的特征、移动学习资源的类型以及移动学习资源建设的模式进行说明。

1. 移动学习资源的特征

结合移动学习的资源条件和实际学习环境的要求，移动学习资源主要包括以下特征：第一，移动学习资源的呈现形式要简洁并且概括性强。移动学习者需要通过手机、平板电脑等小巧的移动设备访问和浏览学习资源，其移动设备一般显示屏较小，所以要求相应的资源导航和菜单简洁大方，同时概括性强，让学习者在短时间内了解资源的主要内容以判断其是否是自己需要的学习内容。第二，移动学习资源的信息内容承载量要少而精。移动学习的灵活性和随机性很强，对学习内容的获取是随机的，要求信息快速反馈，内容简单明了。第三，移动学习资源要满足学习者的心理特点、认知特点和个性化要求。如今，不同年龄阶段的学习者都有移动学习的需求，因此在进行移动学习资源设计时要充分考虑学习者特征，构建适合不同学习群体的移动学习资源。第四，移动学习环境的构建要充分考虑学习情境的创设。移动学习一般是在间断的、移动的、嘈杂的外部环境中进行的，而学习环境对学习效果的影响非常重要，所以在移动平台设计、学习工具选择、学习活动设计以及学习支持服务上要注重创设轻

① 方海光，吴淑苹，李玉顺．2009. 基于 EML 构建移动学习资源对象单元的研究．现代教育技术，(12)：75-79.

松舒适的学习氛围，能够将学习者快速带入相关的学习情境中，学习到最精炼、准确的内容，最大限度地减少外部环境对学习的负面影响，提高移动学习资源的使用效率。

2. 移动学习资源的类型

多种形式的学习资源呈现方式是教学的基本要求之一，同时，学习资源往往会依据学习要求和知识内容被设计为各种不同的形式。在移动学习中，学习者使用的不同的移动学习终端对各种形式的学习资源的支持度也不一样，他们只能获取与其学习终端相匹配的学习资源形式。因此，在移动学习资源的开发过程中，我们应充分考虑到各种终端的不同，设计出满足相应设备的资源形式，同时应依据各种设备的不同选择不同的信息承载和传递方式。[①] 移动学习的资源类型主要有短信、网页、动画和视音频，每种资源类型的优势与不足如表 5-1 所示。

表 5-1　移动学习资源的类型

承载方式	特点及优势	缺点与不足
短信	适合文字描述； 接近人们的习惯，易于实现	信息量小，有字数限制； 呈现形式单一，不生动
网页	多种媒体，信息量大； 适合网上学习习惯，比较容易实现	受网络宽带影响； 需要连接网络
动画	呈现形式有趣，有吸引力； 对宽带要求相对较小	制作时间较长； 需要相应的播放器
视音频	表现力强，可以把信息较为准确地呈现出来； 对学习者有很强的吸引力	受网络带宽影响较大； 文件较大，对移动设备空间要求较高； 需要相应播放器

3. 移动学习资源建设的模式

不同于传统的学习资源，移动学习资源的设计要充分适应移动学习的特点，满足移动学习的要求，考虑移动学习资源的特征，这样才能设计出可用性强、满足随时随地学习需求的移动学习资源。

移动学习资源建设的模式如图 5-1 所示，主要包括四个阶段：前期分析、资源内容原型设计、资源总体设计与实现、资源测试与评价。

---

① 侯志鑫 . 2014. 移动学习环境下学习资源建设模式的研究 . 北京交通大学硕士学位论文：26-27.

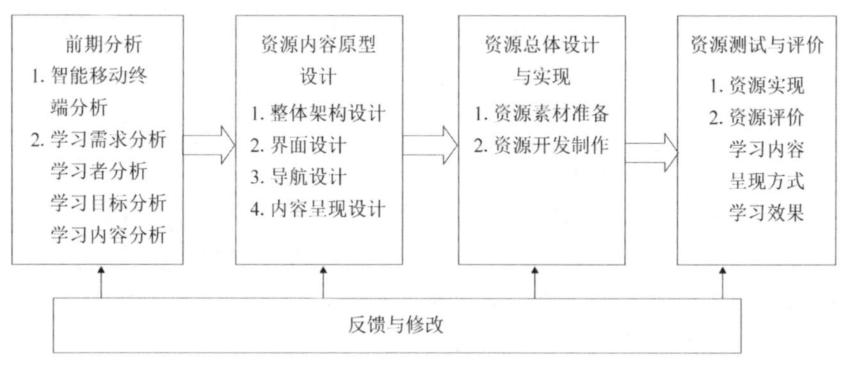

图 5-1 移动学习资源建设的模式

1）前期分析阶段。这一阶段是正确把握移动学习资源建设方向的重要保证，移动学习资源建设的前期分析主要包括两大部分：一部分是智能移动终端分析；另一部分是学习需求分析，包括学习者分析、学习目标分析和学习内容分析。

2）资源内容原型设计阶段。移动学习资源因其不同于传统资源的特点，在内容选取与设计时需要考虑更多的因素，所以这一阶段需要由学科教师、教育专家以及专业的技术人员协作完成，这样才能保证资源的科学性和合理性。资源内容原型设计可以从整体架构设计、界面设计、导航设计和内容呈现设计四方面进行。针对相同的学习内容，单一的媒体呈现出来的效果与多种媒体结合的教学资源产生的学习效果有很大的不同，媒体呈现的形式也会对学习效果产生影响。所以，在移动学习资源设计过程中，应该结合现状选择信息载体格式，一般应采用简洁实用的方式呈现移动学习资源。就目前而言，单一的媒体选择相对于多种媒体结合更适合移动学习中的使用。

3）资源总体设计与实现阶段。这一阶段要针对具体要求进行媒体资源素材的准备与制作，同时完成对资源的整体开发。根据前一阶段的原型设计，在素材准备阶段，首先对已有素材进行挑选，判断是否可以将先前已开发的素材或者整体学习资源进行重复利用，或者进行再加工使其更加符合现阶段的学习需求。然后再依据先前的分析收集、设计所需要的素材。目前，常用于移动学习中的媒体格式有文本类、音频类和视频类资源。不同的知识点通常需要不同的媒体类型予以呈现才能实现最佳的呈现效果，从而有效促进学习者的学习。准备好资源开发所需要的媒体素材后，就要按照前期分析与资源设计中的要求进行资源制作。开发不同的媒体资源时，需要根据知识点的特点以及难易程度，同时结合文字、图片、声音、视频、动画等媒体的呈现规律和应用特点，根据移动学习内容设计不同的媒体呈现形式；同时，需要根据资源的呈现格式以及现有的工具特点，使用最适合的制作工具进行开发制作。

4）资源测试与评价阶段。移动学习资源封装完成后，需要经过测试才能确定学习资源的设计是否真正符合学习者的学习需求。实施过程就是对初步的资源成品进行测试，并针对测试过程中出现的问题进行二次开发，在确认没有影响使用的问题之后才可将学习资源发布到相应的学习平台中供学习者使用。对于测试过程中存在的问题，要及时记录以便形成测试报告，为以后的资源改进和建设提供参考意见和经验。开发人员要结合学习者的测试反馈以及教学设计人员、学科专家和教学人员的多方面意见进行修改，使开发的移动学习资源符合学习者的实际需要。开发人员要通过收集资源应用过程中的信息，对建构出的学习资源做出判定，包括对学习内容、表现形式及学习效果等方面的评价，这一阶段是资源建设中必不可少的一个阶段。

（三）移动学习活动的设计

移动学习就是通过实施各种学习活动，通过移动终端传递学习资源的一种学习方式。根据活动理论，学习是活动的内化，活动开展的目的就是使学生在学习情境中达到知识及意义建构的目的，所以学习活动对保证学习效果有决定性的作用。因此，我们在关注移动学习教学设计的过程中，必须重视移动学习活动的设计。

1. 移动学习活动设计的原则

设计移动学习活动时需要遵循以下几个原则：第一，要体现出学习者的主体性。只要依据学习者的学习风格、兴趣特点、认知特点等，设计出符合学习者个性特征的学习活动，才能使学生主动地参与学习，从而真正融入学习活动的过程中。第二，强调内部活动与外部活动的统一。这是一种双向转化机制，使学习者的认知结构通过内化活动得以建构和形成，通过外化活动加以应用和表达。第三，重视学习活动中交互与协作的作用。学习者通过个体建构对知识有了自己的见解，再通过与学习者之间协作交流，用不同的角度和视野来达到对知识的深层次理解，完成社会建构。第四，学习活动设计要有完整性，一个完整的学习活动分析结构应由活动、动作、操作和相应的动机、目标、达到目

标的条件所组成。第五，要充分发挥移动技术的中介作用。第六，要有一定的情境创设。

根据以上的移动学习活动的设计原则，我们发现，移动学习活动的设计不仅要贯穿教学设计的思想和方法，还要发挥移动技术的优势，重视学习者的学习体验。综合活动理论和教学设计理论，移动学习活动设计主要包括移动学习活动需求分析阶段、前期分析阶段和移动学习活动设计阶段三个主要的环节。

2. 移动学习活动设计模型

移动学习活动设计模型的主要理论基础是活动理论和教学设计理论，活动理论中分析的基本单位是活动，而人类活动又可看成一个系统，它包含三个核心要素——主体、客体和共同体，以及三个中介要素——工具、规则和分工。上述移动学习活动设计的三个主要环节相辅相成，在不断的循环设计中共同建构了移动学习活动设计模型，如图 5-2 所示。下面将详细阐释该模型中各设计要素之间的关系。

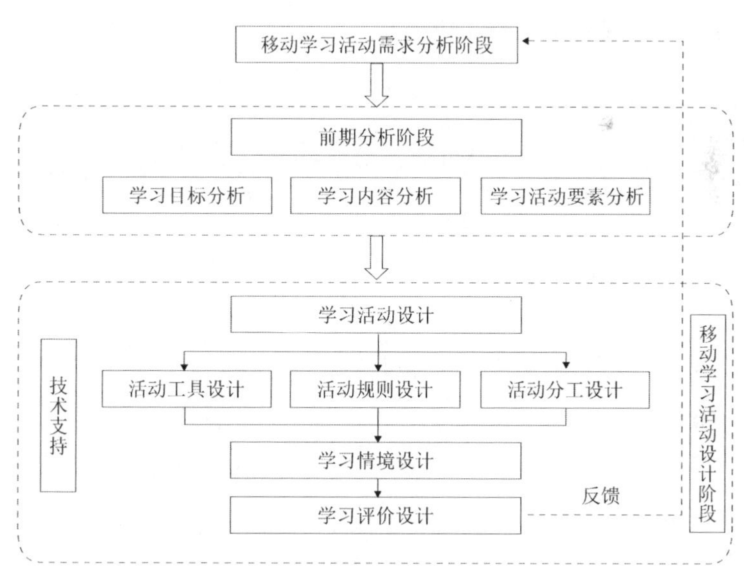

图 5-2 移动学习活动设计模型

首先，并非所有的学习活动都适合用移动学习形式开展，因此，需求分析是移动学习活动设计的首要步骤，其目的在于判断特定的学习任务是否需要以移动学习的形式开展。如上所述，不恰当地应用移动设备不仅会造成资源上的浪费，而且会对学习者的最终成效造成负面的影响。另外，移动学习注重学习者的个性化选择，所以移动学习设计必须满足学习者的实际特点和个性化需求。

其次，前期分析阶段是进行学习活动设计的准备阶段，在该阶段，教学设计者不仅要对学习目标、学习内容进行分析，还要对学习活动要素进行充分的剖析。对学习目标进行分析，可以把握学习者通过活动的学习后将会有什么收获，可以明确该学习活动是否适合进行移动学习；对学习内容进行分析，就是要明确学习内容的复杂性以及学习内容的呈现顺序等；对学习活动要素，即主体、客体和共同体等进行分析，可以明确学习者的已有知识储备、学习技能和助学环境是否能进行移动学习活动。

最后，移动学习活动设计阶段主要包括学习活动设计、活动中介要素（工具、规则、分工）设计、学习情境设计和学习评价设计这四个步骤。

学习活动设计是模型的核心，也是最终实践的主要内容，主要包括移动学习活动层级、行动层级和操作层级活动的设计。首先确定能实现某个学习目标的学习活动，每一个单独的移动学习活动包括一些行动，需要学习者和其他人一起进行操作。所有的操作在开始进行时都是行动，因为它们需要有意识的努力。随着实践活动的展开，需要的有意识努力越来越少，活动被分解成行动，并最终被分解为操作。[①]

活动中介要素设计主要是对活动的工具、规则和分工进行分析和设计。学习活动的开展需要学习工具的支持，因此，设计学习活动时，需要依据学习活动中学习目标的实际需求，对活动可能用到的学习工具进行一定的设计和分析。对于移动学习而言，学习工具主要包括具体工具和抽象工具两类：具体工具是指无线通信网络和移动终端设备；抽象工具是指在学习活动开展过程中，能为学习者提供各种促进认知和思维培养的学习工具，如认知工具、交流工具等。移动学习活动中的规则是规范学习者行为的标准，是使学习活动有序进行的必要条件。为了保证移动学习活动的顺利进行，教学设计者需要制定相应的协作交流规则、任务完成规则、评价规则等，规范学习者的活动行为。移动学习活动中的分工主要是指在学习活动过程中学习主体和其他学习者应该完成的任务，当移动学习活动以小组的形式进行时，小组成员之间有了详细的分工，学习者可以通过使用移动设备促进他们之间的互动和对话，使每个成员主动参与到学习活动中。

---

① 李文光，卢苇 . 2004. 以教学活动为核心的研究性学习环境设计 . 中国远程教育，（10）：62-67.

学习情境设计是移动学习活动设计必不可少的一步，移动学习的内容常常是以解决生活和工作中的实际问题为目的展开的，所以教学设计者应能将学习任务和目标与学习者的生活和社会性活动相联系，使他们可以在基于现实生活的学习活动情境中应用移动设备解决或完成真实问题或任务。当然，不同类型的移动学习活动需要与之相应的学习情境的支持和配合。

学习评价是对学习者的学习成果进行评价，是为了了解移动学习活动实施的最终效果如何。学习评价设计时应注重对活动过程进行评价，在过程中给予及时评价和反馈，并及时了解学习者是否满足既定的需要和目标，及时反馈给教学双方以便进行调整，使学习评价对学习过程起到监控作用，真正实现学习活动过程的评价。学习评价设计要尽量做到评价内容的多样化、评价主体的多元化和多种评价方法相结合。

（四）移动学习支持服务

学习支持服务（learning support services）来源于国外的远程教育领域，意指对学习的支持与帮助服务。学者项国雄和张小辉认为，学习支持服务来自远程教育的实践，是对远程开放教育实践经验的概括和总结，也是由远程教育带来的创新理念体系中的一个重要理念。如今，学习支持服务的理念不再局限于对远程教育的影响，已触及移动学习领域，乃至整个教育领域。①我们探讨移动学习支持服务的建构，就是利用技术支持、信息咨询支持、学习方法与情感支持等服务于移动学习者，满足移动学习者的学习需求，在促进终身教育与学习型社会的建设方面发挥重要作用。

移动学习存在不同的应用模式，使用的移动终端设备、技术平台不同，学习者的组织形式不同，学习资源类型不同，学习过程也会大相径庭。②移动学习支持服务平台能为移动学习用户提供各种服务，由于移动学习用户的规模越来越大，所以移动学习支持服务的内容越来越趋于系统化，移动学习支持服务平台的功能越来越完善。移动学习支持服务的内容大致包括以下几个类别。

1. 技术支持

技术支持首先表现在学习平台的搭建上，即利用技术搭建适应于不同类型

① 项国雄，张小辉 . 2005. 学习支持服务思想溯源 . 中国远程教育，(9)：23-26.
② 黄荣怀 . 2008. 移动学习——理论 • 现状 • 趋势 . 北京：科学出版社：44-49.

移动终端的学习支持服务平台，以完善学习支持服务系统，通过技术开发提供一个不受时间和空间限制的教学环境，依托这个环境，实现基于实际需求的学习。学习者可以利用手机随时、随地点播教学资源，实现生生、师生间互动。教师可以实现教学资源的上传，利用短消息发布教学信息。具体的技术支持服务包括通知和公告、软件下载、常见问题、在线求助等。通知和公告包括网络的技术升级、病毒、系统安全补丁等；软件下载包括网页浏览器、电子图书浏览器、网页编辑软件、媒体播放器及杀毒软件等；常见问题包括账户与密码问题、个人主页、课程与平台的使用、浏览器的使用与故障排除；在线求助的形式包括在线聊天、论坛交流、电子邮件等。

2. 信息咨询支持

发布与学习有关的信息是另一种移动学习支持服务，即通过各种渠道（如短信、网站公告等）提示包括学习资源的更新和参考资源等相关信息，同时方便快捷地向学习者发送课程安排、考试安排和考试成绩等信息，以及能够反映对学习者学习过程进行控制的信息。

3. 学习方法与情感支持

移动学习过程中的学习环境和学习活动等与传统课堂有所不同，因此移动学习支持服务平台需要能够支持个别化学习模式、协作学习模式和讨论式学习模式等多种学习模式，以发挥移动学习的灵活性和适应性，同时还要对学习者在不同学习模式下的学习情况进行评价。学习者需要逐渐适应移动学习的学习方式与学习环境，在自主学习和协作学习过程中得到方法和策略上的指导。对移动学习情感方面的支持，目的在于帮助学习者解决学习过程中心理和情感方面的问题，缓解学习压力、消除孤独感、增加自信心等。在移动学习的教学中，创建学习小组或学习社区，依托人际协作互动来完成情感支持是最普遍的方法，同时这种方法能够丰富移动学习方法和策略。

4. 管理和持续发展的支持

学习方式是随着社会的发展而不断更新和变化的，移动学习并不会取代原有的学习方式，而是互为补充。因此，移动学习模式下的学习支持服务体系必定不能脱离现有体系，而是应该考虑如何在现有学习支持服务的基础上进行扩

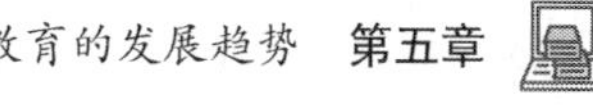

展，以期满足多层次的移动学习需求。

三、移动学习的发展趋势及对终身学习的影响

（一）移动学习的发展趋势

移动学习自身的即时性、情境性、参与性、社会性等优势符合现代社会人们的学习和生活的方式，因此具有较为广阔的研究前景和实践价值，它能够在新型学习方式中发挥作用，成为传统课堂教学的有效补充，也能够成为终身学习的主要形式之一。在未来，移动学习将有以下发展趋势。

1. 移动学习更趋向于开放

移动学习不仅包括知识传授的过程，还需要学生在相互的交流互动过程中去理解和内化知识，在表达和反思中外化知识。例如，北京师范大学的学习元项目、移动课程 App 生成器、国家开放大学的五分钟课程项目均已在开放性上做了很好的尝试，不仅用户范围更加广泛，而且用户之间的交流更加充分，学习的有效性更加突出。因此，移动学习的平台一定要提供更多的参与、学习和交流的可能性。扩大服务范围、发展校际共享是移动学习的必然发展趋势。

2. 职业教育是移动学习的重要实践领域

目前，国内外均有案例聚焦于职业教育中的移动学习。现代学校教育在职业技能的培养方面遇到了一些难题，例如学生比较注重学习理论知识，而缺乏实际操作的经验。根据案例分析，移动学习能够满足职业教育中时间、地点和知识技能学习的特殊需求，如移动学习的碎片化资源非常适合职业院校学生学习的时间特点，移动性能够满足职业教育中的各种工作环境需求，并且移动学习的视频资源能够有效表征职业教育中的程序性知识，所以职业教育是移动学习未来的一个重要发展方向。

3. 情境感知将成为移动学习的研究重点

移动性是移动学习的最明显的特征，在复杂多变的学习环境中，如何提供与学习环境对应的学习资源，如何提供符合学习者需求的学习服务，将是移动学习未来研究的主要关注点。目前，已有研究机构开展了少量的实验，例如，阿萨巴斯卡大学的移动教育游戏、里尔大学的个人培训助理系统、北京师范大学的“摄影技术与艺术”课程等，都在尝试基于学习者的位置信息和周围环境来为学习者提供个性化的学习内容或服务，以实现无缝学习空间的创建。因此，提高对移动学习者学习情境的感知能力，依靠收集到的信息对学习者的行为和需求进行更细致和精确的“猜测”和推送，从而帮助学习者完成学习目标，是未来移动学习研究与发展的重要趋势。

4. 个性化与人性化是移动学习的终极目标

随着大数据技术、学习分析技术的发展，个性化学习再次掀起热潮，而移动学习恰恰是基于个性化学习理念的学习方式，每个学习者都可以有个性化的学习目标、方法、过程和结果，享受人性化的服务。因此，移动学习应注重采集用户学习数据，对学习者的个人学习风格、认知习惯和学习内容需求有所掌握，从而进行基于大量数据的学习分析，为学习策略的选择和调整提供参考，以达到能够为用户提供个性化分析与判断、人性化推送与服务的目的。

（二）移动学习对终身教育的影响

终身教育这一术语于 1965 年在联合国教育科学及文化组织的会议中被首次正式提出，其思想现在成为很多国家及地区教育改革的指导方针，实现终身教育是这些国家的最高教育目标。在亚洲，继日本和中国台湾地区制定并实施终身教育法规之后，2005 年福建省颁布我国大陆第一部有关终身教育的地方法规《福建省终身教育促进条例》，2011 年上海市人民代表大会常务委员会通过了《上海市终身教育促进条例》。终身教育体系的建立，对一个国家综合国力的提升和个人长远的发展都起着至关重要的作用，因此，各个国家都从政策层面和经济层面为终身教育的发展提供支持。移动技术的发展和移动设备的普及也为终身教育的发展提供了新的契机。以下从学习方式、学习资源和学习环境出发，阐述移动学习对终身教育的影响。

1. 移动学习方式能够体现终身教育的个性化的内在要求

首先，移动学习因其移动终端的私有性及学习资源的丰富性，能够满足学习者个性化学习的需求。移动学习不仅可以使学习者实现随时随地的学习，更重要的是学习者可以依据自己的兴趣、特点及需求，自定学习步调，实现学习者对知识的主动建构，丰富个人的知识水平，达到完善自我的目的。

其次，移动学习因其多元化的学习方式、强大的技术支持、日趋完善的学习支持以及教育大数据和学习分析技术等的发展，可以对学习者学习特征和学习者行为进行分析，为其推荐合适的学习路径，使分层教学和个别化教学成为可能。此外，数字资源的个性化推送服务能够为学习者提供丰富的、适合学习者认知结构的资源选择，大大推进了学习者的个性化学习。随着社会的发展，建设学习型社会与终身教育体系已经成为社会的新需求，个性化的移动学习作为一种新的学习形式，不仅符合这种需求，而且帮助每个人实现在社会生活中的个人价值与发展。

2. 丰富的移动学习资源为终身学习提供了保障

学习资源是进行学习活动的前提，丰富的、以不同形式整合和呈现的移动学习资源能够为终身学习提供有力的保障。

终身学习涵盖了正式与非正式的学习方式，所需要的学习资源亦是丰富多样的。移动学习需要针对学习者学习需求，提供精准而实用的学习内容；针对学习者的随时随地学习需求，采用移动终端作为学习载体，为学习者在其方便的任何时间提供学习机会，这就需要对零散的移动学习资源进行有效整合以支持学习和提供学习保障，从而满足学习者的正式与非正式的终身学习需求。

从以往研究中我们发现，整合学习资源的方式有以下几种：第一，以片段式方式整合和呈现移动学习资源，使学习者能够在资源库中便捷、快速、有效地获取所需的学习资源。第二，对异构的移动学习资源进行整合，提供移动资源的知识组织与检索服务，有利于改进资源的查询方式，同时能提高资源的互访性。在移动网络环境下，学习者可通过智能手机、平板电脑、笔记本电脑等不同移动终端获取移动学习资源，提高移动学习资源的利用率。第三，个性化学习资源整合方式，即根据学习模型所反映的学习者的学习偏好，系统自动推荐学习者可能感兴趣的学习主题，指导学习过程，满足其个性化需求。第四，基于概念地图的移动学习资源整合方式，移动学习资源可利用概念地图，把同一体系的课程及相关课程，根据概念之间的相互关联，整合在一起进行知识揭示、显性化表征。这种方式有利于学习者根据知识脉络进行发散性学习，也有利于把片断式资源根据概念关系进行整合，形成新的学习体系。①

① 夏春红. 2012. 移动学习的资源整合在终身教育中的应用研究. 宁波大学学报（理工版），(3)：122-126.

这些整合方式从不同角度对资源加以充分利用，使其为移动学习服务。实时、在线地获取信息，弥补了传统资源的不足，有效地满足了学习者在移动学习中对资源的需求。对移动学习资源不同的整合方式使这种零碎学习时间和非系统性学习环境的移动学习资源能够有效呈现，并且提供丰富的学习资源，以多种方式促进学习，为终身学习提供保障。

3. 移动学习环境能够促进终身教育体系的构建

第一，在移动学习中，移动设备具有的便携性、社会交互性、易于连接性以及个性化等特征，以及移动学习方式的碎片化、个性化特征满足实现终身教育的学习条件。近年来，随着各种移动设备在全球迅速普及，而且价格比较低廉，适用人群的比例急速上升，大多数人能够接受移动学习，且移动学习需求逐渐增加，这种随时随地的学习理念逐步被人们接受。移动学习在如今提倡终身教育的时代里有着传统教学不可比拟的优势，对构建学习型社会、促进终身学习理念的普及有着深刻的影响。

第二，随着信息技术和网络通信技术的快速发展，移动设备能够快速连接网络获取信息资源，同时家庭、学校、城市都努力打造无线网络覆盖，让学习者始终处于网络环境中，打破学习的时空局限，实现不同阶段学习空间的无缝连接。由于终身教育体系要求各级各类教育打破隔离、分割状态，互相衔接沟通、扩展延伸，人们选择移动学习方式进行学习，能够通过移动设备和移动网络享受到便利的信息服务，完全融入移动的学习环境中，并且学会在不断变化的信息化社会环境中学习，提高学习能力，从而有利于人们在信息社会中生存和发展，有助于建立终身学习体系的目标成为现实。

四、国内移动学习应用案例

上文介绍了移动学习的内涵、特征、系统环境以及发展趋势等，使人们对移动学习有了一定的认识和了解。移动学习是现今较为普遍的一种学习方式，移动学习平台建设、移动学习资源建设以及移动学习活动设计等都是人们积极探索的方面，下面我们以“移动学习”教育部－中国移动联合实验室的学习元项目和一个基于大学英语词汇锁屏软件的移动学习案例为例，对我国移动学习在不同方面的实践进行介绍。

（一）“移动学习”教育部－中国移动联合实验室的学习元项目[①]

为了满足移动学习对学习资源所提出的生成与进化、智能与适应等多方面的新要求，北京师范大学“移动学习”教育部－中国移动联合实验室提出了适合移动学习环境与非正式学习的一种新型学习资源组织方式——学习元（learning cell），并积极探索“学习元移动云课堂”的开发与应用。学习元一方面表示“小粒度”，另一方面表示“学习的初始”，同时具有“生长”“进化”的含义。学习元为学习者提供微型学习资源和学习服务，能够根据学习者的个性化需求提供课程推荐，学习者只需要简单地订阅自己感兴趣的课程，即可享受学习元所提供的丰富的学习服务。同时，随着学习者参与课程的持续和深入，学习元中的课程也不断地进化，学习者不仅是知识的获取者，更是知识的生成者。

“学习元移动云课堂”为学习者提供跨终端的学习活动组件库，包括讨论交流、提问答疑、发布作品、练习测试以及同伴互评等学习活动。学习者可以使用电脑、手机或者平板电脑等不同终端，随时随地获取知识，参与学习。“学习元移动云课堂”所提供的课程内容既可以在线浏览和参与，也可以下载，方便学习者在网络连接不通畅的地点使用，拓展了学习者的学习地点。

同时，“学习元移动云课堂”会通过对学习者学习过程的分析，挖掘学习者的潜在学习兴趣和知识掌握情况，为学习者及时推荐对其有帮助的课程，学习者不再为找不到感兴趣的课程而烦恼。“学习元移动云课堂”为学习者的移动学习提供坚实的技术支持，使学习者可以跨越正式学习与非正式学习的障碍，融合不同的学习情境进行学习，给学习者带来良好的学习体验。目前，该项目已经在一些高校展开教学实验，既有成功的经验，也有待解的难题，该项目仍需进一步的深入研究。

（二）基于大学英语词汇锁屏软件的移动学习案例[②]

英语词汇锁屏软件是一款借助于用户的手机屏锁的英语背单词软件，可以在应用商店随时下载和安装。它的设计初衷是不仅为大学生提供手机背单词的功能，更重要的是为其提供合适的复习策略，既不影响学习者的正常生活，又

---

① 中国教育和科研计算机网 . 2015. 国内移动学习典型案例 . http: //www. edu. cn/xxh/zyyyy/ydhl/201504/t20150416_1248330. shtml[2017-05-16].

② 詹海宝，张立国 . 2014. 大学英语词汇锁屏移动学习软件的设计与应用 . 中国远程教育，（4）：43-49.

能让学习者高效地进行词汇的复习，旨在充分利用学习者的碎片化时间，提高移动学习的效率。

英语词汇锁屏软件的工作原理是：首先，通过在英汉词典模块查找或开启屏幕时系统推送获得单词；其次，通过微视频模块的名师讲解，获得对单词的进一步强化；最后，通过复习模块的 VIP（高级用户）技术对单词进行复习强化，使词汇学习效率得到提升。该软件主要包括五个模块。

1. 锁屏模块

该模块实现的主要功能是，学习者在开启手机屏幕锁的过程中，系统会按照学习者在设置模块里设置好的英语词库与词汇呈现次序，向学习者推送一个英语单词。

2. 英汉词典模块

为了保证学习者的学习自主性，使之能够自主选择学习内容，在英汉词典模块里，学习者可以查询自己不熟悉的英语单词的中文解释，如果学习者觉得该单词很重要，可以将其加入生词本。这样就可以在一定程度上保证生词本里的单词是学习者希望学习的，从而在某种程度上提高其学习效率。此外，学习者还可以让系统朗读查询出来的单词。

3. 微视频模块

该软件除了采用文本方式呈现之外，还采用微视频的方式让学习者记忆词汇。微视频来源于词汇讲解名师对各级词汇的讲解，包括词汇的来源、结构等，每段微视频的长度一般为 4~6 分钟。系统会根据学习者在设置模块的词库选择，自动推送相应的微视频给学习者。

4. 复习模块

该模块主要针对生词本里的词汇，利用 VIP 排队练习法让学习者对陌生的词汇进行复习，默认情况下单词的难度等级为一，学习者答错一次，单词的难度等级就会加一。在学习者选择答案后，系统会及时给予反馈，告知学习者答案，并且会在选项下方显示题干英语单词的全部中文意思以及主要的用途和例句。

5. 设置模块

为了体现个性化学习，设置模块允许学习者自定义锁屏模块推送词汇的范围、词汇推送的顺序，以及把词汇从队列里删除至少需要被连续回答正确的次数。词汇的推送顺序可以按字母顺序和随机顺序。

英语词汇锁屏软件在大学生中已投入使用，由于其操作简单，容易上手，学习交互明确易懂，大学生用户对该软件的可用性认可度很高。

第二节 泛在学习

信息技术的快速发展给人类学习带来了巨大的变化，我们正逐步从在线学习走向移动学习进而步入泛在学习阶段。泛在学习是一种无处不在、随时随地的学习方式，它符合人类终身学习的需求，是一种理想的学习方式，还没有完全成为现实的学习形态，它是一种实践和诉求，正逐渐从理想走向现实。在今天看来，泛在学习的追求与人人皆学、时时能学、处处可学的学习型社会的价值理念一致。

一、泛在学习的内涵、发展历程和特征

（一）泛在学习的内涵

关于泛在学习，学术界至今没有一个明确的定义。广义的泛在学习体现在学习的需求和学习的发生是无处不在的。首先，学习的需求无处不在，即“人人”“时时”的泛在学习。这是从终身学习和学习型社会的角度分析的泛在学习。社会是发展的，每时每刻都充满着变化，新的信息和知识不断出现，所以每个人都需要不断地学习以更新自己的知识与技能，来适应社会的变化、解决生活中的问题和满足发展的需要。其次，学习的发生无处不在，即“处处”的泛在学习。学习发生在一个广域的学习环境中，而不一定要在一个被设计的“教育环境”中，学习者能够在任何地方随时获得自己想要学习的知识。学习是一种主动的、积极的过程，学习行为可以是有意识或无意识的活动，但只要有投入，即使是一些隐性资源，如人的智力、态度等的投入，学习就会发生。最后，学

习资源无处不在，即学习内容是泛在的。[①]人们所需要的知识、经验、信息等不仅存在于被设计的环境中，而且广泛地分布在人群、物理空间、社会空间中，只要有需要，泛在学习系统就会立即推送和呈现学习者所需的学习内容。狭义上，泛在学习是指泛在计算（ubiquitous computing）条件下的学习。以泛在计算技术为核心的信息技术、网络技术将数据库、高速互联网、计算机、传感器、远程设备等融为一体，在网络的连接下构成一个无处不在的泛在网，形成各种技术支撑的学习环境，使学习者可以在任何地点、任何时间进行学习，更充分地体验学习过程，更有效地进行知识建构。

国外学者将泛在学习定义为泛在计算技术支持下的3A学习，即任何人（anyone）可以在任何时间（anytime）、任何地方（anyplace）进行学习。国内学者认为，根据泛在学习的深层次含义和价值诉求可以将泛在学习拓展为7A学习：任何人（anyone），在任何地方（anywhere），选择任何时间（anytime），利用任何合适的学习设备（any device），用灵活的方式（in any way）获取自己所需的任何学习信息（any contents）与学习支持（any learning support）。

（二）泛在学习的发展历程

计算技术和通信技术的快速发展，特别是微型化、智能化的计算设备和互联网的普及，有力地推动着计算模式进入普适计算时代。1988年，美国施乐（Xerox）公司计算机科学实验室的科学家魏瑟第一次提出了“无处不在的计算”的思想和“普适计算”的概念。他认为，人类与计算机的关系需要一个根本性的范式转换。到那时，我们的生存空间中将处处存在着计算和网络，大量计算设备可以主动地围绕学习者展开合适的计算，人们无须再去主动地适应计算设备，而是可以更加关注学习本身及自身发展。[②]经过多年的研究，到2006年，几个发达国家纷纷将建设泛在网络作为一项重要的国家科技发展策略。

国内外关于泛在学习有一些代表性的研究项目，它们有着不同的研究焦点和研究目标，用到了不同的智能技术。英国的环境森林项目（ambient wood project）将移动终端设备安置到森林中，使人们处于虽然有些事物肉眼看不到，但是仍然可以体验到的技术环境，给学习者提供“陌生但是快乐”的新奇的学

① 李卢一，郑燕林．2009．泛在学习的内涵与特征解构．现代远距离教育，（4）：17-22.

② 罗洁．2014．信息技术带动学习变革——从课堂学习到虚拟学习、移动学习再到泛在学习．中国电化教育，（1）：15-21.

习体验。欧洲的移动性德语和意大利语电子词典项目旨在开发一个移动版的在线语言学习系统，从而使移动用户能够随时随地学习在线学习平台上的内容。除此之外，较为典型的泛在学习项目还包括美国的麻省理工学院的“重温革命”项目、“没有围墙的博物馆”项目、“手持式增强现实模拟”项目和哈佛大学的“促进泛在学习的无线手持设备”项目等。

国内关于泛在学习的研究也在逐步展开。泛在学习这个概念被引进国内以后，主要经历了泛在计算、泛在网络、泛网社会、普适学习、泛在学习这五个阶段的转换过程。2006 年 6 月，清华大学召开了第十届全球华人计算机教育应用会议，在会上提出了把泛在计算技术和移动通信技术与“无所不在教育”实践作为“学习环境设计与开发”部分会议专题。随后的各种会议论坛也都提出了有关泛在学习的理论和实践，如“泛在信息社会”的新理念、“面向终身教育的泛在学习模式及其应用研究”重点课题等。台湾中央大学建立了基于环境感知的泛在学习环境，在提倡户外教育的背景下，希望教师和学生不受学习环境的局限，走出教室去学习更真实、更广博的知识，在观察蝴蝶的学习支持系统中，学生通过使用移动终端设备，使自然现场学习、观察学习和教室学习融合为一体。清华大学的智能教室（smart classroom）项目追求现实学习环境的智能化，是人机交互与多媒体集成的多种研究技术融合的成果。上海市以产学研模式开展的学习型社会的建设项目也促进了泛在学习的发展。

分析目前国内外关于泛在学习的研究现状可以看出，早期关于泛在学习的研究主要是通过国家和组织制定相关的政策、计划以及鼓励措施，来积极推进泛在学习的理论和实践发展。目前的相关研究主要集中在如何通过运用各种智能设备和泛在计算技术，营造泛在学习环境，实现一种基于自然方式和具有情境意识的、更加符合人的行为本能和情感体验的人际交互形式，有效地呈现学习材料以实现人与人、人与自然环境的交互。

近年来，泛在学习已经逐渐走向实践应用，开始出现在多种教育场景之中，如教室内的问题解决、博物馆里的互动、户外环境中的探测以及生活中的语言学习等。[①]随着研究的深入，泛在学习不仅满足于在虚拟世界与现实世界之间进行无缝连接，而且开始更加注重学习的个性化和情境感知的研究。此外，不少研究者关注了泛在学习方式所引起的教育教学范式的转变以及学习者学习方

① 潘基鑫，雷要曾，程璐璐，等 . 2010. 泛在学习理论研究综述 . 远程教育杂志，（2）：93-98.

式和风格的变化，并提出了泛在学习环境的概念模型。

（三）泛在学习的特征

泛在学习作为一种移动学习的未来发展趋势和人们理想的学习形态，既有移动学习的全部特征，又融合了普适学习的优点，更加突出了泛在学习可以通过泛在网络与嵌入式设备之间的交互来感知学习者情境的特点，使学习随时随地发生，而这正是我们未来教育和学习追求的目标。[①] 我们认为，泛在学习在本质上具有以下特征：泛在性、学习环境的情境性、交互性、以真实问题为核心、易获取性以及社会性。

1. 泛在性

学习的发生是泛在的，学习的需求是泛在的，学习支持服务也是泛在的。学习者可在任何地方、任何时间，无缝地、灵活地获得基于自身需要的学习支持。

2. 学习环境的情境性

泛在学习环境的情境性有两方面含义：一方面，学习者本身总是处于某种情境中，强调学习的情境化。学习者不再限制于某种特定的学习环境中，而是能够随学习需要而转移，同时泛在学习关注学习者对所处的物理情境、网络环境与社会情境的感知，比如学习者所处的位置、物理环境特点、网络学习中的学习路径、学习者在学习共同体中的社会关系和地位等。另一方面，计算机和以泛在计算技术为核心的信息技术融入人类的日常生活中，使学习者意识不到它的存在，而不是将人置于计算机的世界中。学习者可以体验真实的学习环境，学习进程是无缝变换的，且不会被学习者察觉，学习者甚至意识不到学习环境的存在，进而将全部精力聚焦于学习本身。

3. 交互性

交互性一方面是指学习行为的交互性，即学习者利用终端设备，随时与专家、教师或者学习同伴进行同步或异步的协作与共享交流，以促进知识的建构与更有效的利用；另一方面是指学习环境的交互性，即学习者可以随时随地从泛

① 李卢一，郑燕林．2009. 泛在学习的内涵与特征解构．现代远距离教育，（4）：17-21.

在环境中获取信息，将学习行为从校园带到整个社会，也从真实生活带到网络智能空间中。

4. 以真实问题为核心

学习过程是一种学习者根据自我需求进行自我导向的过程，“真实的学习”强调学生主动地进行知识建构，全身心投入于问题解决过程。学习者是学习的主体和问题的解决者，当面临问题的情景非常接近现实世界或真实场景时，学习者突破自己寻找解决途径的过程能够促进学习者解决问题的技能和高阶思维能力的发展，使学习者在将来的工作和学习中能够有效地解决真实问题。

5. 易获取性

开放、兼容的学习环境促进了信息与物理空间的整合，学习资源、学习过程与学习成果的整合使学习者有较强的体验感和良好的接受度。多样化的通信方式、泛在的学习支持和丰富的学习资源使得学习者能够快速找到适合自身的学习工具和学习方式。

6. 社会性

每个人都具有社会性，并在社会化的过程中形成自己一定的个性特点。不同的社会个体可能面对着不同的社会情景，即使是面对同样的社会情景，不同的社会个体因为其不同的心理特性也可能会有不同的反应。在泛在学习环境下，信息技术有望使人类学习变得更为便利，但绝不是通过技术构建来将人类学习从其社会和文化的境脉中剥离出来。当前，许多理论框架被用来解释人类学习，如知识创造理论、行为理论、场景学习理论，这些理论都强调社会交互对知识建构、知识共享有着重要意义。社会学习个体必须时常与教师、同伴、专家进行交流、协作，才有可能真正地提高学习效率，达成学习目标。①

我们认为，泛在学习除了上述特点之外，还具有以下几个特征：永久性，即学习者的学习过程将会被不间断地记录下来；即时性，即无论学习者身处何方，他们都能立即得到任何信息；适应性，即学习者可以以自己的认知方式和认知特点获得适合自己需求的信息，具有灵活性和自主性；整合性，即泛在学习是面对面学习和在线学习、正式学习与非正式学习、个别化学习与协作学习等多

① 李卢一，郑燕林. 2009. 泛在学习的内涵与特征解构. 现代远距离教育，(4)：17-21.

种学习方式的整合。

二、泛在学习的系统环境

无论处于移动状态还是非移动状态，学习者的学习过程都能够正常进行，不会因为移动终端的切换或者学习情境、学习方式的变换而中断，学习者可以从学习环境中获得持续的个性化的学习资源和学习支持服务，研究者认为，泛在学习环境能够满足学习者的这些需求。①因此，如何构建泛在学习的系统环境来保证在合适的时间、合适的地点，用合适的媒体设备，以合适的方式给学习者提供合适的信息，便成为实现泛在学习亟待解决的问题。

在构建泛在学习的系统环境时，建构主义理论、情境感知学习理论、活动理论和沉浸理论能够提供必要的理论指导，这也是泛在学习的理论基础。我们认为，泛在学习的要素、泛在学习支持服务和泛在学习关键技术是泛在学习环境中最重要的三个部分，为实现泛在学习环境的建构和个性化学习服务提供了强有力的支撑。下面我们将从泛在学习环境的价值功能和泛在学习环境的三个重要部分来进行详细说明。

（一）泛在学习环境的价值功能

1. 泛在学习环境支持学习者的无缝学习

泛在学习环境能够整合物理空间与信息空间，支持正式学习与非正式学习方式的连接，为用户提供无缝的学习体验。根据学习者所处的实时情境、学习需求和学习终端的特性，这些无缝连接的空间能够为其提供适当的、不间断的学习内容和学习服务，使学习得以连续进行。

2. 泛在学习环境具有境脉感知的特性

泛在学习环境具有境脉感知的特性，能够自动感知用户的各种境脉信息，如学习者的位置、所处环境的信息、正在进行的学习活动、学习者与环境或他人的交互情况等信息，智能地生成恰当的结果，经过分析，形成对学习者行为和需求的理解，从而为学习者提供适应性与个性化的服务，并可以在更大范围内实现学习资源的共享，提高泛在学习环境的使用效能。

---

① 张洁 . 2010. 基于境脉感知的泛在学习环境模型构建 . 中国电化教育，（2）：16-20.

3. 泛在学习环境能够为学习者提供适应性服务

泛在学习环境能够为学习者提供合适的学习资源和支持服务，并以符合学习者特征的方式呈现。同时，泛在学习系统能提供适应性的、个性化的导航支持，恰当地为学习者提供与学习路径和学习同伴等信息有关的决策或建议。

4. 泛在学习环境有利于协作学习

泛在学习环境是以泛在网络、软件系统和智能终端为支撑建立起来的，它们能够支持学习者在计算机支持的泛在协作学习环境中及时地与其他学习者形成交流圈或学习共同体，以完成知识的建构、共享和表达。

5. 泛在学习环境能够提供多元交互

泛在学习环境是由多个要素和系统相互连接、相互支持构成的，是非常复杂的，各个要素和系统之间要及时交互和协调。在泛在网络学习环境中，学习者可以利用终端设备随时与专家、教师或者学习同伴进行交流，也可以直接从泛在环境中获取信息，实现学习者和泛在网络之间、信息空间和物理空间之间以及其他要素之间的多元交互。[①]

（二）泛在学习的要素

随着 Web2.0 时代的到来，社会网络、联通主义、学习共同体等概念逐渐受到关注，虚拟环境中人际交往的特点和价值在学习领域的体现愈发明显。泛在学习的基本要素包括显性的泛在学习内容、学习活动、学习同伴以及隐性的学习交互。

1. 学习内容

学习内容是学习者获取知识的信息载体和学习对象。泛在学习环境中充满着大量嵌入式或隐藏的学习内容，这些学习内容中既有学习者通过自主学习获得的显性知识，又有与他人交流时获得的有意义的隐性知识。而且泛在学习环境中的学习资源需要有很好的灵活性和无缝切换的特性，以便学习者在更换学习终端时，学习内容能够自适应调整，保证学习的连续进行。在泛在学习环境

① 亢春艳 . 2011. 终身学习理念下的 U-learning 环境设计 . 现代教育技术，21（10）：83-87.

中，系统通过感知、分析各种学习内容的特征，能够为学习者推送个性化的学习内容与学习路径，充分满足学习者个性化的学习需求。另外，学习内容还具有开放性，即学习者能够协同参与内容的修改和编辑，保证学习内容可以持续更新和生成进化，同时更好地激发学习者的学习动机、维持学习者协作学习的热情。

2. 学习活动

学习活动的开展是学习者获取知识的基本途径，通过与学习者本身以及外界的交互，实现知识的内化和外化，达到主动建构知识的目的，并促进探究、协作、批判等各种能力的提升。学习者在学习过程中的细微行为，如各种手势、言语、表情等，能够表达出学习者的心理状态，通过可视设备反映到系统中，为系统理解学习者的行为并做出相应反应提供参考，因此学习活动设计应当充分考虑上述因素。同时，学习活动的设计者要考虑到学习活动的灵活性和开放性，以便在学习过程中各种学习终端都能够支持学习者开展学习活动，其中学习终端包括各种智能的移动设备、嵌入式设备和计算设备，如智能手机、掌上电脑、可穿戴设备等。

3. 学习同伴

我们通过对在线学习者的学习行为进行研究发现，当学习者的学习目标过高、学习任务超过自己的能力范围以至不能按时完成学习任务和学习者需要外界帮助而没有获得及时有效的支援时，学习者最容易表现出挫折感和孤独感，而通过为学习者提供具有共同文化社会经验的学习同伴能够有效解决这些问题。

泛在学习环境中的学习同伴既包括真实的学习同伴，又包括系统虚拟的智能专家。智能专家通过分析与学习者有关的信息来指导学习者的学习，为学习者提供智能服务，如资源信息推送服务、最佳学习路径生成服务、学习补救服务等，这能够避免由于学习者的学习目标过高或学习能力不足而产生的挫折感。真实的学习同伴则分布在泛在网络的每个角落，由于泛在网络采用点对点的模式，学习者既作为客户端又作为服务器，所以学习者之间都是对等的。每个学习者都可以访问他人，从同伴那里获取资源，同时也可以被他人访问，为同伴提供资源。这种模式促进了泛在学习中协作学习的产生与发展，学习者之间可

以进行无障碍的交流，也可以互相答疑解惑，这样不仅减少了学习者的孤独感，拓宽了学习同伴的人际交往网络，而且加强了资源的共享效果，促进了学习者之间的知识建构与知识表达。学习同伴有助于优化学习效果。

4. 学习交互

在泛在学习环境中，学习者可以与学习内容、学习工具、学习同伴甚至环境中的任何物体进行自然的、无缝的交互，这是一种隐形的学习资源。

在泛在学习环境中，人与人的交互过程是学习者对其他学习同伴的活动进行察觉、认识和理解的过程，学习者只有对与自己相关的所有学习同伴有清晰、全面的了解，在学习过程中才能很好地进行交互。这种交互可以让学习者在学习活动的初期找到合适的学习同伴，并通过群组讨论、主题辩论、情景对话等方式进行协作学习，从而为自己顺利开展学习活动提供及时的帮助和支持，促进学习的深入。在人与环境的交互方面，泛在学习环境中的物体都嵌有传感器和微处理器，学习者无论走到哪里，都能通过与环境中物体的交互获得相关信息与帮助。例如，当学习者靠近并观察某个物体时，邻近的传感器会感知学习者的存在并把这个物体的相关数据发送到学习者的学习终端中。同时，服务器模块与学习者始终处于联系状态，可以获取与学习者有关的信息，如该学习者以前是否接触过当前学习内容，或以何种形式支持该学习者进行学习最合适，为学习者提供个性化的学习服务。

（三）泛在学习支持服务

泛在学习环境中的学习支持服务体系既包括适应性服务，又包括个性化服务，目的是为学习者提供无所不在的学习支持，构建以学生为中心的教育服务体系。由于泛在学习环境中信息环境的复杂性，如何保证服务质量是泛在学习需要重视的问题。①泛在学习环境最显著的特征就是利用各种技术为学习者提供个性化与适应性的学习服务，使信息空间和物理空间中学习者所需的各种学习工具和学习资源能够实时动态地适应学习者的实际情况。泛在学习支持服务包括学习资源供给服务、远程教育服务、智能型学习服务、教育综合服务（如学习内容的供给服务、学习活动管理的支持服务、在线学习服务等）。

① 肖君，朱晓晓，陈村，等. 2009. 面向终身教育的 U-learning 技术环境的构建及应用. 开放教育研究，(3)：89-93.

下面我们通过上海终身教育平台来进一步理解泛在学习支持服务的具体架构。①为构建终身学习体系，更好地实践泛在学习，使之走进现实，上海终身教育平台设置了多个泛在服务的机构，并从学习实践层面提供了各种学习服务。上海终身教育平台的支持中心提供了泛在学习服务，内部架构包括数据中心、监控中心、会议中心、呼叫中心和学习中心等五大中心。

数据中心是网络基础资源的一部分，利用已有的互联网通信线路和带宽资源，建设标准化的能够收集和容纳海量教育数据的专业级机房，作为数据中心的物理环境。

监控中心的功能是提供预警，及时发现平台故障并将其排除。监控中心主要包括技术层和应用层，技术层对终身教育平台业务系统运行的基础设施进行技术监控，应用层主要收集和记录应用层监控运行状况的信息。

会议中心就是为有需要的学习者提供便捷的会议支持模式，为位于不同地理位置的用户提供实时交互。

呼叫中心的建设目标是利用互联网技术、计算机技术、通信技术和数据管理技术等现代化的信息技术搭建综合的终身教育服务平台。

学习中心旨在成为提供先进的学习理念、有效的学习模式、规范的学习管理、优质的学习服务的远程终身学习中心，并对地区的终身学习服务支持的建设起到示范和引领作用，包括咨询接待、资源展示、学习体验以及管理服务等功能。学习中心在实践层面提供各种学习指导和服务，并能够及时解决学习者在学习之前或过程中出现的各种问题。例如，针对进入终身学习平台的学习者，学习中心提供终身教育平台使用教程，如课程导航、服务指南、学习平台使用手册、积分学时规则等。学习平台还尽可能提供适合不同年龄、不同学习风格学习者的交流工具，采用多媒体形式，使学习者尽快适应学习平台，能快速、顺利地进入学习界面，轻松地获取学习内容。

此外，由于泛在学习的学习对象不是固定的，而是不断扩充和变化的，所以仅仅采用简单的移动通信设备和无线网络技术是不能够满足学习需要的，还要利用感知网络技术和学习分析技术等，根据学习群体和学习情境的不同，建设提供个性化的自适应学习服务的系统。

---

① 王民，顾小清，王觅 . 2010. 面向终身学习的 u-Learning 框架：城域的终身学习实践 . 中国电化教育，(9)：30-35.

（四）泛在学习关键技术

泛在学习关键技术主要是泛在计算技术。目前，泛在计算的实现主要有三种模式：可穿戴计算模式、信息设备模式、智能交互空间模式。[①]泛在学习环境的技术实现也建立在以上三种模式上。

1. 可穿戴计算模式

这种模式需要基于可穿戴设备来实现，利用可穿戴设备的智能性和实时记录等特点实现直接、持续的人机交互。比如，将微型计算机、智能手机和多种相关输入输出设备（头戴显示器、耳机、麦克风、摄像头等）佩戴在人身上，当学习者观察或者触碰到一个物体时，微型计算机或智能手机可以立即把与这个物体相关的所有信息显示在可穿戴设备上，必要时会调用语音，当学习者与别人对话时，微型计算机可以自动为学习者做记录等。

2. 信息设备模式

信息设备模式就是将日常生活中的各种器具看作人们计算和感知资源的显示载体，作为人机交互的接口。泛在计算涉及的信息设备主要包括四大种类：信息访问设备、智能电器、智能控制器以及智能娱乐系统。人们可以用平时习惯的方式来使用各种信息设备而在不知不觉中很自然地完成人机交互的任务。

3. 智能交互空间模式

这种模式将计算机视觉、语音识别、墙面投影等多种计算资源、感知设备嵌入人们的日常生活、工作空间中去，人们的生活就处于智能空间中，使生活智能化。学习者无须在一个特定的环境中，就可以用自然的人与人交互的方式，如语音、手势、姿态等，与各种智能系统进行交互并获得服务，并且这种智能交互不一定是面对面的，就算不在视野内，计算机也可以识别在该物理空间中的人的语音、手势、姿态等信息，进而判断出人的意图并做出合适的反馈或动作。

构建泛在学习环境时，除了上述泛在计算技术的有力支撑外，宽带网络技术、无线通信技术、传感技术、微处理计算技术和服务器模块等都发挥着各自重要的作用。

---

① 李卢一，郑燕林. 2006. 泛在学习环境的概念模型. 中国电化教育，（12）：9-12.

近年来，随着泛在学习理念的提出以及有关泛在学习项目的初步尝试与开展，泛在学习已逐渐走进人们的视线，并取得了一定的理论和实践成果。到目前为止，我国国家级公共资源服务平台和各省市的公共资源服务平台都在积极建设并投入使用，这为泛在学习的开展提供了大量的学习资源、服务和工具，也为泛在学习的实践提供了平台。同时，移动设备和网络技术的发展为泛在学习构建了良好的技术环境，为泛在学习的推广和开展提供了可能。然而，由于泛在学习是实现随时、随地、随需的无缝学习，要实现个性化学习，提供个性化的、自适应的学习服务，还需要大量先进的嵌入式传感器及计算设备，以实现高速计算与境脉感知，满足各类学习者的个性化学习需求，真正实现正式学习与非正式学习的无缝融合。

三、泛在学习的发展趋势及对终身教育的影响

（一）泛在学习的发展趋势

泛在学习是人们理想的一种学习形式，也是现在教育技术领域研究的热点之一，我国不断地对其理论发展和实践应用进行探索，并取得了一定的成果。通过当前的泛在学习研究状况，我们可以看出其发展趋势。

1. 泛在学习的应用模式逐渐走向混合式

目前，泛在学习活动主要是基于主动探究和感知推送的泛在学习应用模式。因为泛在学习是在线学习和移动学习的高级发展阶段，所以早期开展泛在学习时，借鉴的是应用相对成熟的移动学习模式。随着感知技术和泛在计算技术的发展与应用，以及智能化教学设备的投入使用，更加智能化的基于情境感知的泛在学习应用模式逐渐出现。混合式泛在学习应用模式最早出现在2009年，起步相对较晚，相关研究较少，这种模式以增强现实技术、游戏化、可穿戴设备为主要特征，混合了主动探究与情境感知的学习方式，就现在来看，比较具有研究空间和发展优势。比如，增强现实技术的应用改善了情境感知泛在学习环境，将传统的、需要在特定环境中呈现的目标对象用一种更加自然的方式呈现出来。可穿戴设备的应用将变革传统的终端设备，促进更加便捷的交互方式以及更加人性化的资源推送方式的出现。[①]

① 王怀波，杨现民，李冀红. 2015. 泛在学习应用研究的发展与典型模式分析. 中国远程教育，(12)：18-26.

2. 更加重视泛在学习资源的建设

实用和个性化的泛在学习资源是开展泛在学习的基本保障，其资源建设是整个泛在学习系统应用的重要前提，因此，怎样建设学习者需要的资源，建设什么类型的资源，资源以什么形式呈现，这都是泛在学习实践者必须考虑的问题。泛在学习不像移动学习那样提供预先包装好的资源，它提供一种学习环境，而环境中任何一种可以支持学习发生的实体都可以成为学习资源，那么学习资源的设计就是以学习过程为中心，通过对泛在学习环境的设计来激发和维持学习者的动机，依据情景实现资源的封装与聚合，实现人人可学、时时可学、处处可学。因此，在对预设资源和相关资源的设计进行研究后，要逐步扩展到把整个社会和自然界都视为广泛的学习资源，从而满足泛在学习的要求，甚至终身学习的需求。

3. 注重开发支持泛在学习的技术

泛在学习的发展离不开技术的支撑，先进的技术是泛在学习从理想走向现实的必备条件。以普适计算、云计算等为代表的技术应用为泛在学习的实现提供了可能，普适计算中的“上下文感知”“动态语义分析”等智能化技术则为优化泛在学习效果提供了帮助。在泛在学习环境中，人与计算机进行着不间断、透明化的交互行为，普适计算系统通过获取与使用者需求相关的上下文信息内容，以确定为使用者提供什么样的内容，上下文感知技术是普适计算中的重要内容，普适系统对上下文的感知是下一步泛在学习能否有效展开的关键。动态语义分析是一种数据挖掘技术，是一种强大的获取和理解网络信息的技术。泛在学习环境中的学习资源存在分散无序、共享性差、聚合性不足等缺陷。[①]动态语义分析技术可以对具有显性和隐性语义联系的分散化的学习资源进行分析与聚合，促进学习资源间语义关联的动态建立和发展，这是实现资源关联进化的核心。

（二）泛在学习对终身教育的影响

终身教育要求打破现行教育制度中的一切已有界限，使人的一生都处于受教育的状态中，使整个社会成为全民学习、终身学习的学习型社会。终身教育

① 杨现民 . 2014. 泛在学习资源动态语义聚合研究 . 电化教育研究，（2）：68-73.

给予了每个人终身学习的权利和义务，主张教育可以时时刻刻发生，它超越了现今社会的一切教育体制。各国都在积极倡导终身学习，现代社会的发展也要求人们不断学习，不断接受新的知识，而泛在学习能够让每个人有时时可学、处处可学的机会。可以说，泛在学习为终身学习的实现创造了更大的可能性。

1. 泛在学习的泛在性为终身教育发展提供了条件

泛在学习的基本特征就是学习者可以在任何地方、任何时间，无缝灵活地获得各种无所不在的基于自身需求的学习支持。泛在学习将无线网络和物理空间完美无缝地融合，给学习者提供了一个无处不在的、充分自由的学习空间，这种学习空间是一种智能的、开放的、多维交互的混合式学习环境，这为终身教育的实现创造了良好的环境支持。例如，对于一个已经从学校毕业许久的成年人来说，如果他想学习一些需要的知识，而个人的生活、身体原因、教育界限、体制等原因使其很少有机会再接受正规、系统性的教育，那么泛在学习方式就充分发挥其非正式性、泛在性、实时性等特征，为成年学习者提供时时、处处可学的任何学习资源，满足其学习需要。

2. 泛在学习的移动性将促进终身教育的普及

移动性已成为当今人们的学习方式的突出特点，泛在学习恰是一种人们可以利用便携轻巧的终端设备，在不同的服务空间中自由、轻松地进行的学习活动。近年来，随着移动通信网速的提升、无线网络覆盖区域的扩大以及手持移动设备计算性能与存储能力的增强，各种功能强大的即时交互软件（如微信、QQ 等）得到普及，智能手机等手持式移动设备可以让我们在任何时间或地点获取、处理和发送信息，随时随地开展教育活动、传递教育信息，使信息无处不在，交流无处不在，促进了终身教育的普及。例如，无论是学生、上班族还是老人，都可以在乘坐公交车时、等餐时，根据自己的需求轻松获取信息、开展学习。

3. 泛在学习特征能够真正体现以人为中心的学习方式

终身教育注重人的自由生长和全面、协调、可持续发展，强调对个人价值的人文关怀，强调教育活动的开展要以人为中心，满足人们个性发展和全面、可持续发展的需要，旨在使每个人都积极参与到教育过程中，真正成长为一个具有综合素质的现代人。泛在学习的智能性和人性化能够体现以学习者为中心的特点，这与终身教育的本质不谋而合。

泛在学习的智能性表现为智能工具将人的听觉、视觉和触觉等感官和泛在学习系统自然连接，成为学习者学习的感知接口，包括智能的学习设备、感知的学习环境和智能的学习支持。泛在学习的人性化表现为学习者可以根据自身需要，利用智能终端设备，随时随地地学习符合自己认知风格和个性化需求的学习资源，开展学习活动，这一切都是以学习者的自我需求为核心的，这种自由式学习方式的发生是自然的。泛在学习凭借自身拥有的强大的技术优势和广泛存在的各种资源以及创造的无缝学习环境，将更有利于实现终身教育的最高目标——学习型社会的构建。

四、泛在学习的典型应用

上文介绍了泛在学习的内涵、特征、系统环境以及研究趋势等，使人们对泛在学习有了一定的认识和了解。下面我们以上海交通大学的智慧泛在课堂和情境感知户外生态教学系统支持下的小学蝴蝶生态教学案例为例，对我国泛在学习的实践状况进行介绍。

（一）上海交通大学的智慧泛在课堂①

上课时书包里不必再背着厚重繁多的教学参考书，自学时不再有到处翻阅查找资料的苦恼，随时随地就能畅游知识海洋，随心阅读喜欢的书籍，碰到困惑的问题只需手指轻松一点，便可以听到教师的讲解……随着社会的进步和人们生活方式的改变，越来越多的人对未来的学习方式抱有上述这样的希望。为倡导“以学生为中心、基于问题导向”的教学模式，2011 年，上海交通大学积极推进教学参考资源电子化、移动化的建设，由图书馆、教务处、网络信息中心共同合作与开发，首创智慧泛在课堂，推动高校教学模式的变革。在上海交通大学创建的智慧泛在课堂里，学校图书馆会针对每位学生所选修的课程主动推送对应的个性化定制的电子教学参考资料。教师和学生只需每人一个移动阅读器，便可不受网络环境制约、随时随地查看课程和相关书籍。选修同一门课

---

① 中国青年报 . 2011. 上海交大首创“智慧泛在课堂”. http: //zqb. cyol. com/html/2011-11/10/nw. D110000zgqnb_20111110_5-12. htm[2016-05-20].

程的学生还能分享彼此的读书笔记、读书心得。

上海交通大学图书馆与北京世纪超星信息技术发展有限责任公司合作，为智慧泛在课堂的首个试点用户——致远学院约200位学生提供了个性化定制的移动学习终端，终端里嵌入了该学院本学期所有课程资料及相关参考书。通过智慧泛在课堂，上海交通大学将图书馆电子教学参考资源融入学校教务系统，实现了教学课程信息与教学参考资源的实时互通和“教”“参”“学”的三位一体。这让一部分学生率先感受到了颠覆传统学习方式所带来的新奇。

上海交通大学将2011~2012学年第一学期近500门课程的2000余套教学参考资料放入智慧泛在课堂中。针对不同的用户群体，智慧泛在课堂还为师生设计了个性化的平台界面和功能。学生在选课平台中选好课程后，便可在所选课程中直接查看和阅读教师指定参考资料的全文。授课教师也可以在课程平台中随时添加、删除和管理课程所需的教学参考资料信息，既可以由图书馆根据教学参考信息自动为教师课程实时添加教学参考资料，也可以由教师直接查询图书馆的馆藏资源，进行选择后完成教学参考资料的添加。

智慧泛在课堂还将不断丰富教学参考资源，涵盖图书、论文、开放课件、视频、多媒体资源等各种类型，逐步形成无所不在、泛在智能的移动课堂。

智慧泛在课堂项目是我国高校积极推进泛在学习的实践，也为其他高校做出了榜样和表率，我们相信，在我国大力推进教育信息化的背景下，越来越多的学校会进行实践，以推进泛在学习的发展。

（二）情境感知户外生态教学系统支持下的小学蝴蝶生态教学案例[①]

情境感知户外生态教学系统项目是由我国台湾学者黄国祯主持的，此项目以泛在学习为概念基础，强调系统以无线通信、移动设备配合教学活动等泛在学习环境三要素进行规划。此项目以掌上电脑为移动载具、以全球卫星定位技术达到立即定位，并配合情境感知之时间情境与使用者位置情境条件考虑，建立无所不在的学习空间。情境感知泛在学习利用移动通信技术、无线网络技术和传感技术，与真实环境中的学习者互动而进行意义建构知识，检测和记录学习者的学习行为，分析学习状态，为他们提供适时的、个性化的学习支持与学

① 黄国祯. 2011. 认知风格对情境感知泛在学习成效的影响——以小学蝴蝶生态教学为例. 现代教育技术，（5）：18-24.

习反馈。

此研究项目应用在小学自然课程的学习活动中，实验的场所是台南县成功小学的蝴蝶生态园。为了在蝴蝶园及蝴蝶标本馆实施情境感知泛在学习活动，研究利用无线射频识别（RFID）的标签代表各种蝴蝶的观察地点，除了在蝴蝶园依照蝴蝶蜜源位置布置学习对象的卷标，贴置在蜜源区的叶子上，还在蝴蝶标本馆布置学习对象的卷标，贴置在标本玻璃上。鉴于蝴蝶有季节性的生态问题，在蝴蝶园里观察不到的蝴蝶，可到蝴蝶标本馆观察。

此项目开发了一套情境感知泛在蝴蝶生态学习系统，并将蝴蝶课程的活动内容建立在计算机服务器中。在学习过程中，学生可通过无线网络，使用掌上电脑与服务器中的学习系统进行互动。在学习环境中，每个蝴蝶生态区都安置了 RFID 的对象卷标，用以储存该区域的代码；而每台掌上电脑则安装了 RFID 的读码机，可以读取学习环境中的对象卷标内容。因此，当学生接近某个生态区时，掌上电脑上的 RFID 读码机就会感应到相对应的代码，学习系统就会依据这些代码提示学生要观察的内容及学习任务，使现场学习和教室学习融合为一体。

近年来，世界各国已陆续对情境感知泛在学习进行研究与应用，除了语言教学与生态教学之外，情境感知泛在学习的概念也被用在乡土教学或历史文物教学方面。通过这些研究的实践与应用成果可以发现，泛在学习的概念已经逐渐地被教育研究人员及学校教师所接受，这将非常有助于泛在学习的实践和发展。

第三节 智慧教育

进入 21 世纪后，在大数据、云计算、物联网、移动通信技术等新型信息技术的推动下，智慧教育逐渐进入人们的视野，成为多个国家和地区未来教育发展的方向，从在线学习到移动学习，再到泛在学习，进而走向智慧教育已是全球教育发展的必然趋势。

一、智慧教育的内涵、发展历程和特征

（一）智慧教育的内涵

智慧是教育永恒的追求，是一种高阶思维能力和复杂问题解决能力，因此智慧的发展是教育的基本价值走向。智慧教育思想最早由哲学家提出并阐述，哲学视角下的智慧教育所提倡的是唤醒人类智慧，发展人类辨析判断、发明创造的能力。我国智慧教育最早可追溯至1997年杰出科学家钱学森先生开始倡导的“大成智慧学”，英译名称为“science of wisdom in cyberspace”，cyberspace是网络信息空间的总称，可见那时钱学森先生便已预见到了信息化对智慧教育发展的关键性作用。①

杨现民认为，大成智慧指导下的智慧教育内涵包括以下几部分内容：打通学科界限，重视通才培养；掌握人类知识体系；实现人机结合，优势互补；培养高尚的道德情操。大成智慧教育的宗旨是培养大批顶尖的创新型人才，服务于我国创新型国家建设，对教育发展具有很强的现实指导意义。②

祝智庭认为，信息时代的智慧教育的内涵是：通过构建智慧学习环境，运用智慧教学法，促进学习者进行智慧学习，从而提升成才期望，即培养具有高智能和创造力的人，利用适当的技术智慧地参与各种实践活动并不断地创造制品和价值，实现对学习环境、生活环境和工作环境灵巧机敏的适应、塑造和选择。

学者尹恩德从教育信息化带动教育现代化发展的角度界定了智慧教育的概念：智慧教育是指运用以物联网、云计算为代表的一批新兴的信息技术，统筹规划、协调发展教育系统各项信息化工作，转变教育观念、内容与方法，以应用为核心，强化服务职能，构建网络化、数字化、个性化、智能化、国际化的现代教育体系。③

智慧教育是数字教育的高级发展阶段，是教育信息化的新境界。它依托物联网、云计算、无线通信等新一代信息技术，打造能够全面感知学习情境、支持随时随地的无缝学习、设计多种智慧化的学习活动、提供丰富的学习资源、记录学习数据、支持多种学习工具和自然简便的交互接口的智慧化学习环境，

① 祝智庭，贺斌．2012．智慧教育：教育信息化的新境界．电化教育研究，（12）：5-13．

② 杨现民．2014．信息时代智慧教育的内涵与特征．中国电化教育，（1）：29-34．

③ 尹恩德．2011．加快建设智慧教育，推动教育现代化发展——宁波市镇海区教育信息化建设与规划．浙江教育技术，（5）：56-60．

旨在提升教育系统的智慧化水平，实现技术与教育系统各要素的深度融合，促进教育系统的发展与革新。

（二）智慧教育的发展历程

智慧教育作为教育信息化的高端形态，在全球教育领域产生了越来越大的影响。众多国家和地区相继开展了一系列有关智慧教育的理论研究与实践研究。2006 年 6 月，新加坡公布了总投资约为 40 亿新元的“智慧国家 2015”计划，该计划的战略目标是利用信息技术建设国家范围内的基础教育设施，建设人性化的个人学习空间，使新加坡成为一个智慧的国家、全球化的创新中心。2011 年，韩国颁布了《通往人才大国之路：推进智能教育战略施行计划》，旨在推广和普及数字化教科书，期望通过教科书来推动教育体系的升级，将智慧教育的实现作为国家信息化的战略重点优先部署。2012 年，国际智慧学习环境协会成立，它由计算机科学、教育学、环境学、教育技术学等领域的国际专家发起。2014 年 7 月，首次国际智慧学习环境大会在香港教育学院召开，同年，《智慧学习环境期刊》（*Journal of Smart Learning Environment*）创刊。

对推进信息技术支持下的智慧教育最具影响力的国际事件为 IBM（国际商用机器公司）的智慧地球战略。2008 年，IBM 在《智慧地球：下一代领导议程》报告中首次提出了智慧地球的概念。利用新一代的信息技术，如网络通信技术、大数据分析、增强现实技术、传感技术等技术的支持，构建一个更加智能互联的、新的世界运行模型，是 IBM 对智慧地球的期待。在智慧无处不在的大背景下，人类世界也随之转变，正朝着更小、更平、更智慧的方向演进，在此背景下，智慧教育破茧而出。①

（三）智慧教育的特征

与传统教育相比，智慧教育是智慧环境下的新型教育形态，呈现出不同的教育特征、技术特征和资源特征。

1. 教育特征

首先，智慧教育的教育特征体现在智慧教育能够使用信息技术将学校、家

① 祝智庭，贺斌 . 2012. 智慧教育：教育信息化的新境界 . 电化教育研究，（12）：5-13.

庭、图书馆、社区等场所构成一个教育生态系统，使学习的发生无处不在。其次，在智慧教育中，技术已经融合在人们的学习和生活中，教师和学生不再关注技术而是学习活动本身，促进了信息技术与课程教学的深度融合，这是智慧教育成功实现的核心特征。再次，信息技术的快速发展和普及应用为绿色高效的教育管理提供了便利的条件，促进了教育管理的智慧化。最后，智慧教育能够实现基于大数据的科学分析与评价。智慧教育需要更具智慧的教育评价方式，“靠数据说话”是智慧教育评价的重要指导思想。物联网、云计算、移动通信、大数据等新一代信息技术实现了教育管理与教学过程数据的全面记录、存储与分析，并通过可视化技术进行直观的呈现，为教育评价提供了更多的评价角度和指标。

2. 技术特征

从技术的视角来看，智慧教育是一个集约化的信息系统工程，通过新一代信息技术，对教育环境与教育要素进行情境感知、无缝连接、智能管控、全面交互等，进而辅助个性化的学习和智能化的教育管理与决策。从宏观层面来看，智慧教育的技术特征主要表现为在智慧教育环境中采用面向服务的软硬件，实现了智慧教育系统中各类应用、数据及功能的有效整合，通过泛在网络实现系统集成、物理环境和网络环境的无缝融合，大大提高了系统的功能性、适应性和扩展性。在微观层面，智慧教育的技术特征主要表现为利用技术对学习环境进行感知和智能调节，依据情境感知数据自适应地为用户提供推送服务，对校园环境进行智能化管理，对教与学的过程进行跟踪与记录，对教育资源按需推送，实现人与人、人与物的全面交互。

3. 资源特征

智慧教育环境下学习资源的建设、存储和应用模式相比于传统资源体现出了一些新的特征。首先，从学习资源的流通方式上来看，全球教育资源体现出了无缝整合共享的特征。智慧教育秉承开放共享理念，通过多种途径提升了全球优质教育资源的开放性和易获得性，实现了资源的无缝整合与无障碍流通。其次，从学习资源的建设理念来看，资源的建设正从以产品为中心转向以服务为中心，所以资源平台的建设也从技术平台的搭建转向服务体系的构建，这是

智慧环境下人们学习理念的变化引起的。最后，智慧学习资源的技术支撑从传统的数字化转向智能化。[①]资源的表现形式已从传统的静态、封闭的文本、图像等素材资源转向动态、开放、共享的移动学习资源、微课资源、MOOC资源、基于社会化网站的学习资源建设及电子教材的设计与开发等。

二、智慧教育的体系架构

要深入理解智慧教育以及智慧教育所依托的信息技术，就必须对智慧教育的体系架构有清晰的认识。杨现民和余胜泉结合智慧城市体系，把智慧教育体系概括为“一个中心、两类环境、三个内容库、四种技术、五类用户、六种业务”[②]。赵秋锦等进一步提出了智慧教育环境的系统模式，并描述了体系模块相互连接的部分技术。[③]从智慧教育功能与先进信息技术的融合出发，智慧教育是一个由多种教育活动、过程以及功能技术模块共同构成的智能化教育生态系统，是数字教育的高级发展阶段，我们认为智慧教育的体系主要由五层结构组成，如图5-3所示。

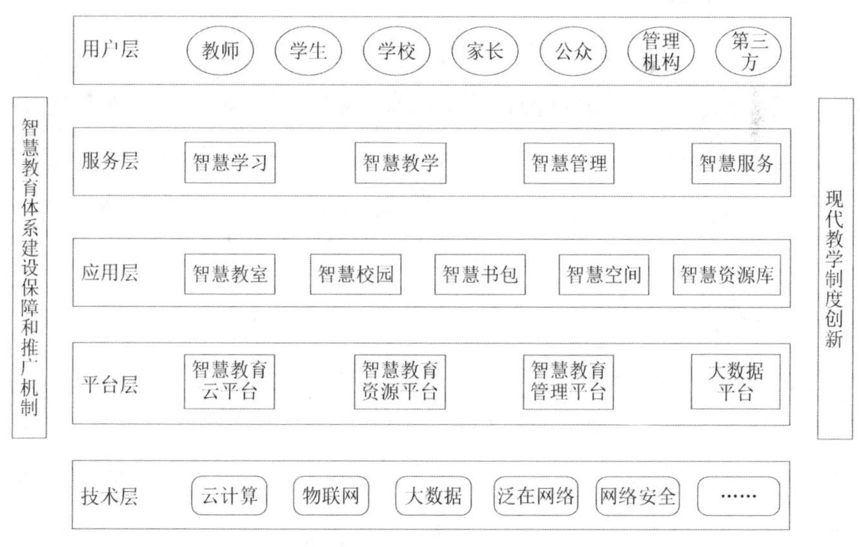

图5-3 智慧教育的体系架构

① 王玉龙．2014．智慧教育概念特征、理论研究与应用实践．中国教育信息化，(1)：10-13.
② 杨现民，余胜泉．2015．智慧教育体系架构与关键支撑技术．中国电化教育，(1)：77-84，130.
③ 赵秋锦，杨现民，王帆．2014．智慧教育环境的系统模型设计．现代教育技术，(10)：12-18.

需要说明的是，智慧教育体系不是孤立的系统，而是智慧社会、智慧城市建设的重要组成部分。智慧教育的体系就是通过各种先进的信息技术建构出智慧教育环境，提供智慧教育资源，从而使教师、学生、学校、家长、公众、管理机构以及第三方实现智慧学习、智慧教学、智慧管理和智慧服务，最后要达到任何人在任何时间、任何地点都可以获得想要的资源及服务。此外，智慧教育体系需要配套相应的建设保障和推广机制以及进行现代教学制度创新。下面我们将从智慧教育体系架构的技术层、平台层、应用层、服务层和用户层分别进行分析。

（一）技术层

云计算、物联网、大数据、泛在网络以及网络安全技术等是支撑智慧教育体系构建的关键技术。物联网和泛在网络是智慧教育体系建设的基础，大数据和云计算技术是智慧教育体系建设的支柱，网络安全技术是各种技术整合和运行的保障。

1. 云计算

云计算是基于互联网的相关服务的增加、使用和交付模式，通常涉及通过互联网来提供动态、易扩展且经常是虚拟化的资源。云计算能够将分布在各地的服务器群进行网联，满足大规模计算能力、海量数据处理和信息服务的需求。云计算被认为包括以下三个层次的服务：基础设施即服务、平台即服务和软件即服务。①

2. 物联网

物联网是新一代信息技术的重要组成部分，也是信息化时代发展阶段的重要产物。物联网利用局部网络或互联网等通信技术把传感器、控制器、机器、人员和物品等通过新的方式连在一起，实时采集各种需要监控、连接、互动的物体或过程等的信息，形成人与人、人与物、物与物直接或间接的连接，实现信息化、远程识别、管理和控制以及智能化的网络。物联网是互联网的延伸，它包括互联网及互联网上所有的资源，兼容互联网上所有的应用，但物联网中所有的元素（所有的设备、资源及信息等）都是个性化和私有化的。

① 罗军舟，金嘉晖，宋爱波，等 . 2011. 云计算：体系架构与关键技术 . 通信学报，32（7）：3-21.

3. 大数据

大数据技术是一系列收集、存储、管理、处理、分析、共享和可视化技术的集合。其通过各种技术，如遗传算法、神经网络、数据挖掘、回归分析、数据融合与集成、机器学习、自然语言处理、情感分析、网络分析、空间分析、时间序列分析、分布式文件系统等实现海量数据的跨领域交叉融合和数据的流动生长。与传统数据相比，大数据具有非结构化、分布式、量大等特性。

4. 泛在网络

从字面上看，泛在网络就是广泛存在的、无所不在的网络。余胜泉认为，泛在网络是通信网、互联网、物联网的高度协同和融合，将实现跨网络、跨行业、跨应用、异构多技术的融合和协同。[①]

智慧教育体系的建设需要多种信息技术的综合应用，除了上述四种关键支撑技术外，网络安全技术在信息时代也很重要。此外，不断发展的增强现实技术、行为感知技术、可穿戴技术等先进技术，将为智慧教育体系的架构提供重要技术支撑。

（二）平台层

平台层包括智慧教育云平台、智慧教育资源平台、智慧教育管理平台和大数据平台。各个平台不是相互独立的，而是相互依托，共同为用户提供智慧化服务。智慧教育云平台对智慧教育体系有至关重要的作用，作为中心平台，它要提供统一门户、统一身份认证、统一接口和统一数据中心等基础支持服务；结合大数据平台，它有效整合现有的软硬件资源和信息数据，为学校提供计算、存储、网络安全等计算资源服务；结合智慧教育管理平台，它实现通用教育业务的集中化管理和信息资源的按需分配；它整合现有各类教育软件系统，促进应用系统贯通与集成，形成基于统一数据环境的集成、智能的信息平台。智慧教育资源平台主要是为智慧教学与智慧学习提供保障，在智慧教学环境中，教师依托智慧资源平台，为学生提供符合其认知特征和教育特点的教学服务，同时能够全面呈现学生的学习数据，及时、准确地把握学生的差异，做出相应的教学引导和开展针对性教学；学生利用智慧资源平台随时随地地获取所需资源，进行

① 余胜泉．2014．从数字教育到智慧教育．中小学信息技术教育，（9）：24-25．

个性化学习。

（三）应用层

平台层上方是各个平台支持下的各种应用，是智慧教育具体业务的执行单元，也是实现教育业务流程的重要载体和空间，它们共同构成了智慧教育环境。智慧教育环境不仅包括智慧教室、智慧校园、智慧书包等物理的智慧环境，还包括虚拟的智慧空间，所以它是一个复杂的教育生态系统，每个应用在智慧教育环境中都占有重要的地位，且各应用之间通过虚实融合（智慧教室与智慧空间共同构成了物理和虚拟相结合的智慧学习空间）、链接社群、无缝切换、多终端访问的方式相互融合，共同构成一个统一的、灵活多样的教育环境。智慧校园主要通过各个服务平台，依托上述的关键技术支持，集成校园的信息系统，为广大师生提供智能化感知环境，为教学、科研、管理和生活提供智能化、个性化、便捷化的信息服务。智慧资源库则以满足学习者智慧化的发展需求为基准，为智慧学习和智慧教学提供必需的支撑，满足正式学习和非正式学习的要求。学习者可以不受时空的限制，利用任何设备获得符合个性化需求的学习资源，不仅在教室，而且在情境化和社会化的真实环境中实现个性化学习、自主学习、集体探究式学习、基于问题的学习。郑旭东等认为，智慧资源建设体系是一个结构复杂、动态变化的系统，所以智慧资源库应该包括学习资源库、开放课程库和管理信息库。①

（四）服务层

在应用层的支持下，智慧教育要推动信息技术与教育教学的深度融合，有效支撑智慧学习、智慧教学、智慧管理和智慧服务四个主流教育业务的顺利开展。

智慧学习主要以学习者为中心，使学习者主动地与资源、与虚拟的和现实的环境进行智能交互，实现正式学习和非正式学习。智慧学习环境可实现学习者学习数据的云服务同步，记录学习者的学习过程、智能分析学习者的学习成果、图形化呈现分析结果，并能结合教师的意见对学习者的学习提供指导和帮助。对于在校学生，智慧学习环境可使其在学校、家庭和社会中的学习都具备

① 郑旭东，杨现民，岳婷燕 . 2015. 智慧环境下的学习资源建设研究 . 现代教育技术，25（4）：27-32.

智慧性，其关键特征是适应学习者个体差异、学习目标差异和学习情境差异，学习者通过与技术环境的智能交互，实现自适应学习和个性化学习。

智慧教学以提升教师教学智慧、促进教师专业发展、培养智慧型和创新型人才、达到智慧教育为最终目标。智慧教学是教师利用各种先进信息化技术和丰富的教学资源，根据教学需要，在智慧教室或智慧空间中开展的教学活动。在教学过程中，教师能够灵活控制学习终端，及时准确地将智慧资源库中各种丰富的优质资源引入课堂，提供综合性的智慧教学功能，安排学习计划、学习干预，形成学习的诊断与评价等，发现教学过程中的问题并进行相应的教学调整；教师还能够利用教师空间、教学社群及知识库开展网络教研活动和学习，提高教学水平。智慧教学并不是孤立的，而是与智慧学习、智慧教育云平台、智慧教育资源平台形成有机的整体，从而确保智慧教学服务的准确性和针对性。

我国的教育管理信息化相对于教学信息化发展较快，但当前的教育管理信息化水平仍然具有提升的空间。智慧教育体系建构中对智慧教育管理平台支持下的智慧教室、智慧校园、智慧空间等的建设也是为了进一步提升教育管理的智慧化水平。如今大多数教育管理平台对教育数据的使用多限于简单的统计分析，并未对教育数据做深度挖掘。智慧教育管理平台可以对各种教育需求和教育数据进行智能处理，为教育管理提供资源配置、数据集成、信息管理、运行状态监控、教育质量监测等业务支持，实现教育数据深度挖掘，为教育决策提供支持；可以使教育系统中各个组织方便、快捷地获取信息，提升教育安全管理水平；可以实现教育的可视化管控、安全预警和远程督导，实现创新综合的管理模式。

教育的本质是一种特殊的服务，信息技术的发展为教育服务智慧化水平的提升创造了条件，智慧教育、智慧学习、智慧管理等都是智慧教育所要提供的服务的一部分。智慧服务是整个智慧教育体系能够正常运转的基础，也是智慧教育体系不断发展和提升的目标。我们认为，智慧服务主要包括两个大类：一类是内层的智慧教育运营维护服务；另一类是外层的智慧教育公共服务。其中，智慧教育运营维护服务保障智慧教育系统和谐运转；智慧教育公共服务提供智慧教育环境，让全民获得个性化的学习与发展。

（五）用户层

用户层集合了所有能够访问智慧教育系统的用户，用户角色主要包括教师、学生、学校、家长、公众、管理机构以及资源和服务提供第三方。从横向看，用户层主要包括两类用户，分别是区域内部访问用户和外部访问用户。用户可以使用多种服务终端，通过多种渠道，随时随地登录系统统一信息门户，享受权限范围内的各种智慧教育服务。从纵向看，用户层主要包括基础用户（教师、学生、学校、家长、公众）、管理机构以及资源和服务提供第三方。智慧教育体系的架构就是要为各类用户提供最需要、最准确、最便捷、最适合的教育服务，发展数字智慧与教育智慧，提升其发展的质量。

三、智慧教育面临的挑战与未来发展的趋势

（一）智慧教育面临的挑战

世界各国越来越注重教育对经济和社会发展的巨大推动作用，注重培养创新人才以增强本国核心竞争力，所以世界范围内都注重发展智慧教育。智慧教育的发展过程是艰难的，我国智慧教育的发展也遇到了一些挑战，有些问题可以得到及时解决，但是有些困难需要很多研究者和实践者的共同努力才能克服。

1. 对教育的智慧转型的认识不够统一

我国的智慧教育刚刚起步，尽管祝智庭、黄荣怀等学者对智慧教育的概念、特征与智慧教育环境的体系架构等多方面进行了介绍和深入探讨，北京、上海、苏州、宁波等城市开始了智慧城市和智慧教育方面的尝试，部分信息技术企业和组织也为智慧教育的发展提供了技术和服务等方面的支持，但政府、社会和教育机构对智慧教育的认识仍不统一，尤其是教育机构内部对智慧教育的认识存在一定分歧，智慧教育的发展缺乏来自各方面的协同推动力量。纵观世界教育发展潮流，智慧教育已然成为欧洲等地区及美国、日本、韩国等国家未来的教育发展战略，智慧教育对促进我国教育信息化、实现教育变革有举足轻重的作用，所以政府、社会和教育机构应该统一认识，积极实践，加速推进我国智慧教育的发展。

2. 外部物质条件的支持不够充分

要建设新型智慧教育环境，技术和资金等外部支持是关键性因素。拥有充足的资金支持、合理的政府监管和政策保障，同时各级教育部门、学校、管理

人员相互协调，才能确保智慧教育建设项目所有费用合理使用，落到实处。在保证资金合理使用的基础上，开发核心技术与教育各环节的衔接应用才是根本问题。智慧校园作为智慧城市建设的一部分，还应与其他智慧项目，如智慧社区、智慧公共服务等相互衔接，形成一体化的智慧型服务网络和系统。在校园内部建设上，以云计算、物联网、大数据为代表的智能教育技术要切实有效地与各个教育环节无缝融合，创建智慧化、个性化的新型教育环境。

3. 智慧教育实践先行而理论发展相对滞后

目前，各国都在积极推进智慧教育的实践，如颁布各种计划、实施教育项目和研发新技术，但是或多或少存在应用和技术先行而理论发展相对滞后的现象，对智慧教育环境中的学习与认知规律、技术沉浸环境中的学习心理等缺乏深入的研究和清楚的认识，忽视智慧教育理论基础的重要性，这在一定程度上阻碍了智慧教育的发展。信息技术时代的教育变革需要恰当的教育理论的指导，如果用传统的教育理论及思维方式指导智慧教育的发展必然达不到期望的效果。智慧教育理论和实践的发展应相辅相成，只有通过智慧教育理论指导教育实践，在教育实践中验证并不断完善这些理论，如此循环往复，才能促进智慧教育的良性发展，理论的突破要紧紧围绕建构中国特色智慧教育道路而进行。①

4. 对智慧教育环境下教学模式的变革缺少深入思考

智慧教育强调利用各种新一代的信息技术，根据学生的认知风格按需制定合适的学习目标和内容，合理规划教学活动，实时监控与反馈，形成智慧化的施教环境和学习环境，形成包括伦理、价值、思维等方面的学习共同体，同时提供海量的个性化的学习内容，旨在推动教学模式和学习方式的变革，实现教育系统的升级，因此我们需要转变教育观念，凝练智慧型教育教学模式。但是，利用信息技术推动智慧教育环境下教学模式的变革是非常复杂的，需要多方的努力，特别是教育管理者、教师、教学服务人员要更新教育观念，保持学科知识、教学方法、信息技术的动态平衡，在实践中认真总结和反思，以促进教育环境下教学模式的与时俱进，促进学生智慧学习的最优化。

---

① 陈耀华，杨现民 . 2014. 国际智慧教育发展战略及其对我国的启示 . 现代教育技术，（10）：5-11.

5. 培养学生自组织能力和数字素养的实践较为缺乏

爱尔兰教育与科学部在发布的《智慧学习 = 智慧经济》报告中指出，未来的学习要求学习者除了要具备基本的学习技能（如读、写、算等）外，还要具备以下几个重要的能力：较高的信息素养，如知道如何获取和批判性分析信息；轻松熟悉信息通信技术并创造性地应用；在不断变化的环境中进行知识应用与迁移；善于运用技术解决问题；能够独立学习和工作或与团队合作；建立终身学习的意识等。显然，这些学习的适应性、主动性、协作性、创新性、实践性都要求学习者具有良好的自组织能力，这对传统教学模式下的学习者来说是一个挑战。自组织学习要求学习者在学习过程中学会自我监控、自我协调、自我管理，对自己的学习承担起责任，并在实践中做出正确决策和采取正确行动。在信息技术时代，培养学习者良好的数字素养和善用技术的习惯是非常重要的。因此，如何利用智慧技术对缺乏自制力的学生提供积极干预，培养学生的自组织能力和数字素养成为智慧教育的重要研究课题。①

（二）智慧教育未来发展的趋势

IBM 从服务全球经济发展的视角出发，提出智慧教育发展的五大目标，分别是学生的技术沉浸、个性化和多元化的学习路径、服务型经济的知识技能、系统文化资源的全球整合、对 21 世纪经济发展起关键作用。② 从一个国家或地区教育发展的现状与需求来看，智慧教育的核心目的就是要提升现有数字教育系统的智慧化水平，创建智慧化的教育环境、教育资源、教育管理和教育服务，最终形成一个一体化、智能化、开放灵活的教育系统。③ 我国在《国家中长期教育改革和发展规划纲要（2010—2020 年）》的指导下发展智慧教育，结合智慧教育的发展目标和我国教育发展现状，我国智慧教育未来的发展趋势及主要任务可以从以下几方面来看。

1. 加强智慧教育环境建设

智慧教育环境建设是协同使用信息技术手段对智慧校园、智慧教育公共服

---

① 祝智庭，贺斌 . 2012. 智慧教育：教育信息化的新境界 . 电化教育研究，（12）：5-13.

② Rudd J, Davia C, Sullivan P. 2009. Education for a Smarter Planet: The Future of Learning. http: //www. redbooks. ibm. com/redpapers/pdfs/redp4564. pdf[2016-12-15].

③ 杨现民，刘雍潜，钟晓流，等 . 2014. 我国智慧教育发展战略与路径选择 . 现代教育技术，（1）：12-19.

务平台、智慧教室等进行统筹规划与建设。智慧校园的建设要使数字校园总体发展趋势越来越智能化，能够支持泛在化、智能化和感知化的新型智慧教育模式，也要将网络环境下学校各个领域的信息服务实现贯通融合、互联和协作，在传统数字化校园的基础上使各类信息在不同业务系统中无缝流转，形成一个无缝的信息系统，拓展现实校园的时间和空间维度，提升群体互动的深度与广度。智慧教育公共服务平台的建设是使该平台能够支持各种教育活动（学习、教学、管理、评价等）的智慧化运行和管理，为各种教育信息化业务系统提供统一门户、统一认证、统一接口、统一数据中心等公共服务。智慧教室的建设是通过信息技术的整合应用，为开展多种以学生为中心的学习活动提供全方位的支持；对各种设备和物理信息实时感知、分析，实现教室的智能化管理；实现对学习的实时监控与评价，支持自适应、个性化学习；实现人与人、人与环境的优化组合和高效互动；作为智慧教育环境中的子系统，实现数据互通、资源共享，支持无处不在的泛在学习，拓展学习时空。

2. 重视智慧学习资源和学习服务研究

教育的最终目的是满足人的需求，实现人的全面发展。智慧教育作为新型的教育形态，更加关注人的个性化发展。因此，在学习资源和学习服务开发之初，相关人员就要了解学习者的真实需求、个体差异，再结合教育信息化发展的要求，合理开发智慧学习资源，合理设计应用场景，创新教学模式，使新技术与教学深度融合。学习资源和学习服务应具有系统性、层次性和适应性，能够支持学习者的正式学习和非正式学习、个性化学习和协作学习等，涉及学习者发展的全过程。同时，在教师信息化能力的提升和发展方面，要促进教育智慧分享，实现教师能力水平的均衡发展。

此外，智慧教育要为特殊学习者提供无障碍服务，首先要实现教育信息获取无障碍，即任何人（无论是健全人还是残疾人）都能在需要的情况下平等地、无障碍地获取资源和利用资源。信息和资源无障碍是智慧教育的重要特征，我国教育信息化领域的无障碍服务还处于原始状态，绝大多数的教育信息系统没有提供无障碍浏览功能。因此，我们需要对智慧教育信息和资源的无障碍服务加大研究和实践力度。

3. 探索智慧教育建设与应用模式

首先，我国要依据“试点先行，示范引路”的原则，选择信息化条件较好、对数字教育系统智慧提升有强烈需求的地区和学校，确立智慧教育示范区、示范校，探索有效的、可推广的智慧教育建设与应用模式。其次，对示范区、示范校进一步开展针对性的现状调研和需求分析，明确其已有基础设施和应用系统部署情况。[①] 再次，将示范区、示范校的相关教育数据和应用系统嵌入智慧教育环境，与智慧教育公共服务平台对接。最后，通过对原有的数字教育应用系统进行智慧化改造或配套新的智慧教育应用系统，同时对试点区校的管理员、教师、学生进行技术和应用培训，以满足新的业务需求，推进智慧教育的建设与应用。

4. 无缝接入智慧城市系统

智慧城市是社会发展的新形态、新趋势，它通过“汇人之慧，赋物以智”来实现社会活动和人的发展最优化。智慧城市建设是一项系统工程，利用先进的技术实现各种信息资源的交换、整合、决策，推进社会公共服务管理、政府服务、企业运营等各个方面的建设。近年来，在智慧城市的积极实践中，我国部分城市对智慧社区展开探索，今后还要打造智慧市民服务、智慧医疗、智慧交通等综合服务系统，提高政府管理和服务的效率。智慧城市的建设会让每个市民拥有唯一的、终身化的智慧账号，凭借此账号，享受智慧城市里所有的服务。智慧教育是智慧城市建设的重要内容，是智慧城市建设在教育领域的具体体现。未来智慧教育的统一身份认证将与智慧城市中的智慧账号绑定，实现接口互通。此外，智慧教育系统自身还要具备较强的开放性，可以将外部第三方符合标准的系统无缝接入智慧教育系统。

5. 打造智慧教育产业链

政府引导、企业参与、学校应用、服务驱动是新时期我国教育信息化工作推进的基本方针，企业的积极参与将为我国智慧教育的建设与发展提供强大的技术保障和运营支持。在教育信息化建设中，国内众多知名企业特别是信息技术企业纷纷提出了智慧校园的建设方案和相应产品，形成了一批技术领先、产

① 杨现民，刘雍潜，钟晓流，等. 2014. 我国智慧教育发展战略与路径选择. 现代教育技术，(1)：12-19.

品优良的信息化企业。有些知名的教育企业与信息技术企业联盟，组建信息化教育企业联盟，相互补偿，互惠互利，形成强有力的企业群来支持智慧教育的快速发展。例如，2016年，深圳市宝安区政府与微软（中国）有限公司、华讯方舟科技有限公司签署战略合作备忘录，共同筹建“中国（深圳）微软教育信息技术生态产业联盟中心”，以深圳现有智能终端生产集聚地为中心，建设集教育设备与应用的研发、展示推广、技术示范、产业应用实训于一体的联盟中心。[①] 教育企业联盟不仅要为智慧教育发展提供高质量的、优质的产品与服务，还要制定会员准入与定期评估制度，优先吸纳符合智慧教育发展需求、具有较强实力的企业，促进企业间的协同创新，形成强大的智慧教育产业链，为智慧教育项目发展提供产业基础。

四、智慧教育的典型应用案例

上文介绍了智慧教育的内涵、特征、体系架构以及发展趋势等，使人们对智慧教育有了一定的认识。智慧教育是一种新型的教育方式，教育机构、教育企业等都在积极进行这方面实践，下面我们以浙江大学智慧校园建设项目和智慧教育云平台——亚洲教育网为例，从不同领域对我国智慧教育的发展进行介绍。

（一）浙江大学智慧校园建设项目[②]

2010年12月，浙江大学提出建设智慧校园，现已初步建成。智慧校园的建设基础由校园网络环境支持、公共服务平台与运营维护支持、公共服务软件支持、技术支持、科研专网与无线传感网络平台等共同组成。

此项目的主要建设内容是：①校园网络基础设施建设。建设支持泛在的无线与移动网络环境、物联专用网络环境、核心宽带传输网络环境等网络基础设施。②校园公共服务支持平台建设。扩充互联网数据中心、校园卡支撑平台、统一身份认证等容量，建设集成主机、存储和共享软件服务于一体的云服务平台、静态数据仓储和动态数据仓储。③智慧校园综合信息服务建设。按照一体化服务思路，整合各项应用，统一加强面向师生、面向管理人员以及面向领导的综合信息服务建设。④标准规范和体制机制建设。建立感知识别终端、感知

① 赵川 . 2016. 打造国内领先的教育产业链 . http://finance.qq.com/a/20160527/008652.htm[2016-12-15].

② 陈文智 . 2017. 协力智慧校园，打造“网上浙大”| 数字校园 . http://www.360doc.com/content/17/1217/20/38093621_714022633.shtml[2018-05-22].

器件网络接入标准等有关标准规范。⑤智慧应用系统建设。依托学校网络基础设施和公共支撑平台，建设智慧应用系统，主要包括平安校园、生态校园、和谐校园、绿色校园和科学校园五大类。

通过建设智慧校园，浙江大学要实现校园故障维修的统一受理，校园卡的道闸管理和停车资费，校际公交的定位和监控，校园停车泊位的智能引导，公共校园自行车服务的提供，楼宇用水、电、气的远程集抄和实时监控，校园安防的智能化管理，移动用户访问校园信息服务，重大活动和政策宣传、校园讲座活动预报和引导，课程安排和教室引导，利用门禁、能耗数据及校园安防监控系统的红外感应终端数据、视频分析数据进行公用房资源使用监管，校园路灯控制、消防监控系统、中央空调节能管理等。

智慧校园建设是智慧教育发展的重要部分，而且越来越多的高校开始注重智慧校园的建设，以推进实现教育信息化的进程。展望智慧校园的未来，我们期望智能化的校园能够早日到来：技术真正“消失”在我们的生活中，而我们正在无意识地使用与体验它。

（二）智慧教育云平台——亚洲教育网[①]

智慧教育云平台也被称为“三网合一”智慧教育云，就是以公共服务器集群为基础，满足教育行业开放共享的需求，支持广电网、电信网和互联网融合的智能化云平台。截至2016年5月，国内只有亚洲教育网是建成并能支持手机、电脑、电视跨平台访问的“三网合一”智慧教育云平台。

亚洲教育网为中小学校和教育部门提供的“三网合一”智慧教育云属于混合云，是对现有校园网和教育城域网的升级和补充，把网络环境从局域网、城域网扩展到广域网。原有设施、平台和系统作为私有云基础，通过中间接口实现与云服务器的数据同步，建成学校和教育部门的私有云，如学籍管理云系统、成绩分析云系统、网络阅卷云系统、素质评价云系统等；依托亚洲教育网公共云支撑系统构建学校和教育部门的公有云，公有云的基础设备、平台、应用系统均由亚洲教育网提供，如教育社区云平台、班级云平台、学习云平台、互动云平台、资源云平台等。

① 亚洲教育网的网址为 http://www.aedu.cn/。

亚洲教育网是国内一流的教育信息化应用服务提供商，本着“服务教育，发展教育”的宗旨专注推动教育信息化发展，为各地教育部门、学校、学生、家长提供了一个共建共享的绿色教育云平台，实现了学校教育、家庭教育和社会教育的有机融合。其开发的产品有智能成绩管理系统、视频家校通、学生综合素质评价系统、选修课系统、平安考勤系统等教学管理系统以及教学资源库、智能试题库、名师在线教学视频、数字图书馆、亚教英语等优质教学资源。所开发产品均采用 WAP、3G、RFID 技术，支持手机、电脑、数字电视访问，移动、联通、电信用户全覆盖。亚洲教育网与各个学校携手共同构建学校信息化管理和学生个性化学习的信息服务平台，努力推进学校数字化校园体系建设，创新学校信息化教学与管理，加强学校、教师、学生、家长的及时互动交流。

教育云平台是从传统教育到现代教育可借助的有力工具，在国家中高考体系未发生重大变化前，如何在区域内实施创新教育及因材施教的个性教育，就目前来看，教育云平台是一个较好的探索平台和工具。综上所述，构建区域内教育云平台对全面推进本区域素质教育、深化教育文化改革有积极作用，对教育信息化应用、智慧教育发展和加快教育现代化步伐意义重大。360 智慧教育云平台页面如图 5-4、图 5-5 所示。

图 5-4 360 智慧教育云平台首页（一）

图 5-5 360 智慧教育云平台首页（二）

后　记

笔者投身教育技术领域20余年，一直专注于远程教育理论及实践的研究，关注远程教育研究及发展的最新动态。伴随信息技术的发展，远程教育的发展逐渐进入以在线教育为主要实践形式的阶段。在此背景下，笔者根据远程教育理论的发展及现实需求，逐渐将研究重心转向了在线教育。

笔者在在线教育领域积累了一定的学术成果，包括博士学位论文、研究课题和学术论文等。本书根据笔者在该领域的学术积累，在广泛吸纳在线教育相关理论及最新研究成果基础上写作而成。本书共包括五章，分别论述了在线教育中在线教学的理论、在线学习的理论、在线课程理论及实践、在线教育评价以及在线教育的发展趋势五部分的内容，力图使读者在理论认识及前沿探索中有所收获。

书稿写作是一项系统复杂的工程。在此，感谢我的博士研究生王国华在书稿写作过程中付出的努力，同时感谢我的硕士研究生王米雪、杨丽、师亚媛及张小雪在材料收集及整理过程中所做的工作。笔者在撰写过程中参考和引用了国内外学者的相关研究成果，一并深表谢忱。

本书若有疏漏或不当之处，敬请广大读者批评指正。

张立国

2018年9月10日于西安